W0057640

Norbert Leser • Der Sturz des Adlers

NORBERT LESER

Der Sturz des Adlers

120 Jahre österreichische Sozialdemokratie

Ein Lesebuch für Leser-Leser

Gedruckt mit Unterstützung des Bundesministeriums
für Wissenschaft und Forschung in Wien

Gefördert durch die Kulturabteilung der Stadt Wien,
Wissenschafts- und Forschungsförderung

www.kremayr-scheriau.at

ISBN 978-3-218-00785-6
Schutzumschlaggestaltung: Ebeling/Visuelle Kommunikation, Wien
unter Verwendung einer Illustration von Ironimus
Typografische Gestaltung, Satz: Ekke Wolf, typic.at
Druck und Bindung: GGP Media GmbH, Pößneck

Inhalt

Einleitung

Mit dem vorliegenden Buch möchte ich meine lebenslängliche intensive Beschäftigung mit dem österreichischen Sozialismus zum Abschluss bringen und in einen neuen Zusammenhang stellen, auch wenn ich in dieser meiner Arbeit nicht ohne Wiederholungen und Zusammenfassungen meiner schon erschienenen Werke auskomme. Aber schon der Ablauf der Zeit sorgt, abgesehen von der weitergeführten Forschungsarbeit, dafür, dass zusätzliches Licht auf die Vergangenheit fällt und diese dann auch in einem neuen Lichte erscheinen lässt. Mein Lebenswerk hat sich nicht in der Erhellung des Austromarxismus erschöpft, sondern hat auch viele andere Gebiete und Aspekte umfasst, so – um bei Österreich zu bleiben – die Gesamtheit der österreichischen Geistesgeschichte. Viele meiner Arbeiten sind – entsprechend meiner zunächst juristischen und späteren philosophischen Ausbildung und meiner Ernennung zum ersten Professor für Politikwissenschaft in der Zweiten Republik – rechts- und staatsphilosophischer, aber auch politologischer Natur. Doch obwohl ich kein gelernter Historiker bin und nicht die höheren Weihen des Österreichischen Instituts für Geschichtsforschung empfangen habe, habe ich mit einem zeitgeschichtlichen Thema und Buch – „Zwischen Reformismus und Bolschewismus. Der Austromarxismus als Theorie und Praxis" – 1968 den Durchbruch erzielt und mir, wenn auch gegen Widerstände, den Eintritt in das akademische Leben erkämpft. Freilich war dieses mein größeres Erstlingswerk nicht rein zeitgeschichtlich, sondern gleichzeitig auch ideologiekritisch und politologisch. Dieses Werk hat mir nicht nur die akademische Karriere ermöglicht, sondern es hat sich unabhängig davon den Ruf eines Standardwerkes erobert, wie man verschiedenen Lexika zum Stichwort „Austromarxismus" entnehmen kann. Das Thema des österreichischen Sozialismus, seines Wesens und seines Wandels, hat mich trotz aller Ausflüge in andere Gebiete und Bereiche nie mehr losgelassen, es ist mir zum beherrschenden Lebensthema geworden, und zwar nicht bloß im wissenschaftlichen, sondern auch im existenziellen Sinn. Ich habe den österreichischen Sozialismus nicht nur beschrieben, sondern auch miterlebt und zeitweise mitgestaltet. Der österreichische Sozialismus ist, wenn ich so sagen darf, mein liebstes Kind geworden und geblieben, freilich auch ein Sorgenkind, das sich Sorgen gemacht, den Vätern und Müttern dieser Tradition aber auch Sorgen bereitet hat, denn lebenslängliche Beziehungen welcher Art auch immer beruhen auf wechselvoller Wechselseitigkeit.

Zwanzig Jahre nach meiner Habilitationsschrift habe ich dann im Verlag Orac, dem Vorläuferverlag des Verlages, der dieses Buch herausbringt, ein sehr erfolgreiches Werk mit dem Titel „Salz der Gesellschaft" veröffentlicht, das wiederum zum Teil zeitgeschichtlicher, zum Teil sozialphilosophischer und -theoretischer Natur war. In diesem Werk habe ich mich insofern als Kind des österreichischen Sozialismus verhalten, als ich den Sozialismus als „Salz der Gesellschaft" charakterisierte, also so ähnlich einschätzte, wie das Christentum als „Salz der Erde" einzuschätzen ist, und zwar nach den Worten des Evangeliums selbst. Doch auch rein profan betrachtet, habe ich dem Sozialismus österreichischer Prägung ein großes Kompliment gemacht, denn das Salz ist das wichtigste Mineral im menschlichen Körper, ohne das dieser nicht leben und überleben könnte. Freilich aber ist die Herstellung des Zusammenhanges zwischen Salz und Sozialismus insoferne eine bittere Pille, als das Salz zwar die Würze der Speisen ist, ohne die diese schal schmecken, aber eben keine Hauptspeise, für die sich der Sozialismus aber historisch und in Resten noch heute gehalten hat. Meine zeitgeschichtlichen Analysen haben im Rahmen dieses Buches denn auch gezeigt, dass der Sozialismus in der Zweiten Republik viel von seiner ursprünglichen Strahlkraft verloren hat, was zum Teil unvermeidlich, zum Teil aber auch das Ergebnis vermeidbarer Fehlentwicklungen war.

In diesem Buche spiegelte sich der Rollenwechsel wider, der mir in meinem Verhältnis zum österreichischen Sozialismus buchstäblich passiert ist, obwohl ich ihn gar nicht aktiv angestrebt habe. Denn lange Zeit schien es mir und denen, die meine Entwicklung beobachteten und förderten, nur logisch, dass ich vom Parteihistoriker in die Rolle des Parteiideologen hineinwachse, und um diese Rolle zu spielen, hatte ich sowohl das rhetorische als auch das schriftstellerische Talent. Dieses Talent setzte ich auch, nicht bloß aus Dankbarkeit gegenüber meinen Förderern, mit aller Kraft ein, um die Ära Kreisky herbeizuführen. So war die Rede, die Ernst Koref im September 1966 im Palais Pálffy in Wien hielt und die ich zusammen mit meinem väterlichen Freund Alfred Migsch organisiert hatte, nicht bloß in meiner Einbildung, sondern auch nach der Einschätzung des Kreisky-Biographen Paul Lendvai der Startschuss gewesen, der am Parteitag 1967 zum Sturz Pittermanns und zur Wahl Kreiskys führte.

Bruno Kreisky und vor allem Hertha Firnberg, die meinen Werdegang begleiteten und aktiv unterstützten, dachten mir die Rolle eines Exponenten, intellektuellen Repräsentanten und Aushängeschildes zu und ich war gewillt, diese Rolle weiterzuspielen. Und doch lag auf beiden Seiten ein Irrtum vor, und noch dazu was für einer. Ich musste nach dem Gesetz, nach dem ich in den Sechzigerjahren als Historiker des Austromarxismus angetreten war, weiterwirken. Mit dem Spürsinn, den ich aufgewendet hatte, um die Fehlerquellen des Austromarxismus im alten Österreich und in der Zwischenkriegszeit zu entdecken und aufzuzeigen, musste ich, wenn ich mir selbst nicht untreu werden wollte, auch die Fehlerquellen und Defekte des gegenwärtigen Sozialismus identifizieren, womit ich vom Ideologen zum Ideologiekritiker, vom Parteimann zum Parteidissidenten wurde und in einen Rollentausch hineinglitt, den mir viele als Undank auslegten, der für mich selbst aber ein notwendiger Weg zur Wahrung meiner Identität war.

Verriet bereits das „Salz der Gesellschaft" eine ambivalente Haltung gegenüber dem Sozialismus, von dem ich herkam und den ich auch nicht verleugnet, sondern nur kritisch aufgearbeitet habe, so offenbarte das zehn Jahre später im Verlag va bene veröffentlichte Büchlein „Elegie auf Rot. Eine politische Konfession" eine regelrechte Entfremdung von der Partei, die meine Erwartungen enttäuscht hatte und, so wie ich mit meiner Enttäuschung über sie fertig werden musste, auch die Enttäuschung über mich zur Kenntnis zu nehmen hatte. Wir hatten uns eben Schritt für Schritt auseinander gelebt, ohne dass ich aus der Partei ausgetreten wäre und ohne dass sie mich, wie nach dem Abgang Kreiskys Günther Nenning, ausgeschlossen hätte. Aber nicht nur Günther Nenning und ich sind als intellektuelle Kritiker marginalisiert worden, auch ehemalige Mitstreiter und Mitgestalter des Parteilebens, wie Egon Matzner und Erwin Weissel, beide inzwischen verstorben, wurden hinausgedrängt und isoliert.

Nach weiteren zehn Jahren ist es, da sich meine Lebenszeit und Schaffenskraft dem Ende zuneigt, an der Zeit, die seither eingetretenen Veränderungen im österreichischen Sozialismus zu beleuchten. Und diese Veränderungen sind an Qualität und Bedeutsamkeit beileibe nicht zu unterschätzen: 2000 ist die SPÖ unerwartet in die Oppositionsrolle, der sie sich schon ein für alle Mal enthoben glaubte, versetzt worden. 2006 gelang es ihr ebenso unerwartet, wieder in die Regierung zu kommen und sogar den Bundeskanzler zu stellen. Diese Zäsuren und deren Folgen bedürfen einer gründlichen Analyse, die ich im vorliegenden Buch vornehme.

Die Wahl des Titels „Der Sturz des Adlers" ist, wie sich unschwer erraten lässt, aber dennoch expliziert werden soll, naheliegend und dreifach motiviert: Er knüpft an die Tatsache an, dass es ein Mann namens Adler, und zwar Victor Adler, war, der die Partei gründete und bis an die Republik heranführte. Mit dem Übergang vom alten Österreich und von der Monarchie zur Republik wurde das ehemalige Staatswappen des Doppeladlers durch den einfachen einköpfigen Adler ersetzt, auch darauf soll der Titel dieses Buches anspielen, ist der Bezug auf Doppeladler und einfachen Adler doch bis in die Zweite Republik und bis zur Habsburg-Krise 1963 bestimmend für die Sozialdemokratie geblieben. Das historische Schicksal der österreichischen Sozialdemokratie hat sich unter dem Vorzeichen und im Banne dieser beiden Adler entfaltet, es ist im Guten wie im Bösen diesem Emblem verhaftet geblieben. Last, not least ist aber auch der Adler in der Natur und aus Brehms Tierleben Symbol für den Aufstieg und auch für den späteren Abstieg der Partei: Der Adler kann sich lange Zeit in die Lüfte erheben und in ihnen verweilen, früher oder später aber erlahmen seine Kräfte und er fällt zur Erde nieder, entweder durch Ermüdung oder durch einen gezielten Schuss von einem feindlich gesinnten Jäger. Dann kann es auch geschehen, dass der einst so hoch fliegende Adler sein Dasein in einem Käfig fristen muss.

Die vorliegende Arbeit erhebt nicht den Anspruch, eine vollständige und lückenlose Geschichte der österreichischen Sozialdemokratie zu sein, es war nur beabsichtigt, neuralgische Punkte und zentrale Persönlichkeiten dieser Geschichte herauszugreifen und die Probleme am Beispiel bestimmter Ereignisse und Persönlichkeiten abzuhandeln. Was ich anstrebte und hoffentlich auch erreicht habe, ist ein Lesebuch für alte und neue Leser-Leser. Ich habe dieses Unternehmen ohne das sonst übliche wissenschaftliche Gepäck in Form von Fußnoten und Literaturangaben organisiert; ich glaube in allen meinen bisherigen Werken diese wissenschaftlichen Instrumentarien zur Genüge und zur Zufriedenheit meiner akademischen und nicht akademischen Leser eingesetzt und den Beweis geliefert zu haben, dass ich die wissenschaftlichen Instrumente zu gebrauchen weiß. Wenn ich in diesem Buch auf diese Requisiten verzichte, so bedeutet dies nicht, dass nicht alle Zitate belegbar sind, wenn sie aus den genannten praktischen Gründen auch nicht belegt werden.

Was mir bei allen meinen Arbeiten über den österreichischen Sozialismus zugute gekommen ist, ist die Tatsache, dass ich mir meine Darstellungen nicht nur durch Arbeiten an den schriftlichen Quellen erarbeitet habe, sondern dass ich das Glück hatte, auch über andere Zugänge zur Materie zu verfügen. In meinem Falle ist es so, dass ich mir den Austromarxismus nicht ausgesucht habe, sondern er in mannigfacher Form auf mich zugekommen ist, und zwar in Gestalt von Menschen und Zeitzeugen, die mir wertvolle Aufschlüsse vermittelt haben und mir gar keine andere Wahl ließen, als mich dieses Themas anzunehmen. Obwohl mir von vielen Wohlmeinenden abgeraten wurde, mein akademisches und persönliches Glück mit einer noch so brennheißen Sache wie dem Austromarxismus zu versuchen, war es gerade dieses Thema und kein harmloseres anderes, das mir zum Schicksal wurde. Ich wurde nicht nur Vertrauter und Zuhörer wichtiger Persönlichkeiten der Parteigeschichte, wie Hertha Firnberg, Julius Deutsch und Franz Olah, sondern ich erhielt von ihnen und deren Nachkommen auch handfeste Beweise ihrer Wertschätzung, die für mich Ermunterung und Verpflichtung war. Ich habe meine erste, 1963 im Europa-Verlag erschienene, größere Schrift, zu der der damalige Justizminister Christian Broda ein kongeniales Vorwort schrieb, deshalb „Begegnung und Auftrag" genannt, weil ich damit zum Ausdruck bringen wollte, dass ich die Anregung, ja den Auftrag zur Darstellung und Interpretation der historischen Zusammenhänge aus persönlichen Begegnungen empfangen habe, dass es Vater- und Mutterfiguren waren, die mir die Wege in die Vergangenheit ebneten, freilich mitunter auch jene in die Zukunft verbauten und verdüsterten. Ich erinnere mich, dass ich vor Jahrzehnten im Rahmen einer Festwoche des religiösen Films im Apollo-Kino einen Streifen mit dem Titel „Die Harfe von Burma" gesehen und mich mit dem Helden dieses Filmes identifiziert habe. Es handelte sich in diesem Film um eine Person, die nach der Niederlage der Japaner im Zweiten Weltkrieg auf einer Insel die Aufgabe übernimmt, zurückzubleiben und die Gebeine der Gefallenen zu betreuen, während alle anderen erleichtert zu ihren Familien zurückkehren. Was mich an der mönchischen Figur dieser Filmgestalt faszinierte, war die Bereitschaft, sich als Einziger einer Sache, die den anderen nichts oder nicht viel bedeutet, zu widmen und hinzugeben. Auch meine partnerlose Lebensform erlaubte es mir, mich ohne Rücksicht auf Verluste in geistige Abenteuer und Spurensuchen zu stürzen, ohne auf Weib und Kind achten zu müssen. Ich trug nur meine eigene Haut zu Markte und konnte es auf alle Konsequenzen ankommen lassen und hatte trotzdem, ja gerade deswegen Erfolg. So wie ich mir auch in meinem privaten Leben den fehlenden idealen Partner durch Mosaiksteine vieler Menschen, die mir jeder etwas gaben, aber eben keiner alles, zusammensetzte und mich damit auf ein lebenslängliches, spannendes, mitunter aber auch gefährliches Puzzlespiel einließ, so operierte ich auch im beruflich-wissenschaftlichen Bereich mit einer größeren Menge an Gesprächspartnern und Bezugspersonen, mit deren Weisheit ich mich vollsog, um diese dann sachgemäß zu verarbeiten, was ich, wenn ich an eine Familie gebunden gewesen wäre, wohl nicht in diesem Umfang hätte tun können. Überhaupt habe ich es mir, zuerst unbewusst, dann bewusst, zur Lebenstechnik gemacht, auch meine Schwächen und Defizite positiv zu kompensieren und zu funktionalisieren.

Nach meinem juristischen Studium verbrachte ich mit Hilfe eines Stipendiums des British Council ein Jahr in England, und zwar in der Hauptstadt London selbst, wo ich Vorlesungen an der berühmten London School of Economics besuchte. Damals reifte in mir der Entschluss, die Politikwissenschaft, die an dieser Hochschule bereits längst fest verankert war, nach Österreich zu tragen, was mir auch gelang, wenn auch nicht sofort, sondern erst auf Umwegen. 1971 wurde ich zum Ordinarius für Politikwissenschaft an der Universität Salzburg ernannt, 1980 gelang mir dann der große Sprung an die Universität Wien, an der ich bis zu meiner Emeritierung 2001 Professor der Sozialphilosophie war.

Nach meiner Rückkehr aus England war ich von 1960 bis 1963 als Jurist in der Rechtsabteilung des Verkehrsministeriums tätig, wo Sektionschef Rudolf Fischer, der Vater des jetzigen Bundespräsidenten, mein Vorgesetzter war. In einer Abteilung ohne Parteienverkehr blieb mir nach Erfüllung meiner legistischen Pflichten noch genügend Zeit, um mich politisch zu betätigen, und zwar in der Bezirksorganisation Alsergrund der SPÖ, wo der leider schon 1963 jung verstorbene Nachwuchspolitiker Peter Strasser, der viel für die Zukunft erhoffen ließ, mein Mentor war. Daneben war ich auch als Lektor und Herausgeber mehrerer Bücher mit dem von Erich Pogats und Fritz Klenner geleiteten Europaverlag und dem Parteiverlag der Wiener Volksbuchhandlung unter Direktor Dr. Franz Hentschel verbunden und für diese tätig. Im Europaverlag gab ich 1964 ein Nachlassmanuskript Max Adlers, des Namensvetters von Victor Adler, der im Gegensatz zu dem Parteiführer Victor ein namhafter Theoretiker der Sozialdemokratie war, unter dem Titel „Die solidarische Gesellschaft", gleichsam einem Lebensmotto Max Adlers, heraus und schrieb ein ausführliches Nachwort dazu. Dieses Manuskript hatte ich von der Tochter Max Adlers, die mit einem Wiener Buchhändler namens Suschitzky verheiratet und mit ihrem Mann 1938 nach London emigriert war, erhalten. 1966 lernte ich dann auch den Sohn Max Adlers, Robert Adler, kennen, von dem in einem späteren Zusammenhang die Rede sein wird. Die wertvollste persönliche Erinnerung an Max Adler kam aber nicht durch eines seiner beiden Kinder in meine Hände, sondern durch die Witwe des bereits 1953 verstorbenen Gewerkschaftsführers Johann Schorsch. Diese hatte von der Sozialmedizinerin Jenny Herzmark, der Witwe Max Adlers, der im Juni 1937 die Gnade des rechtzeitigen Todes vor dem Einmarsch der Nazis hatte, vor ihrer Emigration in die Vereinigten Staaten den Schreibtisch ihres verstorbenen Mannes als Geschenk erhalten, das seither in der Wohnung von Mimi Schorsch in der Blechturmgasse aufgestellt war. Frau Schorsch meinte, dass dieser Schreibtisch bei mir am besten aufgehoben sei, da ich mich um das Werk Max Adlers kümmerte. So gelangte denn dieser Schreibtisch in meine damalige Ottakringer Wohnung und steht heute schon seit Jahrzehnten in meinem Döblinger Domizil. Dieser Schreibtisch ist mit einem orientalischen Teppich als Rückenlehne versehen, die ich auch als eine Anlehnung an den Geist Max Adlers empfunden habe und empfinde. Der Besitz und Gebrauch dieses Schreibtischs erfüllte mich von Beginn an bis heute mit Stolz, ich habe durch diese mir weitergeschenkte Reliquie eine Rückendeckung und moralische Stärkung erfahren, die mich für viele Zurücksetzungen, die ich trotz aller Erfolge vor allem von Seiten der Partei erfahren musste, entschädigte. Ich hatte das Gefühl, von den guten Geistern des Austromarxismus berufen und geleitet zu sein, und konnte mich durch diese Stärkung leichter mit den Anfeindungen weniger guter Geister der Gegenwart abfinden. Doch nicht nur Max Adler, der am linken Flügel der Partei stand, sondern auch Karl Renner, der ein Antipode Max Adlers war und diesen als „Feldrabbiner des Sozialismus" verspottete, landete in Form einer Hinterlassenschaft auf meinem Schreibtisch. Und zwar gab mir Karl Renner, eines der drei Enkelkinder des großen Karl Renner, als Anerkennung meiner Verdienste auch um das Fortleben Renners in der Literatur, eine Schreibgarnitur aus Edelserpentin, das die burgenländische Partei Renner zu seinem 80. Geburtstag, den er nicht lange überleben sollte, geschenkt hatte. So vereinigte ich an meinem Schreibtisch die beiden Flügelmänner der Partei, bis ich mich entschloss, das burgenländische Geschenk dem Burgenländischen Landesmuseum in Eisenstadt weiterzugeben, wo es heute noch mit dem Hinweis auf meine Schenkung zu besichtigen ist.

Im Verlag der Wiener Volksbuchhandlung gab ich nicht nur Werke von Max Adler, sondern auch von Hans Kelsen heraus, den ich durch Minister Broda kennen gelernt habe und mit dem ich bei einem Aufenthalt in den USA 1966 mehrstündige Gespräche führen konnte, die ebenfalls einen publizistischen Niederschlag, so in der inzwischen eingestellten „Neuen Österreichischen Biographie", fanden.

Ich erzähle alle diese Einzelheiten nicht, um mich jeder einzelnen dieser Aktionen und Publikationen zu rühmen, sondern um zu illustrieren, dass ich bereits beachtliche Vorarbeiten für mein späteres Hauptwerk „Zwischen Reformismus und Bolschewismus" geleistet hatte und bereits belastet in dessen Gestaltwerdung eintrat. Vierzig Jahre später kann ich ohne Übertreibung und mit Fug und Recht für mich in Anspruch nehmen, dass ich mehr als jede andere lebende Person zur Aufarbeitung der Geschichte des österreichischen Sozialismus beigetragen habe und daraus auch das Recht, ja die Verpflichtung ableite, dieses Werk bis an die Gegenwart heranzuführen.

Dem Ehepaar Heinrich Keller und Trautl Brandstaller sowie Leo Mazakarini bin ich für wertvolle Hinweise und Korrekturen zu herzlichem Dank verpflichtet.

I. TEIL

Vom Hainfelder Parteitag 1888/89 bis zum 12. Februar 1934

„Der Partei wäre vielleicht überhaupt kein wesentlicher Abbruch geschehen, wenn sie das Problem der Demokratie richtig gehandhabt hätte."

Wilhelm Ellenbogen: Die Katastrophe der österreichischen Sozialdemokratie, in: Wilhelm Ellenbogen: Ausgewählte Schriften, herausgegeben von Norbert Leser und Georg G. Rundel, Wien 1985, S. 126

„Der Marxismus hat besonders die österreichische Sozialdemokratie in eine Sackgasse geführt und außerdem in eine Situation gebracht, wo die wirklichen Probleme durch andere verdrängt wurden."

Karl Popper: Ausgangspunkte. Meine intellektuelle Entwicklung. Hamburg 1979, S. 43

I. Kapitel
Frühzeit und Gründungsgeschichte der österreichischen Arbeiterbewegung

Der Versuch, einen Überblick über die Entwicklung der Arbeiterbewegung in Österreich zu vermitteln, muss zunächst mit einem Blick auf die Entstehung des modernen Sozialismus überhaupt, dessen bloßer Teil und regionale Ausformung im alten Österreich erfolgte, beginnen. Der Begriff „Sozialismus" bzw. „socialism" ist erst als Reaktion auf den durch die Erfindung der Dampfmaschine durch James Watt ermöglichten Frühkapitalismus im Dunstkreis des Frühsozialisten Robert Owen in den Dreißigerjahren des 19. Jahrhunderts nachweisbar. Owen experimentierte in seiner Spinnerei in New Lanark in England auf genossenschaftlicher Basis und errichtete Tauschbörsen auf der Grundlage der in die einzelnen Produkte investierten Arbeitszeit und -energie. Von diesem Begriff ausgehend, kann man dann, wie es die sozialistischen Theoretiker Karl Kautsky und Max Adler taten, den Begriff in die Vergangenheit zurückprojizieren und von der Antike bis in die Neuzeit „Vorläufer" (Kautsky) und „Wegweiser" (Max Adler) entdecken. Diese vorindustriellen Sozialisten fallen nach der später vorgenommenen Klassifizierung in die Kategorie des „utopischen Sozialismus", der mangels ökonomischer Grundlagen in der realen Umgebung nur im Kopf der Denker und Autoren existierte und als Modell oft auf einer isolierten und für Experimente zur Verfügung stehenden Insel angesiedelt war. Der Gesellschaftsroman des auf Anordnung Heinrichs VIII. hingerichteten und viel später sogar heilig gesprochenen britischen Staatskanzlers Thomas Morus, der 1516 erschien und der ganzen Gattung von Sozialismen den Namen gab, trug den Titel „Utopia". Dieser Titel, der im Deutschen auch mit „Nirgendwo" übersetzt werden könnte, sollte zum Ausdruck bringen, dass es sich bei dieser Gesellschaftskonstruktion, vorläufig wenigstens, um ein nirgends lokalisierbares Gedankengebilde handle.

Mit dem Auftreten des von Karl Marx und Friedrich Engels begründeten „wissenschaftlichen Sozialismus", der durch das „Kommunistische Manifest" von 1848 Massenwirksamkeit und breite Popularität erlangte, wurden alle Vorformen des Sozialismus als „utopisch" abqualifiziert und als bloße Vorläufer und Steigbügelhalter des wahren, wissenschaftlich begründeten Sozialismus betrachtet. Heute, nach den großen und langen Erfahrungen mit dem „realen Sozialismus" aller Spielarten, sind dieser Gegensatz und der damit verbundene Überlegenheitsanspruch des wissenschaftlich begründeten Sozialismus zu relativieren. Der wissenschaftliche Anspruch ist durch die Praxis, aber nicht nur durch sie, desavouiert, umgekehrt wird heute klarer und klarer, was schon Martin Buber in seinem Büchlein „Pfade in Utopia" gezeigt hat: dass die abgewerteten Utopisten gar nicht so weltfremd waren und dass auf der anderen Seite das marxistische Denken, wie sich herausstellen sollte, stark utopische Elemente wie die Idee einer „klassenlosen Gesellschaft" enthält.

Österreich ist mit Karl Marx, der während der Revolution 1848 im August einige Tage in Wien weilte, aber damals kaum eine Resonanz fand, persönlich in Berührung gekommen, damit aber noch lange nicht mit dem Marxismus und dem wissenschaftlichen Sozialismus. Um die aufkeimende Arbeiterbewegung, die in der Revolution 1848 nur am Rande eine Rolle spielte, mit dem Marxismus zusammenzubringen, mussten noch einige Jahrzehnte ins Land ziehen. Immerhin war mit der proletarischen Teilnahme an der Revolution der erste Anknüpfungs- und historische Ausgangspunkt entstanden. Erst zwanzig Jahre später, 1867 nämlich, konnte es auf der Grundlage des damals eingeführten Vereins- und Versammlungsrechts als staatsbürgerliches Grundrecht zur Gründung des ersten „Wiener Arbeiterbildungsvereines" kommen, dessen große Versammlungen „Arbeitertage" genannt wurden. Auf dem 5. Arbeitertag wurde am 15. Mai 1868 ein „Manifest an das arbeitende Volk Österreichs" erlassen, am 22. August desselben Jahres wurde bereits der Entwurf eines sozialdemokratischen Programms angenommen, der alle wesentlichen politischen Forderungen, die damals möglich waren, wie die Einführung des allgemeinen und direkten Wahlrechtes, des Koalitionsrechtes und der Pressefreiheit, zusammenfasste und erhob.

Zur ersten großen Arbeiterdemonstration, die der Durchsetzung dieser Forderungen, besonders des Koalitionsrechts, das die Basis aller weiteren

Aktionen bildete, gewidmet war, kam es am 13. Dezember 1869. Der Buchdrucker Karl Höger vermittelte in seinem als Dokument dieser Kampfzeit unschätzbaren Erinnerungsbuch „Aus eigener Kraft" einen Eindruck von der Kraft dieser Demonstration, an der Zigtausende Menschen teilnahmen. Schon 1870 erfüllte sich diese Forderung durch Verabschiedung eines dieses Koalitionsrecht einführenden Gesetzes. Damit war der Weg für die Gründung eigener Organisationen der Arbeiterbewegung frei, es sollten aber noch zwei Jahrzehnte vergehen, bis es zur Formierung einer eigenen sozialdemokratischen Arbeiterpartei kam. Während im benachbarten Deutschland, auf das in Österreich immer mit dem Wunsch nach Nachahmung der dortigen Entwicklungen geblickt wurde, schon 1863 von Ferdinand Lassalle der „Erste allgemeine deutsche Arbeiterverein" ins Leben gerufen und 1869 von August Bebel in Eisenach die Sozialdemokratische Partei gegründet worden war, bot die österreichische Arbeiterbewegung bis zum Ende der Achtzigerjahre ein Bild der Zerrissenheit zwischen „Radikalen" und „Gemäßigten". Die „Radikalen" huldigten in Wort und Schrift, aber auch durch entsprechende Aktionen und Attentate, einer „Propaganda der Tat", die den Behörden die Handhabe für eine Verfolgung und Unterdrückung der Arbeiterorganisationen lieferte und daher lebensgefährlich für die um ihre Gestaltwerdung ringende Arbeiterbewegung war. Zwar gab es in Österreich nicht wie im Bismarck-Deutschland von 1878 bis 1890 ein „Sozialistengesetz", es fehlte aber auch in Österreich nicht an behördlichen Schikanen und regelrechten Gerichtsprozessen, so dem Hochverratsprozess von 1870 gegen 14 Angeklagte, darunter die damals schon bekannten Persönlichkeiten Andreas Scheu und Heinrich Oberwinder.

Die Gründung der I. Internationale, die 1864 in London erfolgte, und die enorme Außenwirkung der kurzlebigen, aber folgenreichen Pariser Kommune von 1871 förderten das Wachstum der Arbeiterbewegung und erhöhten das Selbstbewusstsein der Arbeiter, führten aber auch zu vermehrter Aufmerksamkeit der Behörden und riefen Abwehrmaßnahmen auf den Plan, die in Österreich sogar zu einem vorübergehenden Ausnahmezustand führten. Doch all diese inneren und äußeren Faktoren und Hemmnisse konnten das Zustandekommen einer schlagkräftigen Arbeiterpartei in Österreich zwar verzögern, aber nicht verhindern. Zur Jahreswende 1888/89 kam es im niederösterreichischen Markt Hainfeld zur längst fälligen Einigung und Überwindung des Bruderkampfes. Karl Renner, der sonst so nüchterne und jeder Theatralik abholde politische Kopf, hat den Gründungsparteitag von Hainfeld in einem viel später veröffentlichten Rückblick als „das Bethlehem des österreichischen Sozialismus" bezeichnet. Damit hat er angedeutet, dass die Sozialdemokratie, die sich in Hainfeld konstituierte, mehr als eine Zweckorganisation, sondern eine Art säkularisierte Heilslehre war. Von diesem Ort sollten ungeahnte Wirkungen ausgehen, von den Zeitgenossen aber wurde dieses Ereignis an einem entlegenen Ort noch nicht in seiner wahren Bedeutung wahrgenommen. Die Wahl gerade dieses Ortes, der nur einer unter vielen möglichen Tagungsorten war, ist übrigens darauf zurückzuführen, dass der dortige Bezirkshauptmann von Lilienfeld, in dessen Bereich Hainfeld lag, den Ruf eines toleranten Beamten hatte, ein Umstand, der die Wahl des Tagungsortes in dieser Region begünstigte. Dieser Graf Leopold Auersperg, der nach der Eröffnung im Namen der Behörde von den Delegierten spontan zum Bleiben aufgefordert wurde, soll nach den Berichten von damals zu Tränen gerührt gewesen sein, als die Delegierten zum Abschluss ihrer Beratungen das von Josef Scheu komponierte „Lied der Arbeit" anstimmten. Er war sich als unmittelbarer Zeitzeuge der historischen Stunde, die an den meisten Zeitgenossen spurlos vorüberging, bewusst. Julius Popp schloss den Parteitag am 1. Jänner 1889 mit den geradezu prophetischen Worten: „Das ist gewiß ein Augenblick, der in der Geschichte der österreichischen Arbeiterbewegung unvergeßlich bleiben wird. Wir haben eine Arbeit hinter uns, auf die wir stolz zurückblicken können. In diesem Programm liegt der Sieg der Zukunft."

Die Erleichterung darüber, die jahrelangen Fraktionskämpfe überwunden und zur Einigung gefunden zu haben, war groß. Und man hatte ein Programm erarbeitet und der Öffentlichkeit präsentiert, das sich sehen und hören lassen konnte. Schon der erste Satz dieses Programms schlug historische Töne an und war auch sprachlich glänzend: „Die Sozialdemokratische Arbeiterpartei in Österreich erstrebt für das gesamte Volk ohne Unterschied der Nation, der Rasse und des Geschlechtes die Befreiung aus den Fesseln der ökonomischen Abhängigkeit, die Beseitigung der politischen Rechtlosigkeit und die Erhebung aus der geistigen Verkümmerung." Das Ziel, das sich in diesem Programm niederschlug, war nicht bloß das einer Reform oder auch einer bloßen Addition von Reformen, sondern das einer völligen Änderung der ökonomischen Grundlagen der Gesellschaft, was in dem Satz der Prinzipien-Erklärung wie folgt zum Ausdruck kam: „Der Übergang der Arbeitsmittel in den gemeinschaftlichen Besitz der Gesamtheit des arbeitenden Volkes bedeutet […] nicht nur die Befreiung der Arbeiterklasse, sondern auch die Erfüllung einer geschichtlich notwendigen Entwicklung."

Ungeachtet dieser umfassenden, als Fernziel anvisierten Perspektive wurden politische und soziale Nahziele angepeilt, nämlich eine umfassende Arbeiterschutzgesetzgebung und eine Erweiterung der schon bestehenden politischen Rechte zum allgemeinen Wahlrecht hin. Die Erhebung des Fernziels und der Einzelrechte in den gleichen programmatischen Rang wurde nicht als Widerspruch, sondern als wertvolle Ergänzung empfunden. Man wollte sich durch kleine Schritte hintereinander den Weg für den großen Sprung, der dann zu einer ganz neuen Ordnung der Dinge führen würde, ebnen.

Die Anarchisten und die Ableger dieser Ideologie in Gestalt der „Radikalen" hatten dagegen immer gemeint, dass man durch das Wahlrecht bzw. dessen Ausübung und durch die Einlassung auf Sozialreformen Konzessionen an die bestehende Ordnung mache und dann deren Opfer werde. Die Anarchisten haben sich zu Recht nicht durchgesetzt und eine anarchistische Ordnung ist ein Widerspruch in sich selbst. Aber sie haben insofern Recht behalten, als die erkämpften Reformen tatsächlich der als Fernziel angenommenen ökonomischen Revolution nicht näher kamen, sondern sich von ihr entfernten. Das Verhältnis zwischen Reform und Revolution, ob nun in dem von Lassalle verspotteten „Heugabelsinn" der Gewalt oder bloß als Sieg eines ganz neuen Prinzips verstanden, ist jedenfalls komplizierter, als es sich die Marxisten in Hainfeld und anderswo in ihrer Schulweisheit träumen ließen. Dieses Problem sollte sich im Laufe der historischen Entwicklung als *das* Problem des Sozialismus herausstellen. Aus der Einigungs-Resolution, die vom Parteitag verabschiedet wurde, sprach der unbedingte Wille zur Einigkeit und Geschlossenheit, zur Vermeidung jeder fraktionellen oder sonstigen Spaltung. Der französische Politologe Maurice Duverger hat in einem Standardwerk über politische Parteien die Behauptung aufgestellt: „Jede Partei trägt den Stempel ihrer Geburt." Auf Hainfeld und die von dort ausschwärmende Sozialdemokratie trifft diese Aussage jedenfalls zu wie auf kaum eine andere. Freilich ist in dieser Fixierung auf die Einheit, die Einheit um jeden Preis, auch eine Gefahr angelegt, die sich erst im Laufe der historischen Entwicklung herauskristallieren sollte. Durch die Übertreibung der hart erkämpften Tugend wurde sie mehr und mehr ein Laster, die Bewahrung der Einheit um jeden Preis wurde unversehens zum Mechanismus des Abschiebens von Problemen und des Aufschiebens von Entscheidungen. Der Immobilismus, der das Erscheinungsbild und die Politik der Sozialdemokratie über weite historische Strecken prägen sollte, hat unter anderem in dieser in Hainfeld grundgelegten Einstellung seine Wurzel, die oft nicht die erwarteten und historisch für möglich gehaltenen Blüten trieb, sondern kümmerliche, die bei besserer Verwurzelung auch besser hätten ausfallen können.

Der Hang zum Immobilismus, zum Zurückbleiben hinter den historischen Möglichkeiten, wurde nicht nur durch die Fixierung auf die Einheit um jeden Preis gefördert, sondern erhielt durch die Überzeugung, im Sog einer historisch notwendigen Entwicklung zu stehen und zu agieren, noch zusätzliche Nahrung. Der schon als „säkularisierte Heilslehre" charakterisierte Glaube des Sozialismus lässt, wie auch die religiöse Vorlage des christlichen Glaubens, zwei einander entgegengesetzte, sich beide auf Texte und Formeln berufende Deutungen zu: Die Überzeugung, auf dem Weg zum Heil zu sein und dieses Heil auch erreichen zu können, kann entweder dazu führen, in heiliger Ungeduld das Himmelreich an sich zu reißen („Das Himmelreich leidet Gewalt, und die Gewalt gebrauchen, werden es an sich reißen." Mt. 11,12), oder dazu, im Hinblick auf das ohnehin garantierte Heil die Hände in den Schoß zu legen und abzuwarten. Diese quietistische und attentistische Haltung überwog im österreichischen Sozialismus, während im Bolschewismus die drängende und die Wirklichkeit überfordernde Einstellung zum Durchbruch kam. Dieser geradezu fatalistische Zug des österreichischen Marxismus und Zentrismus kommt am deutlichsten in den Worten zum Ausdruck, die Victor Adler auf dem Gründungskongress der II. Internationale, der 1889, also schon nach Hainfeld, in Paris stattfand, sprach: „In der letzten Stunde, wenn die kapitalistische Gesellschaftsordnung zusammenbricht – und sie wird ganz von selbst zusammenbrechen, ohne daß man sozusagen dabei nachzuhelfen brauchte –, dann wird das Schicksal des Proletariats sich entscheiden nach dem Grad geistiger Entwicklung, den es erreicht haben wird. Wir besitzen weniger Einfluß auf das Eintreten dieses Moments, als wir selbst anzunehmen pflegen – weit weniger, als unsere Feinde argwöhnen. Aber eines liegt in unserer Macht: Uns für diesen Augenblick vorzubereiten … Bereit sein, das ist alles."

Auch diese hehre Einsicht, auch dieser erhabene Wunschtraum hat in der Praxis als Alibi für Untätigbleiben und Zurückschrecken vor der Tat gedient.

Als Beispiel für eine solche zögernde Haltung, die einen möglichen Erfolg vereitelte, seien die Vorgänge des Jahres 1893 herangezogen, in welchem Jahr der österreichische Ministerpräsident Eduard Graf Taaffe eine Wahlrechtsreformvorlage einbrachte, die ziemlich nahe an die im Hainfelder Programm verankerte Forderung herankam. Trotzdem in der Partei der Ruf „Belgisch reden" im Hinblick auf die dort erreichte positive Lösung durch Massenstreiks erklang, zögerte Adler, diese Gelegenheit zu ergreifen, mit der am Parteitag 1894 offiziellen nachträglichen Begründung, dass es nicht Aufgabe der Sozialdemokratie sein könne, für Taaffe, der die Arbeiterbewegung 14 Jahre lang bedrückt habe, „die Kastanien aus dem Feuer zu holen". Doch die positive Annahme des Taaffe'schen Vorstoßes wäre sicher das kleinere Übel gewesen gegenüber dem Zwielicht, in das sich die Führung durch die Annahme des Vorschlages eines erbitterten Gegners möglicherweise begeben hätte. Infolge dieser Haltung musste man noch über ein Jahrzehnt auf die Erfüllung des Postulates des Hainfelder Programms warten. Am Parteitag 1894 übte der Gewerkschaftsführer Anton Hueber dann auch Kritik an diesem Versäumnis der Führung und führte Folgendes aus: „Wenn man aber das eine sagt, soll man auch konsequent bleiben, nicht aber, wenn man einmal entflammt hat und die Flamme hochgeht, mit der Spritze kommen, die Flamme zu löschen." Man tut gut daran, sich diese Worte für ein späteres Datum, nämlich den 15. Juli 1927, vorzumerken. Denn an diesem Tag geschah wörtlich das, was Hueber nur bildlich angesprochen hatte. Wenn hier kein Archetyp und Verhaltensstereotyp vorliegt, dann wohl nirgendwo anders.

Die Größe Victor Adlers, die seinen Kleinmut von 1894 überragte, zeigte sich am Parteitag 1905, als die Nachricht vom Verfassungsmanifest des russischen Zaren einlangte und der nun schon überreifen Situation und Stimmung den entscheidenden Antrieb verlieh. Damals sagte Adler und sprach damit die erlösenden Worte: „Ob unser Ziel im Jahre 1894 reif war oder nicht, heute ist es überreif geworden. Jetzt ist der Moment, jetzt muß sich zeigen, was für Kraft im Proletariat steckt. Jetzt oder nie!" Die Kraft zu diesem „Jetzt oder nie!" brachte Victor Adlers Nachfolger als Führer der Partei, Otto Bauer, den Adler schon früh als „das begabte Unglück der Partei" erkannte und apostrophierte, Jahrzehnte später nicht auf, als es gegolten hätte, dem Verfassungsbruch, den Dollfuß im März 1933 beging, mit allen zur Verfügung stehenden Mitteln entgegenzutreten.

Damit kommt die Persönlichkeit Victor Adlers, der die Einigung der streitenden Parteien zustande brachte und ohne den sie nicht so schnell oder überhaupt nicht zustande gekommen wäre, ins Spiel und ins historische Visier. Karl Renner hat diese aus dem historischen Prozess nicht wegzudenkende Rolle, die Victor Adler spielte, zu dessen 60. Geburtstag mit den Worten gewürdigt: „Ein wahres Wunder ist es [...], daß die österreichische Arbeiterbewegung nicht die Beute aller erdenklichen sozialistischen Sekten geworden, besser geblieben ist. Denn sie ließ sich anfangs so an. Dieses Wunder ist vollbracht worden, ist getan von Victor Adler. Das größte theoretische Genie, die flammendste sozialistische Phantasie hätte das in der Natur der österreichischen Bewegung liegende Übel eher verschärft. Einer andersgerichteten Persönlichkeit bedurften wir und fanden sie in Victor Adler."

In der Tat ist die Bedeutung der Persönlichkeit des Parteigründers Victor Adler kaum zu überschätzen. Eben weil Adler kein Theoretiker und bloßer Demagoge war, sondern – wie ihn ein früher Biograph nannte – ein „philanthropischer Ärztesozialist", konnte er darangehen, auch die sozialen Wunden, die die kapitalistische Gesellschaft den Arbeitern, so den Wiener Ziegelarbeitern, zu deren Anwalt er sich machte, schlug, zu heilen, was freilich nicht nur durch individuelle Therapie, sondern auch durch Inangriffnahme struktureller Reformen möglich war.

Die überragende Rolle, die Adler vor Hainfeld und in Hainfeld spielte, wirft freilich Fragen auf, die über den historischen Glücksfall Adler hinaus, wenn auch von ihm ausgehend, die ganze Geschichte durchziehen und Anfragen an den „wissenschaftlichen Sozialismus", als der sich der Marxismus ausgab, darstellen, die diesen in Verlegenheit bringen können. Denn wie lässt sich die vom Marxismus reklamierte historische Notwendigkeit mit dem „Wunder" einer Persönlichkeit vereinbaren? Nach dem Kanon des historischen Materialismus nimmt die Persönlichkeit nur die Stellung eines Exekutors der historischen Gesetze ein, de facto kann man aber immer wieder feststellen, dass ohne eine bestimmte Persönlichkeit eine bestimmte Entwicklung nicht eingetreten wäre, auch wenn die Bedingungen reif waren, und erst recht, wenn sie nicht reif waren. Als Beispiel für das Wirken einer Persönlichkeit, die reife Bedingungen klug und maßvoll benützte, sei eines aus einer nicht weit zurückliegenden Vergangenheit Österreichs gewählt. Österreich war zu Beginn der Siebzigerjahre des vergangenen Jahrhunderts reif für eine Erneuerung und für eine Überwindung konservativer Haltungen. Aber diese Möglichkeit wäre nicht so oder überhaupt nicht genutzt worden, wenn es nicht die umwerfende Persönlichkeit Bruno Kreiskys gegeben hätte. Hätte Pittermann, wie es die konservativen Kräfte in der damaligen SPÖ wollten, weiterregiert, wäre die Entwicklung möglicherweise an der Partei vorbeigegangen und dann vielleicht auch über sie hinweggegangen. Ein anderes, historisch viel universelleres und folgenreicheres Beispiel dafür, dass eine Persönlichkeit einer Situation ungeahnte Möglichkeiten, um welchen Preis immer, entlocken kann, ist die russische Oktober- bzw. Novemberrevolution 1917. Der australische Historiker Sidney Hook hat bereits 1951 in einem Büchlein „Der Held in der Geschichte" auf den Widerspruch hingewiesen, der zwischen der marxistischen Theorie und der Rolle Lenins, der den Staatsstreich bzw. Putsch anzettelte, besteht, und der marxistische Theoretiker Karl Kautsky hat in seinen Schriften „Diktatur des Proletariats" und „Terrorismus und Kommunismus" nachgewiesen, dass die Oktoberrevolution eine linke Abweichung vom Marxismus war, also niemals hätte stattfinden sollen und dürfen.

Ein anderes Problem, das sich anhand der Persönlichkeit Victor Adlers und seines Wirkens stellt und prinzipieller Natur ist, ist das des Verhältnisses von Führung bzw. Parteiführer und Masse. Einerseits beruht die Autorität des Führers auf der Masse, die die historische Idee umsetzt – im Sinne des Marx-Wortes: „Die Idee wird zur Gewalt, wenn sie die Massen ergreift." Auf der anderen Seite aber ist die Masse allein nicht handlungsfähig, sie muss geführt, sie kann aber auch manipuliert werden. Dieses Dilemma spiegelt sich auch in dem Victor Adler zugeschriebenen Satz „Es ist besser, mit den Massen zu irren, als gegen die Massen Recht zu behalten" wider. Wie die Geschichte der österreichischen Arbeiterbewegung zeigt, wurde diese Maxime auch als bequeme Handhabe benützt, um dann, wenn es schiefgeht, es den Massen zuzuschieben, sie eignete sich aber auch als Devise, um unter deren Schutz die Massen zu manipulieren und ein Katz-

und Maus-Spiel mit ihnen zu betreiben. Und als es, um noch einmal auf das Datum des 15. Juli 1927 vorzugreifen, notwendig gewesen wäre, die Massen zu führen, hat die Parteiführung die Massen – welch schwer wiegenden Vorwurf der sozialistische Politiker Wilhelm Ellenbogen in seinen Erinnerungen „Die Katastrophe der österreichischen Sozialdemokratie" erhob – sich selbst überlassen, mit verheerenden Folgen, für die nicht die Parteiführung, sondern die Massen büßen mussten.

Ein weiteres Problem, das sich aus der historischen Betrachtung, die über den Anlassfall hinausgeht, ergibt, ist das der Beziehung zwischen den Intellektuellen und dem Proletariat, in dessen Namen Erstere auftreten. Auch hier verkehrt sich das Verhältnis nicht im Sinne der marxistischen Theorie. Allerdings hat Karl Kautsky diesen Widerspruch insofern aufzufangen versucht, als er lehrte, dass das Proletariat von sich aus nur einen „sozialistischen Instinkt", aber kein eigentliches sozialistisches Bewusstsein habe und dieses erst von Intellektuellen in die Arbeiterschaft und die Arbeiterbewegung hineingetragen werden müsse. Damit ist die Führungsrolle der marxistischen Intellektuellen zwar marxistisch legitimiert, sie kollidiert aber immer noch mit der Marx'schen Forderung nach der „Diktatur des Proletariats" als einer Übergangsform zwischen kapitalistischer und sozialistischer Gesellschaftsordnung. Zu der theoretischen Unbedarftheit des Proletariats kommt noch die soziologische Unfähigkeit der großen Masse, sich selbst ohne Zuhilfenahme von Mittlern, die erst recht wieder Intellektuelle sind, zu regieren. Der Bolschewismus, der die Kautsky'sche Idee in der Form von meist auch intellektuellen Berufsrevolutionären übernommen hat, und seine Geschichte von Lenin bis Stalin zeigt, wohin eine solche hochgestochene Elitentheorie in der Praxis führt: zur ungehemmten Herrschaft von Funktionären und Bürokraten, die zum Schluss alle Macht in ihren Händen vereinigen.

Umgekehrt zeigt die Entwicklung der amerikanischen Arbeiterbewegung, der der Marxismus und damit auch der Sozialismus im klassischen Sinn immer fremd waren, dass man auch ohne eine von außen hineingetragene sozialistische Perspektive auskommen und auf die Dienste von Intellektuellen, die alles besser zu wissen glauben, verzichten kann.

In der Geschichte der österreichischen Arbeiterbewegung war es immer so, dass Theoretiker, Intellektuelle und Akademiker an der Spitze der Partei waren. Nur zwei Persönlichkeiten hätten möglicherweise die Gelegenheit und das Format gehabt, als Arbeiter die Parteiführung zu übernehmen: der Volkstribun Franz Schuhmeier, der aber 1913 einem Attentat zum Opfer fiel, und Franz Olah, der einem politischen Attentat, das wieder von Intellektuellen an ihm verübt wurde, erlag, dafür aber die Genugtuung erleben konnte, alle seine innerparteilichen Gegner zu überleben und als weiser alter Mann, an die hundert Jahre alt, mit und ohne Zorn auf sie zurückblicken zu können.

II. Kapitel
Das Scheitern an der Nationalitätenfrage

Die Hauptfrage, mit der sich die Sozialdemokratie im alten Österreich konfrontiert sah und auf die sie eine Antwort finden musste, um nicht ihr soziales Reformwerk zu gefährden, war die Nationalitätenfrage. Das Hainfelder Programm zog sich noch mit einer allgemeinen Formel aus der Affäre, die da lautete: „Die sozialdemokratische Arbeiterpartei in Österreich ist eine internationale Partei, sie verurteilt die Vorrechte der Nationen ebenso wie die der Geburt." Diese frühe Phase des Umgangs mit dem nationalen Problem hat Otto Bauer, der als erst Sechsundzwanzigjähriger 1907 mit dem bahnbrechenden Werk „Die Nationalitätenfrage und die Sozialdemokratie" hervortrat und damit mit einem Schlage berühmt wurde, später als eine des „naiven Kosmopolitismus" charakterisiert. Diese Haltung und Zurückhaltung konnte nicht lange aufrechterhalten werden, da sich die Nationen und der nationale Faktor kräftig zu Wort meldeten und den programmatischen Internationalismus Lügen straften. Bereits 1897 sah sich die Partei gezwungen, die nationale Autonomie auf Parteiebene anzuerkennen. Der Prozess der Föderalisierung schritt von da an weiter fort: Seit 1905 kamen keine Gesamtparteitage mehr zustande. Die Fiktion einer übernationalen Gesamtpartei löste sich durch das sukzessive Absterben der übernationalen Organe auf und machte der Realität nationaler Parteien Platz; 1911 schuf vor allem der tschechische Separatismus vollendete Tatsachen.

Parallel zu diesen Entwicklungen entfalteten sich, vor allem literarisch und programmatisch, Bemühungen, ein Konzept zur Sanierung des Gesamtstaates, den die Sozialdemokratie bis zuletzt nicht in Frage stellte, zu erarbeiten. Am Brünner Parteitag 1899 wurde ein Nationalitätenprogramm beschlossen, das noch vom Territorialitätsprinzip ausging und beherrscht war. Damals wurde noch vorgeschlagen, die Kronländer durch national abgegrenzte Selbstverwaltungskörper zu ersetzen. Später setzte sich dann das vor allem von Karl Renner (unter dem Pseudonym Rudolf Springer) in einigen Schriften propagierte Personalitätsprinzip als jenes Rezept durch, mit dem man den nationalen Bestrebungen Rechnung tragen, sie aber gleichzeitig im Zaum halten wollte. Renner sah den Prozess der nationalen Emanzipation in einem untrennbaren Zusammenhang mit der gleichzeitig voranzutreibenden Demokratisierung. Doch während der Prozess der Demokratisierung Fortschritte machte und 1905 bzw. 1907 von Erfolg gekrönt war, blieben die Vorschläge zur Lösung der nationalen Frage gedankliche Konstrukte und standen bloß auf dem Papier, fanden aber nicht den Weg der Verwirklichung. Trotzdem ist es nicht überflüssig, in diesem Zusammenhang daran zu erinnern, dass, wie der österreichische Historiker Robert A. Kann so treffend formulierte, „die Projekte der Sozialisten die umfassendste, am sorgfältigsten geplante, aber gleichzeitig die demokratischeste Stellungnahme zu dem Thema" waren. Die Sozialdemokratie und in ihr vor allem Karl Renner fühlten sich für den Staat, den sie bejahten und durch Reformen lebensfähig erhalten wollten, verantwortlich. Die Sozialdemokratie erkannte früher und klarer als andere politische Kräfte, dass die Existenz des alten Österreich mit der Durchführung von Reformen stehe oder falle. So äußerte sich Karl Renner wenige Monate vor Ausbruch des Ersten Weltkrieges kategorisch: „Denn was heute die Voraussicht der Herrschenden im Rahmen dieser Staatsgrenzen nicht vollzieht, wird morgen das Schwert vollbringen gegen diesen Staat." Und Victor Adler hatte schon am Parteitag 1900 die Wahrworte gesprochen: „Wenn Österreich zugrunde geht, so geht es zugrunde an den Sünden der herrschenden Klassen, die Arbeiterschaft hat nicht mitgesündigt." Karl Renner hielt diesem alten Österreich bis an dessen Grab unbedankte Treue, nicht weil ihm die monarchische Struktur am Herzen lag, die er freilich auch akzeptierte und nicht in Frage stellte, sondern weil er der Überzeugung war, dass ein Vielvölkerstaat eine bessere Durchgangsstufe zu einem Weltstaat, den er als größeres Ziel nie aus den Augen verlor, darstelle als der Nationalstaat, dass die Kleinstaaterei ein Rückschritt und kein Fortschritt wäre. Das alte Österreich erschien ihm eine Vorstufe zu dem, was später der Völkerbund und die Vereinten Nationen, wenn auch unvollkommen, verkörpern sollten: eine internationale Rechtsordnung, die analog zur Entwicklung der innerstaatlichen dem Recht auch international zum Durchbruch verhelfen sollte. Es ist interessant, dass diese Überzeugung Renners, an der er so lange wie möglich festhielt, nicht bloß der Ausfluss seiner im Rahmen der Partei eindeutig „rechten" Position war, sondern auch von links von Renner Stehenden und auch außerhalb Österreichs, und in anderen Zusammenhängen, geteilt wurde. So sprach sich die selbst aus Polen stammende linke Urmutter Rosa Luxemburg gegen die Bestrebungen aus, Polen selbständig zu machen und aus dem russischen Staatsverband herauszulösen. Sie sprach sich trotz der Vorzeichen des zaristischen Despotismus für die Erhaltung dieses übernationalen Bezugssystems mit Argumenten aus, die denen Renners durchaus ähnlich waren.

Renner wurde auch nicht müde, den Nachweis zu führen, dass Karl Marx durchaus kein Anhänger des Nationalstaates war und dass sich die linken Marxisten, die selbständige Nationalstaaten anstrebten, zu Unrecht auf Marx beriefen. Noch einige Monate vor dem endgültigen Aus für das alte Österreich hielt er im „Kampf", dem theoretischen Organ der Sozialdemokratie, ein flammendes Plädoyer für die Erhaltung des alten Österreich, er meinte in diesem „Marx oder Mazzini?" betitelten Beitrag, dass es Mazzini, der Anwalt des italienischen *risorgimento* und Vorkämpfer des „jungen Italien", war, der nach seinem Abfall von der sozialistischen Idee den Nationalstaat aus der Taufe gehoben habe, so wie später auch Mussolini als abgefallener und enttäuschter Sozialist zum glühenden Nationalisten wurde. Es ist eine der vielen Ironien, in denen sich die Geschichte gefällt, dass es ausgerechnet Karl Renner war, der als erster Staatskanzler eines Staates, den er gar nicht wollte, fungierte.

Worin bestand nun der für rettend gehaltene Gedanke, mit dem Renner und die in diesem Punkt seinen Ideen bis 1917 folgende Sozialdemokratie den Gesamtstaat sanieren wollten? Es lohnt sich, einen Blick auf diese Vorschläge zu werfen, auch wenn sie in der Realität erfolglos geblieben sind. Renner hielt das Kronländersystem und den seit 1867 bestehenden „Ausgleich" für ein Krebsübel, der alle anderen Übel nach sich zog. Dieses System schaffe, so Renner, „verzweifelte Minoritäten" und „rücksichtslose Majoritäten". Renner unterschied zwei Möglichkeiten der Bestimmung des Verhältnisses zwischen Nation und Staat: Die eine, in Österreich herrschende, nannte er die „atomistisch-zentralistische" Auffassung. Nach dieser von ihm verworfenen Lesart stünden die isolierten Individuen einer zentralen Staatsgewalt gegenüber, ohne dass die Nationen eine rechtliche Mittlerrolle spielten oder eine selbständige Existenz zugebilligt erhielten.

Renner verurteilte dieses herrschende System als System des Absolutismus und der Verewigung des Nationalitätenkampfes. Renner setzte diesem System sein Postulat und Konzept einer „organischen" Struktur entgegen. Der „demokratische Nationalitätenbundesstaat" sollte darin bestehen, dass die einzelnen Nationen im Rahmen des Gesamtstaates und auf seinem Territorium eine rechtliche Einheit bilden, so dass der Staat als Summe aller Gliedstaaten oder nationalen Verbände sich auf die absolut notwendigen gemeinsamen Kompetenzen beschränken, alles Übrige aber den Nationen überlassen sollte. Diese nationalen Verbände sollten sich nach dem Personalitätsprinzip konstituieren, analog zu den Religionsgesellschaften sollte man durch persönliches Bekenntnis und Eintragung in einen Nationalkataster Angehöriger einer Nation und damit Teilhaber einer parallel zum Gesamtstaat agierenden Rechtsgemeinschaft werden. Renner schwebte also ein Doppelzug der staatlichen Verwaltung und der nationalen Verwaltung vor, wobei Letztere sich vor allem auf kulturelle Angelegenheiten konzentrieren sollte.

Darin lag aber auch die Schwäche der von Renner und der Sozialdemokratie befürworteten Konzeption. Dieses Konzept betrachtete die nationale Frage überwiegend als Schul-, Ämter- und Sprachenfrage und meinte, damit dem Nationalismus den Wind aus den Segeln zu nehmen.

Der Nationalismus aller Völker und Spielarten aber gibt sich mit solchen halben Lösungen und Abschlagszahlungen nicht zufrieden, er wollte und will nicht nur den kleinen Finger, sondern die ganze Hand. Es ist daher kein Zufall, dass sich das Renner'sche Konzept, außer zum Teil im mährischen Ausgleich 1905/1906 und in der estländischen Kulturautonomie 1925, nirgends durchgesetzt hat. So schön es gewesen wäre und noch ist: Der Nationalismus ist eine so mächtige Emotion und eine so beharrliche Konstante, und zwar bis auf den heutigen Tag, dass die Versuche, ihm eine Verwässerung seiner Ambitionen schmackhaft zu machen, immer wieder scheitern.

Nicht nur Renner und die Sozialdemokratie, sondern die Marxisten und Sozialisten aller Schattierungen sind mit dem Versuch, den Nationalismus zu zähmen und für den Klassenkampf oder humanitäre Zwecke zu instrumentalisieren, gescheitert. Auch die Bolschewiki, deren Erfolg nicht zuletzt durch die Entfesselung des Nationalismus und durch die Verheißung einer zukünftigen Selbstbestimmung der einzelnen Nationen zustande kam, verkehrten ihre ursprünglichen Parolen ins Gegenteil, so im Fall der noch unter Lenin erfolgten Unterdrückung des sich unbotmäßig gebärdenden Georgien, dem Karl Kautsky in seinem Büchlein „Georgien. Eine sozialdemokratische Bauernrepublik" einen ergreifenden Nachruf widmete. Aber nicht nur marxistische und sozialistische Strömungen, sondern auch vorsozialistische und liberale haben sich am Nationalismus die Zähne ausgebissen und blutige Abfuhren geholt. Die Grillparzer'sche Mahnung vor dem Weg „von der Humanität über die Nationalität zur Bestialität" war nicht imstande, die vom nationalen Fieber geschüttelten Massen aufzurütteln. Auch die Religion und im Besonderen das Christentum als Religion der Nächsten-, ja der Feindesliebe konnte den Nationalismus vielfach nicht bändigen, sondern ist des Öfteren selbst eine unheilige Allianz mit ihm eingegangen, so im Ustascha-Staat in Kroatien oder in der Tiso-Slowakei während des Zweiten Weltkrieges. Der Nationalismus hat sich von allen Ideologien des 19. Jahrhunderts am besten gehalten und Konstruktionen, die ihn bändigen wollten, gesprengt, wie das Beispiel des in Teilstaaten zerfallenen jugoslawischen Vielvölkerstaates zeigt.

Die einleuchtendste Erklärung dafür, dass der Nationalismus so unausrottbar ist und immer wieder allen Versuchen der Überwindung trotzt, hat meines Erachtens der Philosoph Arthur Schopenhauer gegeben, der den Nationalstolz als „den wohlfeilsten Stolz" bezeichnet hat, gibt er doch allen, die zur Nation gehören, ein Selbstwertgefühl, das sich aus anderen Quellen weniger gut und wirksam speisen lässt.

Trotzdem kann der Versuch, den Nationalismus in eine höhere Wirklichkeit zu integrieren, angesichts der Erfolge der europäischen Institutionen doch auch als partiell gelungen betrachtet werden, freilich bleibt die Gefahr des Rückfalls immer bestehen, da der Mensch – und in dieser Beziehung sind sich Konrad Lorenz und Sigmund Freud einig – einen immer sprungbereiten Aggressionstrieb besitzt und ein Konfliktwesen ist.

Deshalb war die Vorstellung der Marxisten, dass mit dem Ende der Klassengesellschaft auch der Nationalismus verschwinden werde, schon deshalb zum Scheitern verurteilt, weil Klassenkonflikte auch durch Abschaffung des Privateigentums nicht verschwinden, sondern nur durch andere ersetzt werden, und weil sich der nationale Faktor als dem Klassenstandpunkt überlegen erweist, schon deshalb, weil der nationale Faktor alle umfasst, der Klassenfaktor aber nur einen Teil der Gesellschaft. Der marxistischen Behauptung, dass nur die Klassenkonflikte antagonistisch und daher nicht friedlich zu lösen sind, hat schon Hans Kelsen in seiner frühen Schrift „Sozialismus und Staat" widersprochen, indem er erklärte, dass alle Konflikte zwischen Menschen „Konflikte auf Leben und Tod" werden können, so auch religiöse und erotische, und dass umgekehrt der Klassenkonflikt in den westlichen Gesellschaften ohne Blutvergießen überwunden werden konnte.

III. *Kapitel*
Die Katastrophe des Ersten Weltkrieges

Unter den Illusionen, die bei Ausbruch des Ersten Weltkrieges wie Seifen-
blasen zerplatzten, befanden sich neben dem ausgeträumten Traum vom
„ewigen Frieden" und dem Aus für die Parole „Die Waffen nieder!" der
Bertha von Suttner die der Sozialistischen Internationale, einen Krieg verhindern oder einen ausgebrochenen bald beenden zu können. Die marxistisch orientierte Sozialistische Internationale befand sich seit ihrer
Gründung in einer merkwürdigen Lage, ja in einem Dilemma, einem der
vielen Dilemmata, die die marxistische Theorie ihr bescherte. Es bestand
darin, dass die Marx'sche Analyse des Kapitalismus und seines Zusammenbruchs die Möglichkeit eines Krieges wahrscheinlich bis unausweichlich
erscheinen ließ. Der 1914 ermordete französische Sozialistenführer Jean
Jaurès bediente sich eines bildlichen Vergleiches, um diese Erwartung
festzumachen: Er sagte, dass der Kapitalismus den Krieg mit derselben
gesellschaftlichen Notwendigkeit hervorbringe wie im natürlichen Bereich die Wolke den Regen. Auf der anderen Seite gab man sich sozialis-
tischerseits der dem eigenen Selbstgefühl schmeichelnden Hoffnung hin,
den Krieg mit der dem internationalen Proletariat eigenen Kraft aufhalten
zu können. Man legte sich zwar auf den Kongressen der II. Internationale
nicht auf bestimmte Methoden der Torpedierung des Krieges fest, aber
man erörterte die Möglichkeit des Massenstreiks und des bewaffneten
Aufstandes.

Man glaubte sich aus der Affäre ziehen zu können, indem man den Teufel des Krieges an die Wand malte, nicht um ihn auf diese Weise herbeizu-
beschwören, sondern in der Hoffnung, ihn durch magische Formeln hin-
wegbeschwören zu können. Wenn man die einschlägigen Resolutionen der
Internationale studiert, kann man sich beim besten Willen des Eindrucks
nicht erwehren, dass man sich an wohlklingenden Worten berauschte und

sich und der Außenwelt eine Kraft suggerierte, hinter der kein wirkliches, einsatzbereites Potenzial steckte. So wurde am Stuttgarter Kongress 1907 eine Resolution verabschiedet, die – nach dem Motto „Wasch mir den Pelz und mach mich nicht nass" – nach den Worten Victor Adlers „sich auf kein Kampfmittel festlegte und kein Kampfmittel ausschloss". Aus den Worten Adlers am Sozialistenkongress 1912 im ehrwürdigen Basler Münster wird die ganze Unsicherheit, mit der die Internationale dem kommenden Krieg entgegensah, überdeutlich: „Von den Sozialdemokraten hängt es leider nicht ab, ob Krieg wird oder nicht. Daß die Arbeiterklasse aller Länder täglich an Macht gewinnt, das sehen wir, das ist unsere Arbeit, unser Leben. Aber überschätzen wir uns nicht und überschätzen wir vor allem nicht die Einsicht unserer Regierungen. Was wir können, das ist, zu verhindern, daß es einen Krieg gibt. Es darf keinen Krieg geben, der der Fluch der Völker werden würde." Man muss kein besonderer Analyst sein, um den Widerspruch zwischen Über- und Unterschätzung, die schwankende Stimmungslage zwischen Resignation und Triumph aus diesen aufeinander, aber nicht auseinander folgenden Sätzen herauszulesen.

Was aber im August 1914 anlässlich des Kriegsausbruches wirklich kam, übertraf die schlimmsten Erwartungen skeptischer Beobachter. Nicht nur, dass es nicht gelang, Taten gegen den Krieg zu setzen und sich gegen das eingetretene Verhängnis aufzulehnen. Die österreichische Bevölkerung, besonders die in Wien, verfiel in einen patriotischen Taumel. Nicht nur in den Palästen, sondern auch in den Hütten herrschte eitel Wonne und Begeisterung. Leo Trotzki, der damals in Wien lebte, beschreibt in seinen Erinnerungen das Entsetzen, das ihn angesichts dieses tobenden Patriotismus in den Vorstädten erfasste. Doch nicht nur die Massen, sondern auch das sozialistische Sprachrohr, das die „Arbeiter-Zeitung" damals war, schwenkte von der pazifistischen Linie, die sie bis kurz vor dem Datum des 4. August als dem Tag des Kriegsausbruches bzw. der Kriegserklärung einnahm, mit dem Leitartikel von Friedrich Austerlitz „Der Tag der deutschen Nation" auf die der Kriegsunterstützung ein.

Was war, so hätte man sich schon damals fragen können und müssen, eine sich für unfehlbar haltende Theorie wie die marxistische wert, die einen so kläglichen prognostischen Wert hatte und einem nicht den Blick auf die Tatsachen freigab, sondern ihn vernebelte? Obwohl man ständig von der Kriegsgefahr gesprochen hatte, hielt man sie für durch die eigene

Rhetorik gebannt. Julius Deutsch bekannte die fassungslose Überraschung, dass es zum Eintreten des so oft beschworenen Ernstfalles gekommen war, mit den folgenden Worten ein: „Der Ausbruch des Krieges hat uns alle überrascht und niedergeschmettert. Mochten wir auch vordem überzeugt gewesen sein, dass die Anarchie der kapitalistischen Welt schließlich dem blutigen Zusammenbruch der europäischen Völker zutreiben werde, so fand der Augenblick der Katastrophe uns dennoch völlig unvorbereitet."

Man hatte also nicht nur nicht mit dem Eintreten des Ernstfalles gerechnet, man hatte auch die Reaktion der Massen der eigenen Anhänger ganz falsch eingeschätzt. Doch als die Massenstimmung in Form der Kriegsbegeisterung da war, beeilte man sich, mit den Massen zu irren und sich eines patriotischen Stils zu befleißigen. Der leider früh verstorbene österreichische Historiker Albert Fuchs meinte zu diesem dramatischen Auseinanderklaffen von Wunsch und Realität in seinem Werk „Geistige Strömungen in Österreich": „Die Manifeste der Internationale, die Werke der Theoretiker sprachen unablässig vom bevorstehenden Krieg und der bevorstehenden Revolution. Das Unglück war nur, daß kein Mensch glaubte, was da gesagt wurde. Man hörte diese Dinge seit Jahrzehnten, es waren Phrasen, die die Bewegung mitschleppte, weil sie sich nun einmal eingelebt hatten." Und der französische Historiker Georges Haupt fasst seine Analyse in die lapidaren Worte zusammen: „Die Wortführer der Internationale, im Besonderen Victor Adler, waren in Wirklichkeit Gefangene des Mythos ihrer eigenen Phraseologie." Schon an dieser Stelle sei als Vorwarnung vorgemerkt, dass dieser Hang, sich durch einen üppigen Verbalradikalismus über die Realität hinwegzutäuschen, eine noch viel verhängnisvollere Rolle spielen sollte als 1914.

Die Sozialdemokratische Partei in Österreich unterstützte die durch die Massenstimmung gedeckte Kriegspolitik ebenso wie die deutsche, die im Reichstag mit Ausnahme von Karl Liebknecht für die Bewilligung der Kriegskredite stimmte. Der österreichischen Partei ist dieser Sündenfall, den sie fraglos mitgemacht hätte, dadurch erspart geblieben, dass der Reichsrat nicht einberufen war und also quasi absolutistisch regiert wurde. Der Einzige, der die Kriegspolitik des Parteivorstandes offen und scharf kritisierte, war der Sohn des Parteigründers Victor Adler, Friedrich Adler, der nun gegen seinen Vater und die von ihm vertretene Politik auftrat. Der sozialdemokratische Publizist Stefan Großmann hat 1931, also in der historischen Retrospektive, ein Theaterstück „Die beiden Adler" veröffentlicht, das – im Volkstheater zur Aufführung gelangt – den ödipalen Aspekt dieser Attacke Friedrichs in den Mittelpunkt rückte. Es kam auch tatsächlich zu einer Explosion, die man auch als Vatermord mit vertauschtem Objekt verstehen, freilich nicht auf diesen psychologischen Aspekt reduzieren kann. Was Friedrich Adler zur Verzweiflung und schließlich auch zu einer Verzweiflungstat trieb, war die fast vollständige Isolierung in der Partei, der er vor 1914 so treu gedient hatte. Denn es waren nur ganz wenige Getreue, die nach dem Ausbruch des Weltkrieges zu ihm standen und seine Resolutionen auf den Reichskonferenzen, die anstelle der kriegsbedingt verbotenen Parteitage stattfanden, unterstützten. Seine Proteste wurden nur von rund einem Dutzend der über 200 Delegierten unterstützt. Für Friedrich Adler waren die Resolutionen der Internationale vor 1914 nicht bloß Papier und klingende Phrase, sondern ernst zu nehmende Maximen des Handelns gewesen. Dementsprechend empfand er die von der Partei eingenommene Haltung nicht als legitime Anpassung und Kursänderung, sondern als Verrat.

Das Fass der Empörung kam bei Friedrich Adler zum Überlaufen, als eine Versammlung von Universitätsprofessoren, die sich des Friedensthemas als Ausweg aus dem Krieg annehmen wollten, behördlicherseits verboten wurde. Er entschloss sich zum Handeln auf eigene Faust und erschoss am 21. Oktober 1916 im Hotel Meissl & Schadn am Neuen Markt den österreichischen Ministerpräsidenten Karl Graf Stürgkh. Lenin nannte dieses Attentat, das so gar nicht in der Tradition der friedliebenden österreichischen Partei lag, „die Verzweiflungstat eines Kautskyaners" und die zeitgenössische Partei, hier wieder vor allem in der „Arbeiter-Zeitung", distanzierte sich entsetzt von dieser Tat und ließ durchblicken, dass es sich bei Friedrich Adler um einen geistig gestörten Irrläufer handelte. Adler aber wehrte sich gegen den Versuch, seine Tat durch Plädierung auf geistige Unzurechnungsfähigkeit zu entwerten.

Otto Bauer hat die Tat Friedrich Adlers rückblickend in seinem Geschichtswerk „Die österreichische Revolution" 1924 als „Wendepunkt" charakterisiert. Freilich offenbarte sich diese Wendung nicht sogleich und nicht an Ort und Stelle.

Erst das Auftreten Friedrich Adlers vor Gericht, das ihm im Mai 1917 die

Möglichkeit gab, seine Motive stundenlang darzulegen, führte zu einem Stimmungsumschwung. Die Abrechnung, die Adler mit dem Absolutismus und der eigenen Partei vornahm, fiel bei den bereits kriegsmüden Massen im bereits vierten Kriegsjahr auf fruchtbaren Boden. Eine besondere Zielscheibe seiner Kritik an der Kriegspolitik und des „Kriegsmarxismus" war Karl Renner, der die Kriegspolitik nicht nur unterstützt, sondern auch in Wort und Schrift theoretisch untermauert hatte, so in seinem Buch „Marxismus, Krieg und Internationale", in dem er zahlreiche Aufsätze und sonstige Stellungnahmen zusammenfasste. Adler brandmarkte Renner als „Lueger der Sozialdemokratie", womit er ihm zweifellos Unrecht tat, denn Renner war alles andere als ein Demagoge, als den viele Lueger ansahen. Renner unterstützte die Kriegspolitik nicht aus militaristischer Begeisterung, so wie er die Aufrechterhaltung Österreichs nicht aus Liebe zur Monarchie befürwortete. Aber Adler war eben, wie das Attentat demonstrierte, maßlos in Worten und Taten, riss aber gerade dadurch die Massen mit.

Adler musste damit rechnen, für seine Tat zum Tode verurteilt zu werden, was zunächst auch das Urteil des Gerichtes war, das später in eine 18-jährige Kerkerstrafe umgewandelt wurde. Anfang November 1918 wurde Adler amnestiert und von seinem Vater aus der Strafanstalt Stein abgeholt, wobei ihm Kaiser Karl seinen Hofwagen zur Verfügung stellte. Er wurde in Wien nicht nur von den Arbeitermassen stürmisch begrüßt, auch die „Arbeiter-Zeitung", die ihn wegen seiner „unseligen Tat" so scharf verurteilt hatte, begrüßte und feierte ihn nunmehr als „Helden und Märtyrer". Vor Tische las man's anders. Die Sozialdemokratie bewies wieder einmal die Fähigkeit, etwas und jemanden, den sie ursprünglich verurteilt hatte, später für sich zu reklamieren und in eine *new policy* zu integrieren.

Im Oktober 1917 begann am Parteitag jener Erosionsprozess, der ein Jahr darauf mit dem Untergang des alten Österreich enden sollte. Freilich stand der Zusammenbruch Österreichs für die damaligen Zeitgenossen noch keineswegs fest und auch die Sozialdemokratie hatte sich noch nicht die Perspektive einer Auflösung des Staatsverbandes zu Eigen gemacht. Zwar wurde am Parteitag eine „Erklärung der Linken" vorgelegt, in der die Forderung nach Einberufung konstituierender Versammlungen der einzelnen Nationen erhoben wurde, aber der die bisherige Politik fortsetzende Antrag auf Umwandlung Österreichs in einen „demokratischen Nationalitätenbundesstaat" wurde im Gegensatz zur Erklärung der Linken mit großer Mehrheit angenommen.

Vollendete Tatsachen schufen im Oktober und November 1918 erst die einzelnen Nationen, die die Solidarität mit dem Reich, dem sie bisher angehört hatten, aufkündigten, ihre eigenen Wege gingen und das kleine Österreich zurück- und sich selbst überließen.

IV. Kapitel
Von den Austromarxisten zum Austromarxismus

Laut Otto Bauer, dem Führer der österreichischen Sozialdemokratie der Zwischenkriegszeit, hat der amerikanische sozialistische Publizist Louis Boudin die junge Marxistenschule, die sich nach der Wende vom 19. zum 20. Jahrhundert bildete, als Erster als „Austrian Marxists", auf Deutsch also als „Austromarxisten" bezeichnet. Der Freundeskreis, der sich wissenschaftlich, durchaus aber auch praxisorientiert, mit zeitgeschichtlichen und spezifisch sozialistischen Themen befasste, bestand aus nur wenigen Personen, die aber alle markante Persönlichkeiten waren und sich in die österreichische, ja darüber hinaus in die europäische politische und Geistesgeschichte eingetragen haben. Zu ihnen zählten an vorderster Front auch des politischen Lebens Otto Bauer und Karl Renner, der Philosoph Max Adler, der später nach Deutschland abgewanderte Nationalökonom Rudolf Hilferding und der marxistische Popularisator Gustav Eckstein. Auch Friedrich Adler, der nicht nur ein politischer Kämpfer, sondern auch ein wissenschaftlicher Kopf und gelernter Physiker war, und in gewissem Sinne Karl Kautsky, der aber das Schwergewicht seiner Tätigkeit nach Deutschland verlegte, von Otto Bauer der „späteren Marxistengeneration" zugerechnet wurde und in der II. Internationale eine überragende Autorität als Theoretiker genoss, können zu den „Austromarxisten" gerechnet werden.

Früher Kristallisationspunkt dieses Kreises waren die seit 1904 im Verlag der Wiener Volksbuchhandlung erschienenen „Marx-Studien". Im Rahmen dieser Buchreihe kamen die ersten größeren Werke, die die Autoren bekannt machten, heraus. So gleich 1904 die Schrift „Die soziale Funktion der Rechtsinstitute, besonders des Eigentums" von Karl Renner, die in der späteren, wesentlich erweiterten Fassung von 1929 zu einem Klassiker nicht nur der sozialistischen, sondern der wissenschaftlich-soziologischen Literatur überhaupt wurde. Ebenfalls bereits 1904 erschien das von Max

Adler verfasste Buch „Kausalität und Teleologie im Streit um die Wissenschaft", in dem schon die ganze Philosophie dieses Einzelgängers enthalten war, gleich der Pallas Athene, die dem Haupt des Zeus auf einmal in voller Rüstung entsprungen ist. Das Bemerkenswerte an der Philosophie dieses Mannes war, dass er einen revolutionären Marxismus nicht, wie es sonst in der marxistischen Tradition üblich war, mit dem dialektischen Materialismus eines Friedrich Engels, sondern mit der Kant'schen Philosophie, ja mit der des deutschen Idealismus, im Besonderen Johann Gottlieb Fichtes, verband. 1907 erschien dann das bald zum marxistischen Standardwerk avancierte, aber auch über die Parteigrenzen hinaus anerkannte Opus Otto Bauers über „Die Nationalitätenfrage und die Sozialdemokratie", das die bis heute unübertroffene Definition des Begriffes „Nation" beinhaltet: „Die Nation ist die Gesamtheit der durch Schicksalsgemeinschaft zu einer Charaktergemeinschaft verknüpften Menschen."

Eine weitere Plattform, die sich die in der österreichischen Sozialdemokratie angesiedelten und aktiven Austromarxisten schufen und für ihre Zwecke der Bildung und Aufklärung nutzten, war die theoretische Zeitschrift „Der Kampf", in der bis 1934 und auch später noch in der Illegalität im Ausland die Richtungskämpfe der Partei und der Internationale ausgefochten und die Probleme der Zeit erörtert wurden. Doch die Austromarxisten wollten nicht nur schriftlich, sondern auch mündlich als Erzieher und Lehrer wirken. Daher gründeten sie schon 1903 den Verein „Zukunft", der die erste Wiener Arbeiterschule als eine Art Parteihochschule und Weiterbildungsstätte des Nachwuchses ins Leben rief. Damit schufen sie die Voraussetzungen für den späteren Aufbau und Ausbau der sozialdemokratischen Bildungseinrichtungen, vor allem der „Sozialistischen Bildungszentrale" bzw. der „sozialdemokratischen Kunststelle", die von Josef Luitpold Stern, von den Arbeitern ehrfürchtig nur „Josef Luitpold" genannt, bzw. David Bach geleitet wurden.

Karl Renner hat der Freundschaft, die alle diese Männer verband, in einem Gedicht aus dem Jahre 1902 ein Denkmal gesetzt, denn Renner hatte neben einer starken politischen auch eine schwache poetische Ader. Nach einem Ausflug mit Otto Bauer und Rudolf Hilferding entströmten ihm die folgenden Verse:

Die Rosse rasten – im Wagen
Wir fuhren dahin zu drein,
Wir hörten die Hufe nicht schlagen,
Die Räder nicht rasseln am Stein.
Die Räder, das waren Gedanken,
Blitzräder von Licht und Glut,
Die Rosse, die hurtigen, schlanken –
Tat, Wille, Hoffnung und Mut.
Die Achse aber, die feste,
Dran Mann und Rad und Roß,
Das war vom Gefährt das Beste:
Die Freundschaft, die uns umschloß.

Otto Bauer bemerkte rückblickend, dass diese harmonische Gemeinschaft Gleichgesinnter und -fühlender durch den Ausbruch des Ersten Weltkrieges gesprengt wurde und von da an jeder einzelne einen eigenen Weg ging.

Nach dem Zusammenbruch des alten Österreich trat die wissenschaftlich-theoretische Seite der Austromarxisten in den Hintergrund, die aktiv politische Tätigkeit umgekehrt in den Vordergrund. Der Begriff „Austromarxismus" wurde mehr und mehr zu einem Synonym für die Lebenswirklichkeit der österreichischen Sozialdemokratie und geriet als solches in das Kreuzfeuer von links und später, besonders nach dem 15. Juli 1927, auch von rechts. Die Kritik von links kam nicht bloß von Friedrich Adler und nicht bloß aus Österreich. Schon 1915 und 1916 formierten sich die Gegner der Kriegspolitik, vor allem auch in der deutschen Sozialdemokratie, was dort auch zu einer Abspaltung in Gestalt einer „Unabhängigen Sozialdemokratischen Partei" (USPD) führte. Auf den in der Schweiz abgehaltenen Konferenzen von Zimmerwald und Kienthal artikulierten sich die linken Widerstandskämpfer; Lenin benützte diese Tagungen als Tribüne, sie entwickelten sich im Zusammenhang mit den revolutionären Ereignissen in Russland zu Vorstufen der 1919 in Moskau gegründeten III. Kommunistischen Internationale. Plötzlich standen die Austromarxisten, wie es Otto Bauer formulierte, „mitten zwischen dem Reformismus und Bolschewismus", ein Zitat, das ich auch als Titel meiner Habilitationsschrift wählte, die der österreichische Historiker Gerhard Botz als die „unübertroffene

Gesamtdarstellung" der Geschichte der österreichischen Sozialdemokratie bezeichnete.

Der Austromarxismus sah sich also nicht nur innenpolitisch, sondern auch im europäischen Maßstab mit entgegengesetzten Mächten konfrontiert, die ihn zwangen, sich neu zu positionieren. Diese Positionierung konnte nur im Einnehmen einer zentristischen, vermittelnden und mittleren Position bestehen, die man dem Austromarxismus dann aber von rechts und links zum Vorwurf machte. Nach der Etablierung der Sowjetherrschaft wurden die Angriffe besonders heftig, da die Austromarxisten die sich neu auftuende russische Wirklichkeit zwar mit Wohlwollen oder doch Abwarten beobachteten und kommentierten – mit Ausnahme Karl Kautskys, der ein erbitterter Gegner des Bolschewismus war und blieb –, aber sie weigerten sich, das sowjetische Beispiel auf das eigene Land zu übertragen und sich dem leninistischen Diktat zu unterwerfen. Deshalb wurde nicht nur Karl Kautsky von Lenin als „Renegat" beschimpft, auch andere bolschewistische Theoretiker und Praktiker ließen an ihm und den eigentlichen Austromarxisten kein gutes Haar. So verspottete Trotzki, der Schöpfer der Roten Armee, den Austromarxismus verächtlich als „gelehrte und gespreizte Theorie der Passivität und Kapitulation".

Friedrich Adler erklärte angesichts dieser zwischen diktatorischen Marxisten und verbürgerlichten sozialdemokratischen Parteien eingeklemmten Situation des Austromarxismus: „Uns gefallen beide nicht." Der von ihm mit Zustimmung der österreichischen Partei 1920 ins Leben gerufenen „Internationalen Arbeitsgemeinschaft sozialistischer Parteien", zu der auch die deutsche USPD und die Schweizer Sozialdemokratie gehörten, war aber keine lange Lebensdauer beschieden. Diese Internationale, vom kommunistischen Propagandisten Karl Radek spöttisch „Internationale 2 ½" genannt, ging schon auf dem 1923 in Hamburg tagenden internationalen Sozialistenkongress in der Sozialistischen Internationale auf, deren Sekretär Friedrich Adler bis zu deren Auflösung 1940 blieb. Der Versuch, eine internationale Front in der Mitte aufzubauen, blieb aber eine Episode. Rückblickend lässt sich sagen, dass dieses Scheitern im europäischen Maßstab das Schicksal des politischen Austromarxismus, auch in Österreich mit diesem Versuch zu scheitern, ankündigte und vorwegnahm.

Was die österreichische Geschichte und die des Austromarxismus im Besonderen wie ein roter Faden durchzieht, ist jene Halbheit, die unser nationaler Klassiker Franz Grillparzer so treffend mit den Worten „Auf halben Wegen und zu halber Tat / mit halben Mitteln zauderhaft zu streben" umschrieb. Diese Halbheit war nicht nur der „Fluch von unserm edlen Haus", des Hauses Habsburg nämlich, sondern auch der anderen politischen Häuser, die sich im Laufe der Zeit in Österreich niederließen. Ich habe die Spuren dieser spezifisch österreichischen Halbheit 2000 in einem im Amalthea-Verlag erschienenen Büchlein unter dem Titel „… auf halben Wegen und zu halber Tat …" mit dem Untertitel „Politische Auswirkungen einer österreichischen Befindlichkeit" verfolgt. In der Geschichte des Austromarxismus als politischer Bewegung kombinieren und potenzieren sich der nationale und der politische Faktor. Halbheit bedeutet, sich nicht zu klaren Entschlüssen durchringen zu können und sich außerstande zu sehen, klar Erkanntes auch in die Tat umzusetzen. So wertvoll der Kompromiss im Rahmen der Demokratie ist, wenn eine politische Kraft oder eine Nation mit sich selbst uneins ist und nicht ins Klare kommt, können die Folgen verheerend sein. Diese Neigung, zwischen zwei Möglichkeiten durchzulavieren und damit die Nachteile beider verschmähter Möglichkeiten auf sich zu nehmen, wird uns in der Geschichte des Austromarxismus immer wieder begegnen. Freilich hat diese Haltung auch ihre positiven, ja unter Umständen liebenswerten Seiten und man kann einwenden, dass die konsequent Losschlagenden noch viel mehr Unheil angerichtet haben als die vor der Tat Zurückschreckenden. Aber all dies zugegeben, lässt sich sagen, dass die Tendenz, sich auf der Linie des geringsten Widerstandes zu bewegen, keine gute Gangart in der Politik ist.

Der Austromarxismus war aber nicht nur eine wissenschaftliche Theorie und eine bestimmte politische Haltung, sondern auch eine Kulturbewegung, die voller edler Ambitionen war und der das Verdienst hoch anzurechnen ist, ungezählten Menschen, die ansonsten von den Freuden des Lebens ausgeschlossen waren, vor allem im Wien der Zwischenkriegszeit, inmitten von wirtschaftlicher Not und Elend, nicht nur die Illusion einer schöneren Zukunft, sondern auch ein Stück Glück und Erfüllung in der Gegenwart vermittelt zu haben. Die Gegenwelt, die die Sozialdemokratie aufbaute, war zwar eine trügerische, aber, solange sie existierte, eine faszinierende. In diesem Bereich führte diese Kulturpolitik nicht, wie so häufig im politischen Bereich, in die Halbheit und Mittelmäßigkeit, sondern spornte die Menschen aufs äußerste an und holte, wenn auch im Wege der Massensuggestion, vielfach auch das Äußerste aus ihnen heraus. Das Scheitern der politischen Ambitionen hat freilich auch zum Versinken dieser Gegenwelt mitsamt ihren Schönheiten und Verheißungen geführt, aber hier gilt wohl wie kaum irgendwo sonst das lateinische Sprichwort „In magnis et voluisse sat est", was bedeutet, dass es in großen Dingen schon ausreicht, das Große gewollt und angestrebt zu haben. Wenn der Austromarxismus ein Passionsdrama der Massen war, so doch auch ein Drama der irregeführten und im Stich gelassenen Massen, was wiederum auf die Führung zurückfällt, die den Massen keinen reinen Wein eingeschenkt hat. Doch wer darf sich hier das letzte Urteil anmaßen?

V. Kapitel
Gab es 1918 eine österreichische Revolution?

Die Frage, ob und in welchem Sinne die Ereignisse im Oktober und November 1918 samt ihren Folgewirkungen als Revolution bezeichnet werden können, ist keine bloß akademische, sondern eine Gretchenfrage, die für die ganze weitere Geschichte Österreichs relevant ist. Zunächst ist festzuhalten, dass diese Ereignisse, die oft auch als „Umsturz" und als „Zusammenbruch" etikettiert wurden, in einem Sinne unzweifelhaft als „Revolution" gelten können, ja so genannt werden müssen, und zwar im juristischen und staatsrechtlichen. Der Übergang von der Monarchie zur Republik stellte einen Wechsel der Staatsform dar, der unter Bruch der alten Verfassung von 1867 stattfand. Wie der Rechtshistoriker Wilhelm Brauneder schlüssig gezeigt hat, ist dieser juristische Bruch und Übergang eigentlich schon vor der formellen Ausrufung der Republik am 12. November am 30. Oktober durch den „Beschluß über die grundlegenden Einrichtungen der Staatsgewalt" vollzogen worden. Doch der 12. November blieb im Bewusstsein der Zeitgenossen und im Gedenken der Nachwelt *das* Datum, von dem sich alles Weitere ableitete. Inhaltlich wurde der überwiegende Großteil der alten Gesetze übernommen, und bis zur Ausarbeitung und Beschlussfassung einer neuen, republikanischen Verfassung ließ man sich noch fast zwei Jahre, bis zum Oktober 1920, Zeit. Die Diskontinuität, die die weitgehende inhaltliche Kontinuität überdeckte, wurde besonders deshalb betont, weil man als neu gegründeter Staat nicht für die Schulden und Verbindlichkeiten des alten Vorgängerstaates haftbar gemacht werden wollte.

Politisch und formell, wenn auch nicht juristisch, kam der Übergang von der letzten kaiserlichen Regierung, die unter der Führung des Völkerrechtlers Heinrich Lammasch stand, in durchaus amikaler Weise zustande, die man daher mit Recht eine bloße „Wachablöse" nennen kann.

Der Übergang vom alten zum neuen Österreich ging weitgehend unblutig und ohne die Anwendung physischer Gewalt vor sich. Auch ein anderes Kriterium, das den Begriff der „Revolution" im historischen Sinne meist ausmacht, war bei der Revolution 1918 nicht erfüllt. Im Allgemeinen versteht man unter „Revolution" einen nicht nur mit Gewalt einhergehenden Vorgang, sondern einen von langer Hand vorbereiteten und geplanten. Auch dies war bei der Revolution 1918 nicht der Fall. Die Gründung des Staates ergab sich nicht aus dem revolutionären Wollen der deutschsprachigen Österreicher, sondern war bloß die Reaktion auf den in den Novembertagen stattfindenden Exodus der nicht-deutschen Nationen des alten Österreich, die, vom Taumel des Nationalismus ergriffen, ihre eigenen Staaten bildeten. Noch am 21. Oktober 1918 bot Victor Adler den Nachbarvölkern in der provisorischen Nationalversammlung das Verbleiben im gemeinsamen Staatsverband an. Selbst zu diesem späten Zeitpunkt waren die Brücken zu den im alten Österreich vereinigten Nationen nicht abgebrochen, es waren diese Nationen selbst, die diese Brücken abbrachen und die Österreicher damit zwangen, einen eigenen Staat zu bilden. Nach den berühmt gewordenen Worten des französischen Ministerpräsidenten Georges Clémenceau „L'Autriche, c'est ce qui reste" war das Österreich von 1918 das unfreiwillige Relikt, eine Residualgröße, die aus der Not die Tugend einer eigenen Staatlichkeit machte.

Für die nicht-deutschen Nationalitäten des alten Österreich war der November 1918 sehr wohl eine Revolution, die von vielen, wenn auch nicht von allen, begeistert begrüßt wurde. Der österreichische Schriftsteller Franz Theodor Csokor hat in seinem Drama „3. November 1918", das vor der Nazizeit am Wiener Burgtheater aufgeführt wurde, das Erwachen des separatistischen Nationalismus dargestellt. Am Beispiel von Offizieren, die in den Karawanken den Zusammenbruch des gemeinsamen Staates erleben, wird der beginnende Triumph des Nationalismus illustriert. Und zwar werfen die dort versammelten Offiziere einem Regimentskameraden, der sich aus Gram über das Geschehen selbst tötet, Erde aus ihrer sich bereits formierenden neuen Heimat ins Grab, nur der jüdische Regimentsarzt wirft dem in Verzweiflung Verstorbenen „Erde aus Österreich" nach. Er spürt, dass er und mit ihm alle Schicksalsgenossen seines Stammes mit dem alten Österreich ihre Schutzmacht und schon mit dem Tod des alten Kaisers zwei Jahre vorher ihren Schutzherrn verloren haben.

Für die deutschsprachigen Österreicher hingegen war der Anbruch der Republik und des selbständigen Staates keine nationale Revolution, die Idee einer eigenen österreichischen Nation konnte sich erst nach den Erfahrungen im Dritten Reich, das den Österreichern die Liebe zum Anschluss an Deutschland gründlich ausgetrieben hat, entwickeln und in der Zweiten Republik langsam, aber sicher zur Selbstverständlichkeit werden. 1918 erschien den meisten der Anschluss an Deutschland als der natürliche Ausweg. Deshalb hat die Nationalversammlung am 12. November 1918 Österreich zum Bestandteil der deutschen Republik erklärt, ein in der Staatengeschichte ziemlich einzig dastehender Vorgang, dass sich ein Staat *uno actu* konstituiert und auch auflöst. Der Anschluss an Deutschland scheiterte bekanntlich am Veto der Siegermächte und auch an der fehlenden Gegenliebe der Deutschen selbst. Dieser Umstand ließ das Gefühl entstehen, dass einem die auf der Hand liegende Lösung vorenthalten wurde, und trug 1938 und schon vorher mit dazu bei, den Abwehr- und Verteidigungswillen gegen einen deutschen Angriff, selbst unter den Vorzeichen Hitlers, so weit zu schwächen, dass es dann eben auch zu keiner bewaffneten Verteidigung kam.

Eine weitere Begleiterscheinung bzw. Folge dieser Ausgangslage führte auch dazu, an der Lebensfähigkeit und Überlebenswürdigkeit des neuen Staates zu zweifeln. Dieser Zweifel war nicht das Ergebnis rationaler Überlegungen und eines rein ökonomisch begründeten Kalküls, sondern, wie man im Englischen sagt, „a foregone conclusion", also eine von vornherein feststehende Überzeugung, die es nicht zur Bejahung des Staates als eines Definitivum, sondern nur zur Anerkennung eines Provisoriums kommen ließ. Eine nüchterne Abwägung der realen ökonomischen Faktoren hätte durchaus zu einer positiven Einstellung gereicht. Der österreichische Soziologe und Historiker Friedrich Hertz hat in einschlägigen Publikationen über die Budgetlage und Zahlungsbilanz Mitte der Zwanzigerjahre demonstriert, dass Österreich sehr wohl in der Lage gewesen wäre, lebensfähig zu werden. Österreich und die Österreicher hätten sich an der benachbarten Schweiz ein Beispiel nehmen können, die unter Ausnützung ihrer geografischen Lage und mit Vertrauen in die eigene Kraft und Wehrkraft aus der Kleinheit nicht jene Konsequenz gezogen hat, die die meisten Österreicher nach 1918 zogen: die des Minderwertigkeitsgefühls und der Lebensuntüchtigkeit. Alfred Adler hat mit seiner Individualpsychologie gezeigt, dass kleine Menschen oft zu diesem Minderwertigkeitsgefühl neigen und sich in Größenphantasien flüchten, um diesem Gefühl zu entgehen. Sigmund Freud wiederum hat gezeigt, dass auch in Kollektivorganen, wie Parteien und Staaten, analog zum Individuum Mechanismen walten, die er als „Massenpsyche" charakterisierte. Eine Kombination der Einsichten dieser beiden großen Österreicher hilft uns jene Haltung verstehen, die damals vorwaltete. Es bedurfte erst historischer Umwege leidvoller Natur, um den Österreichern jenes Selbstvertrauen zu geben, ohne das ein Staat wirklich nicht lebensfähig ist.

Die Revolution von 1918 war auch keine Revolution im marxistischen Sinne. Zu einer solchen gehört nämlich die radikale Änderung der Eigentumsverhältnisse. In Österreich aber kam die Sozialisierung in Form von „gemeinwirtschaftlichen Unternehmungen", wie der „deutsch-österreichischen Heilmittelstelle" und den „Österreichischen Werken", die den Rüstungsbetrieb des ehemaligen Arsenals übernahmen, über bescheidene Ansätze nicht hinaus. Das Privateigentum an Produktionsmitteln in der Industrie und der Groß- und Kleingrundbesitz blieben unangetastet.

Trotzdem fand eine soziale Revolution statt, die von den positiv und negativ Betroffenen als Revolution empfunden wurde. Obwohl die unter dem Sozialminister Ferdinand Hanusch durchgeführte Sozialgesetzgebung, die Inhalte wie den Achtstundentag, einen bezahlten Arbeiterurlaub, das Betriebsrätegesetz und die Errichtung von öffentlich-rechtlichen Arbeiterkammern umfasste, nur die Verwirklichung eines längst fälligen und schon in der Spätzeit der Monarchie begonnenen Nachziehverfahrens war, wurde sie von Seiten des Proletariats doch als enormer Fortschritt angesehen. Die bürgerlichen und kleinbürgerlichen Schichten hingegen, die durch die Inflation verarmten oder als Offiziere in die Bedeutungslosigkeit versanken, betrachteten den bescheidenen Aufstieg der Arbeiterschaft mit scheelen Augen und machten sie in einer sozialpsychologisch verkürzten Sicht der Dinge für den eigenen Abstieg verantwortlich, was den Hass auf die „Proletenrepublik" verstärkte. Die Proletarier wurden mit der Verachtung und Abwertung als „Straße", auf der sie sich, vor allem am 1. Mai, selbstbewusst bewegten, bestraft, ein Ausdruck, der heute aus dem politischen Sprachgebrauch verschwunden ist, verbunden freilich mit der Tatsache, dass auch die Proletarier von damals, die klassenbewusst und kämpferisch waren, nicht mehr Proletarier sein wollen. Der von Marx mit der Losung „Proletarier aller Ländern, vereinigt euch!" verbundene Ehrentitel „Proletarier" ist mittlerweile zu einem Schimpfwort geworden, das die Arbeiter von heute nicht mehr in Anspruch nehmen und mit dem sie auch nicht angesprochen werden wollen. Allein diese Änderung des Sprachgebrauchs verrät, welche enorme Entwicklung in der Welt von heute im Gegensatz zur Welt von gestern und vorgestern stattgefunden hat.

Im Jahre 1918 bestand die Chance, auch eine politische Revolution zu machen und die Macht an sich zu reißen. Grundlagen hiefür wären die Arbeiterräte gewesen, die sich, wie die Soldatenräte, inspiriert durch das Vorbild der russischen Revolutionen im Februar und im Oktober bzw. November, spontan schon 1917 formierten. Eine weitere Basis hätte neben den Räten die Volkswehr sein können, die sich anstelle des demobilisierten und seiner Führungskräfte beraubten Heeres des alten Österreich bildete und eine Art Parteitruppe war, was Otto Bauer in einem 1921 gehaltenen Vortrag „Die Offiziere und die Republik" auch offen zugab, aber auch entschuldigend mit den folgenden Worten erklärte: „Republikanisch sein, hieß damals in Österreich sozialistisch sein. Es ist nicht unsere Schuld, daß es keine bürgerlichen Republikaner in Österreich gegeben hat." Der Aufbau dieser Volkswehr war also eine Art „militärische Revolution", da die österreichische Sozialdemokratie in der Periode, in der sie noch das politische Leben dominierte, nicht den Fehler der deutschen Genossen beging, sich des alten Militärs zur Niederwerfung linksradikaler Umtriebe und Aufstände zu bedienen. Trotzdem kam es auch in Österreich nicht zur politischen Ummünzung der militärischen Revolution, obwohl die Stimmung der arbeitenden Massen in diese Richtung ging und diese, eine entsprechende Führung vorausgesetzt, auch bereit gewesen wären, Gewalt anzuwenden. Dass es in Österreich trotz günstigerer Voraussetzungen als in Deutschland nicht zu einer Expansion des direkt demokratischen Rätesystems, sondern zu einer Bejahung der parlamentarischen Demokratie und der Etablierung eines „Zuredesystems" kam, liegt nicht nur an den ungünstigen Aussichten, die ein mit Gewalt errichtetes und mit einer solchen auch verteidigtes Rätesystem außenpolitisch gehabt und auch innenpolitisch zu gewärtigen gehabt hätte. Das Beispiel der nur wenige Monate dauernden Räterepublik in Ungarn und in Bayern war nicht ermutigend, es empfahl sich nicht zur Nachahmung und auch die russische Revolution war zu weit entfernt von den österreichischen Verhältnissen, um auf das kleine Land übertragen werden zu können.

Die Führung handelte verantwortungsbewusst und gab der Versuchung, die Macht gewaltsam an sich zu reißen, nicht nach. Hätte sich Friedrich Adler, der durch sein Attentat und sein Auftreten vor Gericht eine moralische Autorität bei den Arbeitermassen errungen hatte, an die Spitze einer kommunistischen Bewegung, die ihm auch diese Führungsrolle anbot, gestellt, hätte er die kampfbereiten Massen mitreißen und das Gesetz des Handelns an sich reißen können. Aber er setzte seine Autorität nicht zur Entflammung, sondern zur Dämpfung und Kanalisierung der revolutionären Energien ein. Als die burgenländische Sozialdemokratie unter Führung meines Onkels Ludwig Leser mit einer Blitzaktion der Volkswehr und der Fliegereinheit in Wiener Neustadt Ödenburg im Dezember 1921 im Handstreich erobern und der Abtretung an Ungarn zuvorkommen wollte, kam Friedrich Adler im Auftrag des Parteivorstandes in das noch im Werden begriffene Bundesland und es gelang ihm tatsächlich, ein Abenteuer à la D'Annunzio in Fiume im Keime zu ersticken.

Der Skizzierung dieser der Revolution abträglichen Umstände muss aber hinzugefügt werden, dass die Führung der Sozialdemokratie auch bei Vorliegen günstigerer Umstände vor der Anwendung von Gewalt zurückgeschreckt wäre. Die österreichische Sozialdemokratie war eben von Anfang an keine revolutionäre Partei, obwohl die Formulierung des Hainfelder Programms, sich zur Erreichung der politischen Ziele „aller zweckdienlichen und dem natürlichen Rechtsbewußtsein des Volkes entsprechenden Mittel" zu bedienen, die Anwendung von Gewalt nicht ausschloss, noch weniger aber einschloss. Die „k.u.k. Sozialdemokratie" stellte weder die monarchische Staatsform noch den Rahmen ihres politischen Wirkens, nämlich den Vielvölkerstaat, in Frage. Sie verfolgte zwar ein die gegenwärtige Wirtschaftsordnung verneinendes und sie durch eine ganz andere Ordnung ersetzendes Ziel, wollte dieses Ziel aber im Rahmen der parlamentarischen Demokratie erreichen.

Ein weiterer Grund, mit der Anwendung von Gewalt nicht einmal zu liebäugeln, lag in der optimistischen Einschätzung der Zukunftsaussichten der Partei. Erstens war man der Überzeugung, aufgrund der wirtschaftlichen Entwicklung und der Aufklärungsarbeit der Partei von Wahl zu Wahl stärker zu werden. Zweitens aber verließ man sich auf das Walten der historischen Notwendigkeit und auf den dem Zusammenbruch immer näher rückenden Kapitalismus. Dass diese beiden Erwartungen nur Illusionen und nicht fixe historische Punkte, sondern nur fixe Ideen sein könnten, erwog man überhaupt nicht.

Die Sozialdemokratie hatte deshalb auch keine Bedenken, schon 1920 die Nachkriegskoalition ohne zwingende Veranlassung zu verlassen. Auch bei diesem Schritt stand die Überzeugung des marxistischen Doktrinärs Otto Bauer Pate, dass „die natürliche Stellung des Proletariats gegenüber dem bürgerlichen Staat, auch in seiner republikanischen Form, die Stellung der Opposition" sei. Renner, der für das Verbleiben in der Koalition war, bestätigte den Anteil, den der Doktrinarismus Bauers auf die fatale Entscheidung hatte, die Regierung zu verlassen und auch nicht vor dem vollen Sieg wieder in sie einzutreten, im historischen Rückblick mit den Worten: „Otto Bauer machte durch seine starre Haltung, durch das Gewicht seiner Persönlichkeit der Sozialdemokratie den Eintritt in die Koalition, außer um den Preis einer Parteispaltung, unmöglich. Diesen Preis zu zahlen, war aber kein Sozialdemokrat bereit." Der gemäßigte Kurs, den die Sozialdemokratie in ihren Taten verfolgte, wurde ihr von der bürgerlichen Gegenseite nicht honoriert. Diese würdigte nicht, dass es die Sozialdemokratie war, die Österreich vor einem Räteabenteuer bewahrte. Zum Teil brachte sich die Sozialdemokratie selbst durch ihren Verbalradikalismus um die Honorierung ihrer historischen Verdienste. Aber auch ohne diesen Radikalismus der Worte hätte das borniert Bürgertum auch in der Sozialgesetzgebung allein schon den „Ludergeruch" der Revolution empfunden.

Wenn Renner in diesem Zusammenhang auch konstatierte, dass zwei Männer, nämlich Otto Bauer und Ignaz Seipel, den Ausweg in die Zusammenarbeit der beiden großen Lager verlegten, so hat er damit die personellen Voraussetzungen der Polarisierung und des immer weiter gehenden Auseinanderdriftens der beiden Lager treffend charakterisiert.

Ungleich der Situation in anderen Staaten, in denen, wie in Frankreich und den USA, der Nationalfeiertag des 14. bzw. des 4. Juli von der gesamten Bevölkerung gefeiert wird, trennten der 12. November und die Erinnerung an ihn die Bevölkerung. Für die „linke Reichshälfte" war dieser Tag ein Datum, das sie mit Stolz und Genugtuung erfüllte, obwohl er nicht durch das aktive Wirken der Sozialdemokratie herbeigeführt worden, sondern ihr gleichsam in den Schoß gefallen war. Man ließ sich die Gelegenheit, eine Revolution für sich zu reklamieren und als das eigene Werk auszugeben, nicht entgehen. Diese Fehleinschätzung der eigenen Kraft und Rolle beim

Zustandekommen der Republik wurde von der bürgerlichen Gegenseite gerne übernommen, um sich als Opfer der Weltgeschichte und feindlicher Kräfte fühlen zu können und nicht überlegen zu müssen, ob nicht auch das eigene Versagen und die eigene Unfähigkeit, rechtzeitig Reformen zur Sanierung des alten Österreich zu setzen und es so vor dem Untergang zu bewahren, zu dessen Zusammenbruch beigetragen hatten. Die beiden Lesarten der gemeinsamen Geschichte widersprachen einander und ergänzten einander gleichzeitig unheilvoll. Schon der 12. November und seine sozialpsychologischen und parteipolitischen Interpretationen bargen den Keim des späteren Unterganges der Demokratie in sich. Deshalb wurde der 12. November, der Staatsgründungstag, in der Ersten Republik nur von der Sozialdemokratie gefeiert, für das bürgerliche Lager war dieser Tag ein *dies ater*, ein schwarzer Tag, der die ihm zugehörigen Schichten mit Trauer, Nostalgie und Wut über das Geschehene erfüllte.

Die Erinnerung an den 12. November ist auch in der Zweiten Republik kein die beiden Lager verbindendes Element geworden. Das ist auch einer der Gründe, warum man 1955, als es nach der Wiederherstellung der Souveränität des österreichischen Staates einen Nationalfeiertag zu kreieren galt, nicht auf den 12. November, sofern er als markantes Datum nicht überhaupt schon in Vergessenheit geraten war, zurückgegriffen hat, sondern auf die Verlegenheitslösung des 26. Oktober, der im Bewusstsein der Österreicher eher ein Volkswandertag als ein Nationalfeiertag ist.

Das Österreich der Zwischenkriegszeit ist ein historisches Beispiel dafür, dass ein Staat ohne ein Minimum an Konsens zum Scheitern verurteilt ist, dass ein Staat, der von seinen Bewohnern als nicht lebensfähig betrachtet wird, auf die Dauer auch keine Chance zum Überleben hat. Auch in der Zweiten Republik unterscheidet sich das Geschichtsverständnis des einen Lagers von dem des anderen, aber man lässt die Version des anderen wenigstens gelten und erblickt im anderen nicht mehr den Feind, den man vernichten will, sondern den Konkurrenten, mit dem man um die Verwirklichung von Programmen im Wettstreit, aber nicht im Kampf auf Leben und Tod liegt. Österreich ist zwar noch immer nicht, wie noch zu zeigen sein wird, eine mustergültige „offene Gesellschaft" im Sinne Karl Poppers, sie ist aber auch nicht mehr eine so geschlossene Welt bzw. Gegenwelt wie in der Ersten Republik.

Wenn man den 12. November 1918 und seine Rezeption durch die Mit-

und Nachwelt betrachtet, fühlt man sich an die lateinische Sentenz „Commovent homines non res, sed de rebus opiniones", die Alfred Adler zum Motto eines seiner Hauptwerke machte, erinnert. Diese Sentenz besagt, dass die Menschen nicht von den realen Dingen, sondern von ihrer Meinung über diese Dinge bewegt werden und sich dementsprechend bewegen. Nicht das reale historische Geschehen ist es, das so nachhaltig fortwirkte, sondern die gefällige Version der Zusammenhänge, die man sich je nach der eigenen Interessenlage und dem ihr entspringenden Gutdünken zurechtlegte. In diesem Sinne war die „österreichische Revolution", auch wenn sie der tatsächlichen Substanz und den herkömmlichen Kriterien nach keine Revolution im Vollsinn war, doch psychologisch sehr wohl eine solche. Die vorübergehende Zusammenarbeit der beiden großen Lager war der Notsituation der ersten Nachkriegszeit entsprungen. In den nicht einmal zwei Jahren, die die Koalition dauerte, wurde immerhin eine Sozialgesetzgebung, auf der alle weiteren Sozialgesetze der Ersten und der Zweiten Republik beruhen, zustande gebracht und eine Verfassung ausgearbeitet, die dann auch im Oktober 1920 in Kraft trat, also die schon in Brüche gegangene Koalition überdauerte. Diese Verfassung, die im Wesentlichen von Hans Kelsen, dem Vertrauensmann Karl Renners und späteren „Juristen des Jahrhunderts" konzipiert und textiert wurde, blieb bis 1929, als sie einer wesentlichen Veränderung unterzogen wurde, in Geltung. Allerdings war diese Einigung, die die beiden großen Lager erzielten, eine sehr lückenhafte und ergänzungsbedürftige. So konnte man sich über die Kompetenzabgrenzungen in der Frage des Schul-, Erziehungs- und Volksbildungswesens ebenso wenig einigen wie über die Regelung der finanziellen Auseinandersetzungen zwischen dem Bund, den Ländern und den Gemeinden. Die Regelung dieser bis auf den heutigen Tag heiklen Materien blieb eigenen Verfassungsgesetzen vorbehalten. Auch über einen Katalog der Grund- und Freiheitsrechte konnte man sich nicht handelseins werden und das ist, trotz aller seither erzielten Fortschritte, bis auf den heutigen Tag so geblieben.

In der Frage des Verhältnisses zwischen Bund und Ländern konnte die Sozialdemokratie, die beim Zustandekommen der Verfassung noch ziemlich stark war, ihre Vorstellungen, die die spätere Aufbauarbeit des „Roten Wien" ermöglichten, durchsetzen. Im Übrigen war Österreich aufgrund dieser Verfassung eine rein parlamentarische Demokratie. Der Bundespräsident, der 1929 eine große Aufwertung erfahren sollte, wurde damals vom Parlament gewählt und führte ein politisches Schattendasein. So ist es denn nicht erstaunlich, dass der bis 1928 amtierende Bundespräsident Michael Hainisch im Gedächtnis der Nachwelt, wenn überhaupt, durch die auf seinem Landgut in Spittal am Semmering gezüchtete Wunderkuh „Bella", die eine unglaubliche Menge an Milch hergab, und nicht durch politische Taten erhalten geblieben ist, obwohl er sich auch volksbildnerische Verdienste erworben hat und sogar Ehrenmitglied der Akademie der Wissenschaften wurde.

Alles in allem: Die Arbeit der österreichischen Revolution war getan, eine neue Ära konnte beginnen.

VI. *Kapitel*
Der Kampf um Genf

Mit dem Austritt aus der Regierung trat die Sozialdemokratie in eine Phase ein, die Max Adler schon im Dezember 1918, die tatsächliche Entwicklung vorwegnehmend, so umschrieben hatte: „Der Krieg ist aus, der Kampf beginnt." Seipel hatte demgegenüber seine Partei zwar auf die Bejahung der Republik eingestimmt, gleichzeitig aber in der christlich-sozialen „Reichspost" seine Einschätzung der Lage in die Worte gefasst: „Der Krieg ist zu Ende, ohne daß der Friede schon da wäre."

Durch den freiwilligen Gang in die Opposition begann jene verhängnisvolle Polarisierung, die nach der Meinung Karl Renners und nicht nur nach dieser durch zwei Persönlichkeiten bestimmt war, die einander in der innenpolitischen Arena als Gegenspieler und Teilnehmer eines ausgedehnten Duells gegenüberstanden. Viktor Reimann hat seinem Buch über Renner und Seipel den Titel „Zu groß für Österreich" gegeben und damit die Einsicht und den richtigen Eindruck vermittelt, dass diese beiden Persönlichkeiten den Rahmen des kleinen Staates, in dem sie wirkten, sprengten, nicht zum Vorteil dieses Landes. Seipel dachte als „Mann der Kirche", der gleichzeitig Staatsmann war, in universellen Kategorien, die der katholischen Kirche eigen sind, erlag aber der Versuchung, die kirchlichen Kategorien auf das staatliche Leben zu übertragen. Otto Bauer wiederum fühlte sich als Exponent der Sozialistischen Internationale und als Speerspitze des europäischen Sozialismus. Er war von dem Ehrgeiz beseelt, in diesem kleinen Land, in der „kleinen Welt, in der die große ihre Probe hält" (Friedrich Hebbel), etwas zustande zu bringen, was als Vorbild für den Weltsozialismus gelten könnte. Beide fühlten sich durch ihr jeweiliges Bezugssystem ermächtigt und berufen, ihre Politik nicht nur als Handwerk, sondern als Dienst an einer höheren Sache zu betreiben. Seipel hielt seine priesterliche Funktion für die höhere Weihe, die ihm auch im weltlichen Bereich zugute kommen sollte. Bauer hingegen fühlte sich als Sprachrohr und Exekutor einer historischen Notwendigkeit, also auch als ein Werkzeug einer höheren Macht. Mit diesen erhabenen Vorzeichen konnte ein Karl Renner, der „nur" die politische Vernunft auf seiner Seite hatte, nicht konkurrieren. Es wäre für alle Beteiligten besser gewesen, wenn sich gemäßigte Persönlichkeiten durchgesetzt und der vorhandenen Situation friedliche statt kämpferische Möglichkeiten abgerungen hätten: etwa Renner auf der sozialdemokratischen Seite und Männer wie Kunschak und Prälat Johann Nepomuk Hauser, der zweite Präsident der provisorischen Nationalversammlung und spätere Landeshauptmann von Oberösterreich, der für die Verständigung mit der Sozialdemokratie eintrat.

Es war unter diesen Prämissen nur eine Frage der Zeit, bis die beiden Protagonisten und Kampfhähne aneinander geraten würden. Und diese erste große Kraftprobe kam schneller als erwartet, sie wurde nicht aus Kampfeslust und Mutwillen herbeigeführt, sondern von den wirtschaftlichen Tatsachen her erzwungen. Die Staatsfinanzen waren durch die Inflation und die Erschütterungen in ihrem Gefolge so zerrüttet, dass es zu einer von einem Zeitgenossen als „Tragödie der Erschöpfung" charakterisierten Situation kam. Der schon im Oktober 1921 vorgelegte sozialdemokratische Finanzplan sah eine im Wesentlichen von Österreich selbst aus zu leistende Selbsthilfe vor. Zu den in dieser sozialdemokratischen Denkschrift enthaltenen Maßnahmen gehörten die Einführung einer progressiven Vermögens- und Grundsteuer sowie andere die Vermögenden belastenden Aktionen. Es wurde auch die Forderung erhoben, die großen Finanzinstitute des Landes sollten ihre Geld- und Devisenbestände auflösen und in eine zentrale Bank einbringen. Die Sozialdemokratie war also insgesamt der Meinung, dass die Finanzkrise durch intensive eigene Anstrengungen ohne Zuhilfenahme des Auslandes überwindbar sei. Was die Sozialdemokratie verkannte, war die Tatsache, dass sie in der Opposition nur einen Bruchteil des Einflusses und der Eingriffsmöglichkeiten hatte wie seinerzeit in der Koalition. Aber auch in einer noch fortdauernden Koalition hätte dieses vorgelegte Sanierungsprogramm möglicherweise zu einer Sprengung der Koalition geführt. Außerdem wäre ein Teil der anvisierten, in den Augen des bürgerlichen Lagers klassenkämpferischen und besitzfeindlichen Positionen auch schon in jener Periode nicht durchsetzbar gewesen, in der nach der Analyse Otto Bauers noch eine potenzielle Vorherrschaft des Proletariats gegeben war.

Was 1918 nicht durchgesetzt wurde und nicht durchsetzbar war, war es 1922 erst recht nicht. Seipel wollte, von seinem Finanzberater Viktor Kienböck in dieser seiner Auffassung bestätigt und bestärkt, von allem Anfang an den Weg zur Aufnahme ausländischer Kredite beschreiten, der dann auch erfolgreich beschritten wurde und Seipel als „Retter in der Not" und als „Überwinder der Staatskrise" erscheinen ließ.

Bevor es jedoch zur Finalisierung dieser Pläne kam und sie nur als Absichtserklärung im Raum standen, war die Sozialdemokratie mit der Notwendigkeit konfrontiert, zu diesen Plänen Stellung zu nehmen, handelte es sich doch um eine Schicksalsfrage nicht nur für das Land, sondern auch für die Partei selbst. Es hätte in dieser Situation zwei Möglichkeiten gegeben, auf diese Herausforderung zu reagieren. Die eine wäre gewesen, den Kampf gegen den „Genfer Knechtungsvertrag" (der Österreich eine große Anleihe verschaffte, gleichzeitig aber die Kontrolle durch einen Völkerbundkommissar einführte und so die Souveränität des Landes beschnitt) mit allen Mitteln bis zur äußersten Konsequenz zu führen und zu diesem Zweck auch die Massen zu mobilisieren, oder aber von Anfang an ein bedingtes Ja zum Seipel'schen Vorhaben zu sagen, dafür aber Konzessionen in Bezug auf die Einzelheiten dieses Vertragswerks herauszuschlagen. Beides fand nicht statt: Der vorgesehene Vertrag wurde zuerst strikt abgelehnt und als „Schmach" und „Schande" verworfen, dann aber sprang die Sozialdemokratie doch auf den fahrenden Zug auf, ohne in diesem späteren Stadium noch die Rolle als zweiter Zugführer spielen zu können. Die Partei hielt ihre ursprüngliche radikale Ablehnung nicht durch, weil sie Angst vor dem eigenen Mut bekam und auch von der öffentlichen Meinung im Stich gelassen wurde. Außerdem war sie selbst nicht davon überzeugt, dass die von ihr vorgeschlagenen Maßnahmen ausreichen würden, die notwendige Sanierung herbeizuführen, und vermochte schon deshalb nicht die Masse der eigenen Anhänger, geschweige denn die Öffentlichkeit, von der eingenommenen Position zu überzeugen. Der Chefredakteur der „Arbeiter-Zeitung", Friedrich Austerlitz, artikulierte *post festum* das Unbehagen, das in der Partei selbst aufgrund dieser zwiespältigen Haltung bestand: „Die Frage drängt sich auf und heischt Antwort: Ist es so, daß wir das Genfer Werk nicht verhindern konnten? Und wenn wir es etwa hätten verhindern können, warum haben wir es dann nicht verhindert? Denn man hat schon das Gefühl, daß in all den scharfsinnigen und gewiß auch richtigen Erklärungen etwas Letztes nicht stimmt." Jedenfalls war es so, dass sich die Partei staatspolitisch verantwortungsvoll, parteitaktisch aber verheerend verhielt und dem Vertragswerk auch die parlamentarische Zustimmung, die mit Zweidrittelmehrheit zu erfolgen hatte, nicht versagte. Ja sie begab sich auch der Möglichkeit, das Vertragswerk möglicherweise zum Scheitern zu bringen, indem sie den Verfassungsgerichtshof anrief, oder auch nur, schon vor der Beschlussfassung, mit dessen Anrufung zu drohen.

Das, was tatsächlich geschah, wurde nicht nur von den eigenen Anhängern, sondern auch von wohlwollenden linksbürgerlichen Betrachtern als „Umfaller" sondergleichen empfunden. So schrieb der Herausgeber der unabhängigen Zeitschrift „Der österreichische Volkswirt" Dr. Gustav Stolper unter anderem das Folgende: „Die Niederlage des Gegners ist so vollständig, daß man ihm keine Rücksicht schuldet, wie es sich der Kanzler und die Mehrheitsparteien niemals erträumt haben. Denn auch die Optimisten hatten bisher höchstens damit gerechnet, daß die Sozialdemokratie sich überstimmen lassen würde. Daß sie, in ihrer eigenen Dialektik gefangen, selbst den Absolutismus des Genfer Regimes sanktionieren, daß sie selbst für die Ausschaltung des Parlaments stimmen, weil ihre Stimmen zur Zweidrittelmehrheit nötig sind, daß sie selbst dem Genfer Werk die letzte Autorität eines auf einstimmigem Beschluß der Volksvertretung beruhenden Gesetzes verleihen, das erst macht den Triumph des Kanzlers vollständig." Diesen Worten fügte Stolper die angesichts der tatsächlich eingetretenen Entwicklung prophetischen hinzu: „Daß die Sozialdemokratie, vor diese Entscheidung gestellt, ohne Widerspruch umgefallen ist, daß sie das politische Konzept des Kanzlers bis zum letzten selbst vollendet hat, das wird die Partei teurer bezahlen, als sie heute noch glauben will."

Selbst der enge Mitarbeiter Otto Bauers, Otto Leichter, charakterisierte das Verhaltensschema des Austromarxismus, das sich am Beispiel des Genfer Vertrages nicht zum ersten und auch nicht zum letzten Mal zeigte, rückblickend in seinem Werk „Glanz und Ende der Ersten Republik" so: „zuerst den äußersten Widerstand anzudrohen, aber schließlich doch zu verhandeln und in einer – freilich geänderten – Situation einen Großteil dessen einzugestehen, um dessentwillen man vorher den entscheidenden Widerstand angekündigt hatte."

Seipel konnte mit dem Erreichten jedenfalls zufrieden sein und sich in seiner Einschätzung Bauers, dass dieser „zwei linke Hände für die Politik" habe, bestätigt sehen, eine Äußerung, die mir mein akademischer Mentor, Professor August Maria Knoll berichtete, der in den letzten Lebensjahren Seipels dessen Privatsekretär war. Ich teile diese Einschätzung Seipels und präzisiere sie dahingehend, dass Bauer eine linke Politik linkisch betrieb. Hätte es nicht auch eine weniger linkische linke Politik geben können, ja geben müssen?

In historischem Rückblick war der für die Sozialdemokratie so blamable Ausgang des Kampfes um Genf eine wichtige Etappe auf dem Weg zur endgültigen Niederlage. Nicht so für „das begabte Unglück der Partei", Otto Bauer, für den dies höchstens ein Rückschlag auf dem unaufhaltsamen Marsch, dem weiter fortzusetzenden „Kampf um die Macht" war. Otto Bauer konnte sich und die Seinen mit der Überzeugung und Zuversicht beruhigen, auf der Siegerstraße der Geschichte zu sein. Wie sehr diese Überzeugung von der ehernen historischen Notwendigkeit über erlittene Enttäuschungen hinweghalf, wird aus einer Stellungnahme Rudolf Hilferdings vom Dezember 1919 deutlich, in der Hilferding zu der Situation in Deutschland vor einem Jahr das Folgende ausführte: „Es war eine Situation, wie sie für die Verwirklichung des Sozialismus nicht günstiger sein konnte, trotz aller wirtschaftlichen Schwierigkeiten. Denn die rein wirtschaftlichen Schwierigkeiten sind für das kapitalistische System ebenso vorhanden, die sozialistische Produktionsweise ist aber der kapitalistischen durch die Beseitigung der Anarchie, durch die Ordnung und Rationalisierung der Produktion überlegen und kann daher die Schwierigkeiten umso eher überwinden, als sie auf die freudigere und willige Mitarbeit des wichtigsten Produktionsfaktors, der Arbeit, hätte rechnen können. Aber die Gunst der Stunde ist nicht ausgenutzt worden. Was du von der Minute ausgeschlagen, gibt keine Ewigkeit zurück, sagt der Dichter, und wenn sich auch bei der Zukunft des Sozialismus zum Glück dieses Wort nicht bewahrheiten kann, weil der Sieg des Sozialismus eine historische Notwendigkeit bleibt, so wird es doch noch viel Arbeit und Zeit kosten, bis die Stunde wieder schlägt."

Aus diesen Worten geht hervor, wie auch die besten Köpfe der marxistischen Sozialdemokratie, zu denen Hilferding zweifellos gehörte, im Bann des Fatalismus und der unerschütterlichen Siegeszuversicht standen und wie sehr dieser felsenfeste Glaube an die historische Notwendigkeit eine Tröstungs- und Vertröstungsfunktion hatte. Unter Berufung auf diese eherne Gesetzlichkeit glaubte man jeden begangenen Fehler verschmerzen und vom historischen Konto abbuchen zu können. Der Glaube an eine sichere historische Notwendigkeit entschädigte einen für alle eingetretenen Verluste und ließ begangene Fehler in einem rosigen Licht erscheinen.

Etwas Ähnliches gilt für die zweite Grundüberzeugung, die Hilferding mit allen Marxisten teilte: die Überzeugung von der Überlegenheit der sozialistischen gegenüber der kapitalistischen Produktionsweise. Auch diese Annahme war keine durch empirische Befunde gedeckte, sondern eine bloße Promesse auf die Zukunft. Und solange die sozialistische Produktionsweise noch nirgends am historischen Werk war, konnte man diese Überlegenheit ruhigen Gewissens behaupten und die eigenen Wunschvorstellungen mit einem wissenschaftlich scheinenden Kleid umhüllen. Für das eben erst angelaufene sowjetische Experiment konnte man sich getrost auf die Anfangsschwierigkeiten eines Experiments in einem rückständigen Land berufen, für die entwickelten kapitalistischen Staaten aber glaubte man ein Konzept zur Führung der Wirtschaft zu haben, so dass es nur der Machtergreifung mit und ohne Wahlen bedurfte, um die Segnungen der neuen Ordnung wirksam werden zu lassen. Es sollte sich herausstellen, dass auch diese Überzeugung der Erfahrung nicht standhielt, denn der Sozialismus als ökonomische Alternative zum Kapitalismus ist entgegen dem Marx'schen Revolutions- und historischen Terminkalender nirgends im Westen an die Macht gekommen und war daher nicht in der Lage, die Probe aufs Exempel zu machen und die reklamierte Überlegenheit zu demonstrieren. Auch diese Abweichung vom historischen Fahrplan durch die Weltgeschichte fällt auf die behaupteten prognostischen Fähigkeiten dieser Theorie zurück. Und in den rückständigen Ländern, in denen nach dem Zweiten Weltkrieg mit Hilfe sowjetischer Bajonette kommunistische Staaten und in deren Rahmen installierte Zentralverwaltungssysteme errichtet wurden, konnte der Beweis der Überlegenheit der sozialistischen Produktionsweise erst recht nicht erbracht werden. Diese Gesellschaften mündeten, in diesem Fall wirklich mit historischer Notwendigkeit, in einen Zusammenbruch, den man dem Kapitalismus vorausgesagt hatte, der aber stattdessen das eigene System traf.

Dabei war das Scheitern einer sozialistisch geführten Wirtschaft auch zu einer Zeit, in der historisch noch alles offen schien, erkennbar. So hat der österreichische Nationalökonom Ludwig v. Mises schon 1922 in einem Werk „Die Gemeinwirtschaft" den Nachweis von der „Undurchführbarkeit des Sozialismus" geführt und rational begründet. Das Hauptargument von Mises war, dass eine sozialistische Ordnung des ökonomischen Lebens mangels eines funktionierenden Marktes über keine verlässlichen Informationen verfügt und daher nicht in der Lage ist, die Produktionsfaktoren Kapital und Arbeit sinnvoll zu kombinieren. Das Fehlen einer echten Betriebsrechnung sollte sich später in der Tat als der wunde Punkt herausstellen, an dem die Zentralverwaltungswirtschaften mit ihren Vier- oder Fünfjahresplänen scheiterten. Die marxistischen Antworten auf diese Behauptung von Mises waren gemessen an der Wucht dieser Aussagen spärlich und dürftig. Man ließ sich durch kein empirisches oder ökonomisches Argument aus der historischen Fassung bringen, die in Wahrheit ein Prokrustesbett war. Auch die sowjetischen Ökonomen und Politiker wie Chruschtschow glaubten trotz aller gegenteiligen Evidenzen bis zuletzt an den Sieg des sozialistisch-kommunistischen Wirtschaftssystems, sonst wären sie nicht so unvorsichtig gewesen, noch in das am XX. Parteitag beschlossene Programm Prognosen der Überflügelung des Kapitalismus durch den Sozialismus hineinzuschreiben, die sich allesamt als falsch erwiesen. Was wirklich eintrat, war nicht der Zusammenbruch des Kapitalismus, sondern der des kommunistischen Wirtschaftssystems.

VII. *Kapitel*
Die Aufbauarbeit des „Roten Wien"

Das „Rote Wien" der Zwischenkriegszeit wurde personell von einem Drei-
gestirn beherrscht, das im Zusammenwirken eine innovative Politik sondergleichen durchführte. In diesem „Roten Wien" wurde etwas zustande
gebracht, was Karl Renner einmal „positive revolutionäre Tat der Verwaltung" genannt hat, im Gegensatz zu dem Revolutionsgerede der linken
Führung, von dem eben dieser Karl Renner nach dem 15. Juli 1927 sagte,
dass es gefährlich sei, immer von Revolutionen zu reden und gleichzeitig zu sagen, dass man sie nicht machen könne. Die drei Persönlichkeiten
waren der Wiener Bürgermeister Karl Seitz sowie die beiden Stadträte
Hugo Breitner und Julius Tandler.

Karl Seitz war nach dem Tode des ersten sozialdemokratischen Wiener
Bürgermeisters Jakob Reumann 1923 bis zur Absetzung durch das autori-
täre System 1934 der zweite, der dieser Stadt also über ein Jahrzehnt ihre
Prägung gab. Er war von seiner Ausbildung her Lehrer und hatte in seiner
Schulpolitik Unterstützung durch den Präsidenten des Wiener Stadtschul-
rates Otto Glöckel. Seitz war nominell sogar Parteivorsitzender der SDAP,
obwohl der eigentliche Kopf und Anführer der Bewegung Otto Bauer war
und blieb. Er war wie der christlich-soziale Vorvorgänger in der Position
des Bürgermeisters, Karl Lueger, als der „schöne Karl" populär, weil er eben
die würdige Spitze einer so mutigen Stadtverwaltung war, er hielt aber fast
wie ein proletarischer König auch Distanz zu den Massen. Nach dem Zweiten Weltkrieg war der aus dem KZ Zurückgekehrte kurze Zeit auch wieder formell Parteivorsitzender, weil er die Kontinuität zwischen der alten
und der neuen Partei verkörperte, wurde in dieser Funktion aber bald von
Adolf Schärf abgelöst.

Doch die eigentlichen Leistungen des „Roten Wien", die diese Stadt welt-
berühmt machten, wurden unter der Ägide der beiden Stadträte, die für die

Finanzen und für das Gesundheitswesen zuständig waren, vollbracht. Hugo Breitner, der aus dem Bankwesen kam, verstand es, unter Ausnützung der in der Verfassung 1920 verbrieften Finanzautonomie, die großen Wohnbauprojekte der Gemeinde, die Gemeindebauten, zu finanzieren. Diese zahlreichen Bauten, unter denen der erst 1930 fertig gestellte Karl-Marx-Hof in Döbling der wohl bekannteste ist, entsprachen zwar nicht heutigen Standards, waren aber gegenüber den Bassenawohnungen der Zinshäuser der Gründerzeit ein enormer Fortschritt. Das österreichische Bürgertum stöhnte unter der von Breitner auf es abgewälzten Steuerlast und sprach von „Steuersadismus". Breitner schröpfte die Reichen, wo er nur konnte. So wurden auf Luxuslokale und Rennpferde, um nur zwei Beispiele zu nennen, hohe Steuern gesetzt. Umgekehrt wurden die Mieten in den Zinshäusern des privaten Hausbesitzes eingefroren. Dieser Mieterschutz, der schon auf den Kündigungs- und Zinsstopp zurückging, der 1917 zum Schutze der Mieter und vor allem Mieterinnen, deren Angehörige im Feld waren, eingeführt worden war und beibehalten wurde, war eine starke Trumpfkarte der Sozialdemokratie, die ihr allein schon große Wählerzahlen garantierte. Die Hausbesitzer, in sozialdemokratischem Sprach- und Bildgebrauch oft als „Zinsgeier" dargestellt, beklagten diesen Zustand, der auch tatsächlich zu einem Verfall vieler Häuser, deren Zins nicht adäquat war, führte. Deshalb wurde diese Breitner'sche Politik auch als „Wohnungsbolschewismus" beschimpft.

Der andere große Bereich, in dem die Sozialdemokratie Bahnbrechendes schuf, war der der Gesundheitspolitik und der sozialen Verwaltung, die an die Stelle der früheren „sozialen Fürsorge" getreten war. Julius Tandler, der diese Politik mit aller Konsequenz und durch eine gezielte Koordination von Maßnahmen und Einrichtungen vorantrieb, war kein geborener Politiker, sondern ein Arzt, der wie Victor Adler zum Sozialhygieniker wurde. Tandler war aber nicht nur Arzt, sondern auch Professor der Anatomie, dessen Lehrbuch dieses Faches sogar in der Nazizeit, in der es wegen der jüdischen Herkunft des Autors verboten war, aufgrund seiner Qualitäten illegal in Verwendung stand. Nach dem Scheitern des „Roten Wien" stellte er seine Erfahrungen dem sowjetischen, im Aufbau befindlichen Gesundheitssystem zur Verfügung, er starb im Jahre 1936 in Moskau. Die von ihm eingerichteten Kliniken und Ambulanzen sollten allen Menschen ohne Rücksicht auf ihre soziale Herkunft zugute kommen, das Wäschepaket, das jedem Neugeborenen geschenkt wurde, beglückte den Proletarier wie den Millionär, um dieses Geschenk der Stadt nicht als Gnadenakt oder Almosen erscheinen zu lassen. Besonders verdient machte sich Tandler um die Bekämpfung epidemischer Krankheiten, besonders der in Wien so stark grassierenden Tuberkulose, dass sie in der anatomischen Fachsprache „morbus Viennensis" genannt wurde. Es war der von Erfolg gekrönte Ehrgeiz Tandlers, diese im Volksmund „Tuberer" genannten Kranken, die meistens Proletarier waren, immer mehr und möglichst zahlreich von dieser Geißel zu befreien.

Im „Roten Wien" gab es aber nicht nur eine große Aufbauarbeit auf dem Gebiet des Wohnbaus und der Gesundheitspflege, sondern auch den Versuch, „Neue Menschen" heranzuziehen und zu -züchten. Max Adler war der Mentor der Erziehungsorganisation der Kinderfreunde, aber auch der Heran- und Weiterbildung Erwachsener. Sein 1924 erschienenes Buch mit dem Titel „Neue Menschen" war ein großer Erfolg und drückte den optimistischen Erziehungsgedanken in Anlehnung an den „neuen Menschen" des Evangeliums als eine Art proletarisierten und konfessionslosen Ableger des Christentums aus. Obwohl Max Adler damals schon vor der „Verspießerung des Proletariats" warnte, gab es doch im „Roten Wien" genügend klassenbewusste Kämpfer und Idealisten, um sich der Illusion hingeben zu können, wirklich einen ganz neuen Menschen und in Anlehnung an den idealistischen deutschen Philosophen Johann Gottlieb Fichte die „Erschaffung einer ganz neuen Ordnung der Dinge" hervorbringen zu können. Max Adler, der nicht nur Philosoph, als welcher er nicht verstanden, sondern nur respektiert, aber nicht ganz ernst genommen wurde, sondern auch Pädagoge, Jugendbewegter und Jugendbeweger war, als welcher er Massenwirksamkeit erlangte, predigte in seinem Buch „Neue Menschen" den ganz großen Sprung in eine neue Menschenwelt und Gesellschaft. Wenn er von dieser Perspektive schwärmte, wurde er geradezu pathetisch. So in der folgenden Passage seines Buches, die im Original an den entscheidenden Stellen gesperrt gedruckt war: „Überall dort nämlich, wo das Interesse der augenblicklichen Verbesserung der Lebensverhältnisse zum führenden und entscheidenden Gesichtspunkt für den Proletarier geworden ist, hat der Geist des Sozialismus keine Stätte mehr." Es galt also die Stadt Wien zu einer Stätte des „neuen Menschen" zu machen. Diese quasi-religiöse Forderung an die Erzieher und zu Erziehenden war von einer optimistischen

Zukunftsgläubigkeit und einer ebenso optimistischen Anthropologie getragen. Diese erhielt auch durch einen anderen Adler, einen Namensvetter Max Adlers, den Begründer der Individualpsychologie Alfred Adler, einen abtrünnigen Freud-Schüler, willkommene Unterstützung. Die Individualpsychologie ging, anders als es ihr Name vermuten ließe, vom „sozialen Gemeinschaftsgefühl" als dem Maßstab der Normalität aus. Max Adler als idealistischer Philosoph wiederum ging seinerseits nicht vom Materialismus darwinistischer Prägung, sondern vom „Sozialapriori der mentalen Vergesellschaftung" aus. Demnach seien die Menschen nicht erst durch den Zwang zum Überleben und also biologisch vergesellschaftet und wirhaft, sondern durch ihre allen gemeinsame Bewusstseinsstruktur.

Max und Alfred Adler schufen mit ihren Lehren, die in verdünnter Form auch in die Partei einsickerten, den geistigen Überbau und das ideologische Klima, unter dem sich das „Rote Wien" noch besser entfalten konnte. Es war freilich eine Illusion, den idealen Menschentyp, der all diesen Reformen vorschwebte, auf die Zukunft zu projizieren. Denn das schon damals nicht mehrheitsbildende Substrat kampfbereiter und klassenbewusster Kader und Funktionäre war durch begünstigende Umstände und Lebensverhältnisse, und dies nur für eine historisch kurze Zeitspanne, möglich geworden. Zu diesen begünstigenden Umständen zählte das Fehlen von Ablenkungsmöglichkeiten, was die Konzentration auf den politischen Kampf und die Volksbildung erleichterte. Es gab im Wien der Zwischenkriegszeit zwar eine Massenarbeitslosigkeit, aber weder eine Massenmotorisierung noch einen Massentourismus. Und auch die die Welt von heute beherrschenden Massenmedien existierten noch nicht, lediglich das 1924 in Betrieb genommene Radio eröffnete ein Fenster in die große Welt. Aber das über die Rundfunkanstalt „Ravag" im Umlauf befindliche Witzkürzel „Restlose Ausnützung von alten Grammophonplatten" spricht dafür, dass man von diesem noch in den Kinderschuhen steckenden Medium nicht sehr angetan war.

Mit dem vollen Einsetzen der Ablenkungsmöglichkeiten in der Zweiten Republik veränderte und verminderte sich die Bereitschaft, sich in den Dienst einer politischen Sache zu stellen und altruistisch zu handeln; die von Max Adler schon damals konstatierte und beklagte „Verspießerung" des Proletariats hat einer allgemeinen Verkleinbürgerlichung dieser Avantgarde von einst Platz gemacht und sie zum Verschwinden gebracht.

Die „neuen Menschen", die sich Max Adler erhoffte, sind nicht nur im noch immer roten Wien von heute ausgestorben, es ist ihm auch nicht gelungen, seine eigenen Kinder zu solchen Menschen zu erziehen. Dies wäre an sich nichts Besonderes und nicht etwas, was gegen die Richtigkeit der bei dieser Erziehung zur Anwendung gelangten Pädagogik spricht. Denn es ist eine bekannte Tatsache, dass theoretische Pädagogen oft am eigenen Nachwuchs versagen. Darüber hinaus gibt es auch die im folgenden Sprichwort zum Ausdruck kommende Erfahrung, die sich auf alle Lebensbereiche vom Pädagogen bis zum Arzt anwenden lässt: „Die Kinder des Schusters haben keine Schuhe." Es wäre also an sich nicht der besonderen Rede wert, wenn auch Max Adler keine Ausnahme von dieser Regel bildet. Aber im Fall seines Sohnes Robert, den ich auf einer Reise im Rahmen einer Einladung des State Department 1966 in den USA aufsuchte und besuchte, kommt noch ein prinzipieller Aspekt hinzu, der die Sache interessant und erzählenswert macht. Ich hatte Gelegenheit, sowohl die Tochter Lore als auch den Sohn Robert kennen zu lernen. Doch während die in London lebende Tochter zu weinen begann, wenn sie von ihrem Vater erzählte, und ihm offenbar über den Tod hinaus emotional eng verbunden war, verhielt es sich im Fall des Sohnes gerade umgekehrt. Er empfing mich höflich, aber distanziert, und taute erst im Rahmen eines längeren Gespräches und eines Ausfluges in die Umgebung auf. Er war zunächst von meiner Annäherung an ihn eher befremdet als erfreut. Ich erweckte die Erinnerung an seinen Vater und die alte Heimat, die er bei seiner Emigration 1938 hinter sich gelassen hatte. Ich gewann den Eindruck, dass er innerlich die Brücken zu seiner Heimat, ja zum europäischen Kontinent als ganzem abgebrochen hatte. Zu der persönlichen Entfremdung, die im Vater-Sohn-Verhältnis ganz allgemein stattfindet, und der geografischen Distanz zum Europa von gestern kam noch ein weiterer, vielleicht der wichtigste Grund hinzu: Robert Adler wollte nicht nur von seinem Vater und dem Kontinent, den er verlassen musste, sondern auch nichts und am allerwenigsten etwas vom Sozialismus seines Vaters wissen. Robert Adler wurde im Laufe seiner Karriere in der Neuen Welt zum Chefphysiker des weltbekannten Elektrokonzerns Zenith, aber nicht nur das: Er war ein Erfinder, der nicht weniger als insgesamt 183 Patente anmelden und in seine Firma einbringen konnte; das bekannteste ist der „space commander", es war dies, schon in den 50er Jahren, die erste drahtlose Fernbedienung für Fernseher. Max Adlers Sohn hat also im Kapitalismus, der nach dem Gesellschaftsbild seines Vaters längst untergegangen sein sollte, eine Traumkarriere gemacht, nicht im Rahmen einer „solidarischen Gesellschaft", die Max Adler als Zukunftsgesellschaft vorschwebte, sondern in einer beinhart kapitalistischen Konkurrenzwirtschaft, in der sich Robert Adler glänzend behauptete. In den zahlreichen Nachrufen, die weltweit erschienen, als Robert Adler, 93-jährig und siebzig Jahre nach dem Tod seines Vaters, im Februar 2007 starb, wurde sein in Österreich so wirksam gewordener Vater mit keinem Wort erwähnt, weil er im Bewusstsein der Nachwelt von heute einfach nicht mehr existiert. Wenn man will, kann man in dieser Abfolge ein Symbol des Sieges des Kapitalismus über den Sozialismus erblicken. Doch es besteht kein Grund, dieses historische Urteil mit Triumphgeheul zu kommentieren. Denn wenn man in der exemplarischen Familiengeschichte der beiden Adlers auch die eherne Logik der Ökonomie erblicken kann, ja muss, so kann man dieser Tatsache doch nicht ganz froh werden. Denn ganz sollte sich die Menschheit nicht von den Idealen, die Max Adler und seine Mitstreiter beseelten, verabschieden. Wenn der Sozialismus historisch und ökonomisch auch gescheitert ist, weil er auf illusionären Voraussetzungen aufgebaut war, so sollte deswegen doch nicht jeder Impuls zur Veränderung der Gesellschaft in Richtung auf mehr Gerechtigkeit und Gleichheit, auf die Herstellung menschenwürdiger Zustände auf dieser Welt verloren gehen. Wenn ich auf die Gipsbüste blicke, die, den Philosophen Kant darstellend, den Schreibtisch Max Adlers krönt und ziert, an dem ich arbeite und auch diese Zeilen schreibe, erwacht in mir nicht nur die Sehnsucht nach dem „ewigen Frieden", von dem Kant geträumt hat, sondern auch die nach einer besseren Gesellschaft, an deren Verwirklichung ein historisch geläuterter Sozialismus nach wie vor arbeiten muss, in Österreich wie auch in anderen Ländern.

Max Adler, der im Juni 1937 die Gnade des rechtzeitigen Todes vor dem Einmarsch der Nazis 1938 gehabt hatte und die Barbarei, die dann über Österreich hereingebrochen ist und auch ihn erfasst hätte, nicht mehr erleben musste, verdient es, trotz seiner Irrtümer aufgrund seines guten Willens und edlen Strebens höher geschätzt zu werden als sein so erfolgreicher Sohn.

Doch zurück zum „Roten Wien" und seiner Finanzpolitik, die all die Großtaten ermöglichte, von denen Karl Seitz sagte: „Wenn wir einmal nicht mehr sind, werden diese Steine von uns reden." Das Ziel der Sozialdemokratie war, das Modell des „Roten Wien" mit seiner großzügigen Sozialpolitik und Verwaltung nach der Erringung der dafür notwendigen Mehrheit auf ganz Österreich zu übertragen. Doch auch dieses Motto „Vom roten Wien zum roten Österreich" beruhte auf einer mit dem allgemeinen Illusionismus zusammenhängenden Spezialillusion. Denn es war kapitalistisch erwirtschafteter Reichtum, der im „Roten Wien" sozial verteilt wurde, und kein unter den Vorzeichen einer sozialistischen Wirtschaftsordnung zustande gekommener. Man nahm unter der Prämisse, dass die sozialistische Wirtschaftsordnung der kapitalistischen prinzipiell überlegen sei, ungeprüft an, dass der vermehrte Reichtum dann gleicher verteilt werden könne. Wenn aber, wie sich erst später herausgestellt hat, der Sozialismus als Wirtschaftsordnung nicht mehr, sondern weniger Reichtum hervorbringt, konnte die sozialistische Verteilung, um wenigstens gerecht zu bleiben, nur die Armut gleich verteilen, nicht aber den Reichtum. Der wunde Punkt dieser ganzen Argumentation und Erwartungshaltung war der, dass man noch keine Erfahrung mit einer sozialistisch gelenkten Wirtschaft hatte, sich aber zutraute, dem Test der historischen Erfahrung durch Anwendung der eigenen Rezepte standzuhalten. Man war seit dem Hainfelder Programm sozialdemokratischerseits darauf festgelegt, die Produktionsmittel, vor allem die Industrie, aber auch den Großgrundbesitz, in die Gewalt der Gemeinschaft überzuführen. In diesem Zusammenhang geisterte die Vorstellung herum, dieses große Werk an einem Tag herbeiführen zu können, wenn die diesem Sprung folgende soziale Revolution auch noch ein längerer Prozess war. Karl Kautsky hat ein Buch mit dem Titel „Am Tag nach der sozialen Revolution" geschrieben, und der auch im Bann dieser Vorstellung stehende proletarische Volkstribun Franz Schuhmeier schrieb in einer Broschüre mit dem Titel „In elfter Stunde. An alle Arbeiter und Arbeiterinnen", die 1892 erschien, in durchaus eschatologischer Perspektive: „Es dauert eben nur noch eine Stunde, bis die letzte für die heutige Ordnung schlägt, und in dieser müssen wir uns zusammen- und zurechtgefunden haben. Mit aller Gewalt suchen die Gegner den Zeiger, und das ist heute der Sozialismus, zurückzuhalten. Jedoch die Stunde wird und muß schlagen. Schon ist der Hammer in Bereitschaft, um an die Glocke, die bisher nur Elend verkündete, schlagen zu können. Noch einmal geht's herum und dann wird und muß es anders werden. Mit dem zwölften Schlage müssen die Arbeiter jene Macht sein und jenes Wissen besitzen, um die Herrschaft ergreifen zu können. Mit dem letzten Schlag wird der Reif zersprungen sein, der uns in Not und Elend gefangen hält."

Doch nicht nur die Arbeiter standen im Banne dieses punktuellen Umschlages, den man sich von einem sozialistischen Wahlsieg oder einem spektakulären Zusammenbruch des Kapitalismus, der wie ein morsches Gebäude in einem Moment zusammenstürzt, erwartete, sondern auch die Intellektuellen in der Partei, ja diese trugen, wie Kautsky und Lenin in seltener Einmütigkeit feststellten, dieses Irrlicht erst als Zukunftsperspektive in die Massen hinein. So führte Wilhelm Ellenbogen in der programmatischen Schrift „Was will die Sozialdemokratie?" an der Wende vom 19. zum 20. Jahrhundert das Folgende aus: „Es kommt jener Zeitpunkt, wo die kapitalistische Gesellschaftsordnung sich überlebt hat und nicht mehr aufrechtzuerhalten ist. In diesem Augenblick bricht die kapitalistische Wirtschaftsordnung in sich zusammen."

Karl Renner wandte sich schon immer gegen dieses gebannte Starren auf einen fixen Punkt, der aber dessen ungeachtet eine magische Anziehungskraft ausübte. Die Überführung der Produktionsmittel in die Hand der organisierten Gemeinschaft warf natürlich auch die Frage auf, wie diese überführten industriellen Zentren weiterzuführen seien. Otto Bauer hat sich in seiner mehrfach aufgelegten und ergänzten Nachkriegsschrift „Der Weg zum Sozialismus" mit diesem noch nicht spruchreifen, aber unaufhaltsam herankommenden Problem beschäftigt. Zur Ehre Otto Bauers, der sonst nicht arm an Illusionen war, muss gesagt werden, dass er sich im Hinblick auf die Verstaatlichung und die Fähigkeit des Staates, die Wirtschaft zu lenken, keiner Illusion hingab, wenn er den goldrichtigen Satz schrieb: „Niemand verwaltet Industriebetriebe schlechter als der Staat." Aber der Vorschlag, wie man die Verstaatlichung in die Sozialisierung der organisierten Gemeinschaft überleiten könne, erscheint in historischer Sicht schon wieder illusionär. Bauer meinte, dass sich die Führung der Wirtschaft am besten durch eine Art Drittelparität von Betriebsangehörigen, Konsumenten und Vertretern der Gebietskörperschaften regulieren ließe. Nach den historischen Erfahrungen lässt sich sagen, dass das jugoslawische System der Kombination von staatlicher Rahmenplanung und Arbeiterselbstverwaltung, das auch den Marx'schen Vorstellungen nahe kam, nicht besser, sondern in mancher Hinsicht noch schlechter funktionierte als die Zentralverwaltungswirtschaft der übrigen kommunistischen Länder.

Beruhte also schon das ökonomische Kalkül, die Wirtschaft des „Roten Wien" auf ganz Österreich übertragen zu können, auf einer falschen Annahme, so gilt dies auch für das dahinter stehende politische Kalkül. Die Hoffnung der Sozialdemokratie bestand darin, dass die Leistungen und Erfolge des „Roten Wien" eine unwiderstehliche Anziehungskraft auch auf das übrige Österreich ausüben und den „Kampf um die Macht" positiv entscheiden würden. Doch das „Rote Wien", das die eigenen Anhänger beglückte und beflügelte, übte auf die bürgerlichen Österreicher inner- und außerhalb Wiens eine negative Wirkung aus. Die in Wien durchgeführten Reformen wurden als Drohungen, das „Rote Wien" insgesamt wurde als Pfahl im Fleische empfunden, als ein Stachel, den man sich möglichst schnell herausziehen wollte. Zu dem Gegensatz zwischen dem „Wasserkopf" Wien und den Bundesländern, zu diesem föderalistischen Affekt, kam noch der politische hinzu. Das „Rote Wien" war den nicht sozialdemokratisch engagierten und organisierten Österreichern ein Dorn im Auge. Das Anschauungsbeispiel des „Roten Wien" reizte weder die bürgerlichen noch die kleinbürgerlichen und schon gar nicht die bäuerlichen Massen zur Nachahmung, es überzeugte sie nicht und regte nicht nur nicht zur Wiederholung an, sondern schreckte ab. Das bürgerliche Ziel war, diese rote Festung zu stürmen und die bürgerliche Fahne auf ihr zu hissen. In der Nachkriegszeit war oft vom Wegräumen des „sozialen Schuttes" die Rede gewesen, nun bestand die Absicht, das Gebäude des roten Feindes in Schutt und Asche zu legen. Die Gemeindebauten, der Stolz der Sozialdemokratie, wurden als Stützpunkte eines potenziellen Bürgerkriegs angesehen, was im Februar 1934 dann auch eintrat.

Der linksradikale dänische Schriftsteller Martin Andersen-Nexö, der das „Rote Wien" in seiner Hochblüte besuchte und dem man die Gemeindebauten und die anderen Zentren des „Roten Wien" zeigte, war natürlich von dem Gesehenen beeindruckt, sagte aber zu den ihn begleitenden Genossen: „Das ist alles sehr schön, aber ihr werdet es nicht halten können." Im „Roten Wien" war die Größe und Macht, aber auch die Ohnmacht der Arbeiterbewegung verkörpert und eingeschlossen. Wenn das Urteil von Wilhelm Ellenbogen, die Sozialdemokratie sei „die schönste politische Bewegung, die es je gab", auch übertrieben war, auf das „Rote Wien" und seine Errungenschaften traf es am ehesten zu.

Unter diesen begünstigenden Bedingungen konnte sich so etwas wie eine Idealisierung des Proletariats, ein kleiner österreichischer Ableger des sowjetischen „Prolekults" entwickeln. In diese Richtung gingen die Bestrebungen von Josef Luitpold, der als Direktor der Arbeiterhochschule, die den Parteinachwuchs ausbildete, und als Leiter der „Sozialistischen Bildungszentrale" wichtige Funktionen bekleidete, die ihm einen großen Einfluss auf das geistige Leben der Partei sicherten. Im Gegensatz zu David Bach, der als Leiter der „Sozialdemokratischen Kunststelle" und Veranstalter der „Arbeiter-Symphoniekonzerte" seine Aufgabe darin sah, die Arbeiter von Wien an das klassische Kulturgut heranzuführen, freilich auch an den Operettenkitsch, was ihm den heftigen Tadel von Karl Kraus eintrug, wollte Stern eine Art proletarische Gegenkultur initiieren. Typisch für diese hymnische Annäherung an das Proletariat ist das folgende Gedicht mit dem Titel „Arbeitersage":

Um unsere Scheitel schön schimmern die Lichter,
an unsre Herzen stößt dein Tubaton, Musik,
o Genossen und Genießer des Festes
abends in der Großstadt!
Verklungen endlich, die Zornchöre der Knechte.
Edlere Strophen besingen
morgen und übermorgen
dich, befreiter Mensch,
im Licht der Arbeit
in schöneren Städten voll Grün.
Flugzeuge rauschen hymnisch
über die glückhafte Erde der Zukunft.
Und Wort und Lied von Not und Armut
wird unverständliche Sage.

Ich lernte Josef Luitpold in meiner sozialistischen Studentenzeit kennen und besuchte ihn wiederholt in dem kleinen Zimmer, das ihm in der Zentrale des ÖGB in der Hohenstaufengasse eingeräumt wurde. Er wurde wie ein Relikt aus einer unwiderruflich vergangenen Zeit betrachtet und empfand sich wohl auch selbst so. Er war von 1948, dem Jahr seiner Rückkehr, bis 1953 auch Leiter eines Bildungsheims des ÖGB auf Schloss Weinberg in Oberösterreich. Dort geriet er mit einer neuen Generation von Arbeitern in Konflikt, die sich nicht seinem Verbot von Alkohol und Nikotin, das für ihn als Arbeiter-Abstinenzler der alten Schule selbstverständlich war, beugen und auf diese Genüsse nicht verzichten wollten.

Zu seinem 80. Geburtstag im April 1966 wurde er noch einmal ausgiebig gefeiert, doch diese Feier war, wie er mir schon anlässlich der Feiern zu seinem 75. Geburtstag sagte, eine „verhüllte Leichenfeier". Er ist dann auch im September 1966 gestorben. Im Gegensatz zu Karl Renner, der die Feiern zu seinem 80. Geburtstag nur kurz überlebte, hatte er nicht das stolze Gefühl, die Vollendung einer Vision „vom liberalen zum sozialen Staat" zu erleben, sondern das, wie ein fremd gewordener Stern zu erlöschen.

VIII. Kapitel
Das Linzer Programm 1926

Die Sozialdemokratische Arbeiterpartei Österreichs strotzte vor Selbstbewusstsein und hatte das Gefühl, sich unaufhaltsam auf den Siegestag zuzubewegen. Der steigende Wahlerfolg und die marxistische Perspektive des geschichtsnotwendigen Zusammenbruchs des Kapitalismus vermittelten ihr Mut und Zuversicht. Mit der Rückendeckung der Erfolge des „Roten Wien" schien es an der Zeit, sich über die Erweiterung des in Wien durchgeführten Experiments im Bundesmaßstab den Kopf zu zerbrechen und darüber, wie man die Macht, die so nahe schien wie eine reife Frucht, sinnvoll gebrauchen und anwenden könnte. Seit dem Hainfelder Parteitag war ein Vierteljahrhundert ins Land gezogen, das allerdings seit dem Übergang von der Monarchie zur Republik ein wesentlich kleineres gewordenes war als das große Umfeld von Hainfeld. Das Hainfelder Programm zog sich hinsichtlich der Frage der Eroberung der Staatsmacht mit der alles offen lassenden Formel, sich zu seiner Durchsetzung „aller zweckdienlichen und dem natürlichen Rechtsbewußtsein des Volkes entsprechenden Mittel" zu bedienen, aus der Affäre. Das Programm von 1888/89 fügte dieser Formel allerdings einen Passus hinzu, der da lautete: „Übrigens wird und muß sich die Partei in ihrer Taktik auch jeweilig nach den Verhältnissen, insbesondere dem Verhalten der Gegner, zu richten haben."

Die Sozialdemokratie war zwar selbstbewusst genug, um von ihrem Sieg überzeugt zu sein, sie war aber auch marxistisch genug, um befürchten zu müssen, dass, wie Marx prophezeit hatte, die herrschenden Klassen auch im Falle eines Wahlsieges nicht freiwillig das Feld ihrer Positionen und Eigentumsrechte räumen, sondern sich widersetzen würden. Bei dem Versuch, das Verhalten des Gegners vorauszusagen, fasste man zwei logisch scheinende Möglichkeiten ins Auge: Die eine würde darin bestehen, eine in Wahlen siegreiche und womöglich mit einer absoluten Mehrheit ausgestat-

tete Partei mit Gewalt an der legalen Machtergreifung zu hindern; der zweite
für möglich gehaltene und befürchtete Weg könnte so aussehen, dass eine
in den Wahlen geschlagene kapitalistische Klasse der sozialistischen Regierung durch Sabotage das Regieren nicht nur erschweren, sondern unmöglich machen würde. In diesen beiden Fällen bliebe kein anderer Ausweg als
die Errichtung einer „Diktatur" und der Eintritt in einen „Bürgerkrieg". So
unklug es war, hypothetische Situationen an die Wand zu malen, so unwi-
derstehlich war die Versuchung, den eigenen Anhängern damit Mut und
Zuversicht für den Ernstfall einzuflößen und dem Bürgertum die Rute ins
Fenster zu stellen. Im Grunde wiederholte sich jenes Verhaltensmuster, das
die Internationale schon vor dem Ersten Weltkrieg praktiziert hatte: vom
Ernstfall in der stillen Hoffnung, dass er nie eintreten würde, zu sprechen.
Die 1926 ausgesprochene Drohung schien konkreter als die Resolutionen
vor 1914, in Wirklichkeit aber waren die Formeln „Diktatur" und „Bürger-
krieg" auch nur Leerformeln, hinter denen keine klaren Vorstellungen und
keine durchdachte Taktik standen. Man berauschte sich wie vor 1914 an
Worten, in der Hoffnung, dass sie die beabsichtigte Wirkung tun würden.

Die Passagen, die sich so fatal auswirken sollten, lauteten: „Wenn es aber
trotz allen diesen Anstrengungen der Sozialdemokratischen Arbeiterpartei
einer Gegenrevolution der Bourgeoisie gelänge, die Demokratie zu spren-
gen, dann könnte die Arbeiterklasse die Staatsmacht nur noch im *Bürgerkrieg* erobern." Und an einer späteren Stelle des Programms hieß es: „Wenn
sich aber die Bourgeoisie gegen die gesellschaftliche Umwälzung, die die
Aufgabe der Staatsmacht der Arbeiterklasse sein wird, durch planmäßige
Unterbindung des Wirtschaftslebens, durch gewaltsame Auflehnung, durch
die Verschwörung mit ausländischen gegenrevolutionären Mächten widersetzen sollte, dann wäre die Arbeiterklasse gezwungen, den Widerstand der
Bourgeoisie mit den Mitteln der *Diktatur* zu brechen." Die magischen Formeln dieser beiden Passagen waren, um deren Ernst und Nachdruck auch
schon optisch zu unterstreichen, kursiv gesetzt.

War es überhaupt notwendig, sich auf das Glatteis solcher Drohungen zu
begeben, war es nicht erkennbar, dass eine solche Selbstbindung und Vorwegnahme künftiger Situationen überflüssig und vorschnell, aber nicht nur
das, sondern auch schädlich sei? Aber offenbar war das Bedürfnis, sich gegenüber Freund und Feind zu erklären und mit großen Worten um sich zu
werfen, stärker als alle von verschiedenen Seiten kommenden Bedenken.

Der Wille zur wohltönenden, gleichzeitig aber Schrecken verbreitenden Phrase machte alle diese Bedenken zunichte. Julius Deutsch schreibt in seinen Erinnerungen, dass er sich in der Programmkommission, der er angehörte, gegen die Aufnahme des Wortes „Diktatur" in das Programm ausgesprochen habe, weil er die Missverständnisse, die die Verwendung dieses Begriffes erregen würde, voraussah. Und es bedurfte keiner besonderen Bösartigkeit, um die in den Raum der politischen Arena gestellten Begriffe der „Diktatur" und des „Bürgerkrieges" als Ankündigungen und nicht bloß als defensive Maßnahmen, als die sie sozialdemokratischerseits gedacht waren, aufzufassen. Deutsch hat sich mit seiner Ablehnung des Begriffes „Diktatur" nicht durchgesetzt, weil es noch linkere Vorschläge, so den von Max Adler gab, sich rundweg und ohne Vorbehalt zur „Diktatur des Proletariats" im Marx'schen Sinne zu bekennen. Denn diese Diktatur war nach dem Marx'schen Gesellschafts- und Geschichtsschema eine notwendige Phase zwischen der kapitalistischen und der sozialistischen Gesellschaft. Max Adler als orthodoxer Marxist hatte schon 1922 in seiner „Staatsauffassung des Marxismus" dargelegt, dass auch die bestehende bürgerliche Demokratie eine verhüllte Klassenherrschaft der Bourgeoisie sei und durch die Diktatur des Proletariats abgelöst werde, die eine offene, aber nur als Übergang zur „klassenlosen Gesellschaft" fungierende Diktatur mit einem höheren Legitimationsgrad als die bürgerliche Gesellschaft sei. Während die Sozialdemokratie unter „Diktatur" nur eben diese legitimierte Form der Gewaltausübung verstand, konnten die nicht in die marxistische Formelsprache Eingeweihten unter „Diktatur" nur das verstehen, was sich in der Sowjetunion seit 1917 etabliert hatte. Es ist also nicht verwunderlich, dass mit dem Jahre 1926 und besonders nach dem 15. Juli 1927 von bürgerlicher Seite mehr und mehr der Begriff „Austrobolschewismus" in Umlauf kam; die sozialdemokratische Retourkutsche war der nicht ganz so griffige Begriff der „reaktionären Masse", der dem bürgerlichen Lager eher Wähler zutrieb, als welche aus ihm vertrieb. Im Übrigen war die Haltung der von Otto Bauer dominierten Sozialdemokratie gegenüber dem Bolschewismus eine durchaus wohlwollende und kam in der Formel „Hände weg von der Sowjetunion!" zum Ausdruck. Während Karl Kautsky an seiner Ablehnung des bolschewistischen Abenteuers, das er als Rückfall in den „Blanquismus" und Terrorismus ansah, unbeirrt und bis zum Ende festhielt, lehnte sein ursprünglicher Schüler Otto Bauer die Übertragung sowjetisch-bolschewistischer Methoden auf Europa zwar auch ab, billigte aber – und je mehr die Zeit fortschritt, desto mehr – das sowjetische System als ein für Russland passendes System, in dem er, je mehr sich die Entwicklung in Europa in Richtung Faschismus bewegte, auch eine Hoffnung des Weltsozialismus erblickte.

Die marxistische Doktrin, die mit dem Gegensatzpaar Kapitalismus und Sozialismus operierte, übersah, dass der reale Gegensatz der zwischen Demokratie und Diktatur war. Als die Tatsachen die Anerkennung dieser Unterscheidung erzwangen, war es bereits zu spät. Karl Renner hat im Gegensatz zu Otto Bauer schon früh und rechtzeitig erkannt, dass man die Diktatur nicht verharmlosen und den Gegensatz zwischen Demokratie und Diktatur nicht verwischen dürfe. So hatte Renner schon 1929 in seiner Schrift „Wege der Verwirklichung" den verhängnisvollen Einfluss, den der Bolschewismus indirekt auch auf die europäische und österreichische Sozialdemokratie hatte, beim Namen genannt: „Diese ganze Welt ist für den russischen Bolschewismus entweder nicht dagewesen, oder, wenn sie doch da war, höchstens ein Objekt der Einschmelzung in den alles verschlingenden Leviathan einer Diktatur, die die Seele dieser Einrichtungen – und ihre Seele ist die freie Selbstbestimmung – vernichten musste. […] Schlimmer als dieser zeitliche Nachteil am Orte war die Rückwirkung nach außen, die verheerende Wirkung auf das Denken der europäischen Arbeiterklasse, die an der eigenen selbstgeschaffenen Entwicklung irre, eine Zeitlang wie hypnotisiert auf die Gewalt als den alleinigen Schöpfer des Sozialismus gestarrt und von ihr Wunder erwartet hat."

Dabei war Otto Bauer ein Humanist, der die Gewalt verabscheute und – wie sich später herausstellte – auch dann und dort, wann und wo sie am Platze, ja geboten gewesen wäre, vor ihr zurückschreckte. Es ist für diese Haltung bezeichnend, dass Bauer, ein Jesus-Wort variierend, sagte: „Wer zur Gewalt greift, der ist der Gefangene der Gewalt." Aber dessen ungeachtet kann man ihn und die in seinem Banne Stehenden von der Schuld, durch ihre Terminologie und Sprachwahl zur Verwirrung und nicht zur Klärung beigetragen zu haben, nicht freisprechen.

Die marxistische Ideologie erfüllte die Führer auf der einen Seite mit dem beflügelnden Schwung der Siegesgewissheit, auf der anderen Seite vernebelte sie aber den klaren Blick auf die Tatsachen. Die Fehleinschätzung und Unterschätzung der Demokratie hat wesentlich dazu beigetragen, den Blick auf die relevanten Zusammenhänge zu trüben und zu verschleiern. Diese aus der marxistischen Theorie erfließende Überschätzung möglicher revolutionärer Perspektiven hatte negative praktische Auswirkungen. Als es wirklich notwendig gewesen wäre, die Demokratie zu verteidigen, klammerte man sich an vage revolutionäre Zukunftshoffnungen und versäumte den Zeitpunkt, an dem es noch möglich gewesen wäre, das Abgleiten in den autoritären Staat aufzuhalten. Wenn auf Transparenten, die am 1. Mai getragen wurden, der Satz zu lesen war „Demokratie, das ist nicht viel, Sozialismus ist das Ziel", so war dies eine fatale Einstellung. Einer der führenden Parlamentarier der Ersten Republik, Wilhelm Ellenbogen, hat in dem von mir im Archiv für Sozialgeschichte in Amsterdam entdeckten und 1983 im Österreichischen Bundesverlag herausgegebenen Erinnerungswerk „Die Katastrophe der österreichischen Sozialdemokratie" die Aussage getätigt: „Der Partei wäre vielleicht überhaupt kein wesentlicher Abbruch geschehen, wenn sie das Problem der Demokratie richtig gehandhabt hätte." Ich würde das Wort „vielleicht" durch das Wort „wahrscheinlich" ersetzen. Ganz sicher kann man in einem historischen Urteil aber nie sein. Es ist aber deswegen nicht überflüssig, sondern gerade unausweichlich, sich mögliche Alternativen zu dem tatsächlich Geschehenen zu vergegenwärtigen, weil sonst die ganze Geschichte als unvermeidliches Faktum und Fatum erscheint und – was noch schlimmer ist – die Möglichkeit zur Gewinnung von Alternativen für die Zukunft verbaut wird. Mag dagegen noch so oft eingewendet werden, dass die Frage „Was wäre geschehen, wenn?" unzulässig ist, sie erhebt immer wieder gebieterisch ihr Haupt.

In diesem Sinne lässt sich sagen, dass die Unklarheiten über die Begriffe von Demokratie und Diktatur nicht nur akademische Streitfragen waren und sind, sondern enorme praktische Auswirkungen gehabt haben und haben. Das Linzer Programm ist jedenfalls ein Beispiel dafür, wie man Gefangener einer Doktrin und fixen Idee werden kann. Es ist kein Zufall und demonstriert die Problematik der in diesem Programm getroffenen Festlegungen, dass keiner der beiden skizzierten Fälle eingetreten ist, dass es die Gegenseite gar nicht so weit kommen ließ, sondern die Demokratie ohne dramatische Vorgänge ausgeschaltet und die Sozialdemokratie dies widerstandslos hingenommen hat. Sicher ist auch, dass das Programm nicht zustande gekommen wäre und diese Form angenommen hätte, wenn man, um zum nächsten Kapitel überzuleiten, den wahrlich dramatischen 15. Juli 1927 vorausgesehen hätte. Aber wie sagte doch schon Victor Adler in einem Brief an Friedrich Engels 1892: „Ich meine immer, der Krach wird uns über den Hals kommen, wenn wir Hofräte der Revolution am wenigsten daran denken."

IX. Kapitel
Der 15. Juli 1927 als Peripetie des Austromarxismus

Der schon mehrfach zitierte und wegen seines Scharfsinns und seiner Tief-gründigkeit immer wieder als Zeuge heranzuziehende sozialdemokratische Politiker und Kommentator der Niederlage, in die die Politik des Austro-marximus mündete, Wilhelm Ellenbogen, charakterisierte das Schicksal des Austromarxismus rückblickend wie folgt: „Ein Drama, folgerichtig gebaut nach den aristotelischen Grundsätzen, war dieses Parteischicksal: Exposi-tion, Entwicklung, Peripetie, Katastrophe. Hinreißend in seiner Tendenz, spannend in seiner Entwicklung, erschütternd in seinem Untergang.“

Die Exposition und die Entwicklung sind in den bisherigen Kapiteln dargestellt und aufgerollt worden. Der 15. Juli 1927 kann, ja muss mit Fug und Recht als die Peripetie des Austromarximus betrachtet werden, von der an es bis zur endgültigen Katastrophe am 12. Februar 1934 mit eherner Konsequenz und Logik bergab ging. Gleichzeitig aber ist dieser Schicksals-tag auch ein Wendepunkt in der österreichischen Gesamtgeschichte der Ersten Republik, in die jene des Austromarxismus ja eingebettet ist. Man kann die Geschichte der Ersten Republik, ohne ihr nachträglich Gewalt anzutun, in die Zeit bis zu diesem verhängnisvollen Datum und in die Zeit nachher einteilen.

An diesem 15. Juli 1927 gab es 89 Tote und Hunderte Verletzte als Folge eines bürgerkriegsähnlichen Zustandes. Am Morgen dieses Tages ahnte noch kaum jemand, welche tragische Wendung die Dinge an diesem Tag nehmen würden. Wie konnte es zu einem Ereignis solcher Tragweite kom-men, einem Ereignis, das in der österreichischen Geschichte, ja darüber hinaus in der Geschichte anderer europäischer Länder, seinesgleichen sucht?

Um diese Frage einigermaßen sachgerecht beantworten zu können, ist es unumgänglich, die Vorgeschichte dieses Elementarereignisses, die am

30. Jänner 1927 im burgenländischen Ort Schattendorf an der ungarischen Grenze stattfand, zu skizzieren.

Der 30. Jänner 1927 in Schattendorf

Die Gewalttat, die an jenem Tag in Schattendorf stattfand, war nicht die erste und nicht die letzte politisch motivierte blutige Entgleisung in der Ersten Republik. Das Potenzial, das die Bereitschaft zur Gewalt nährte und immer wieder zu Konflikten führte, war die Existenz von bewaffneten Kampforganisationen auf der linken wie der rechten Seite des politischen Spektrums. Auf der linken war es der Republikanische Schutzbund, dessen erklärtes Ziel es war, die Republik gegen Angriffe von rechts zu verteidigen. Die rechte wiederum war in den Organisationen der Heimwehr und der Frontkämpfer, die teils monarchistisch, teils präfaschistisch eingestellt waren, vereinigt. Doch keine der vorherigen Gewalttaten hatte die Dimension der Vorgänge in Schattendorf, einem sozialdemokratisch dominierten Ort in dem erst 1921 zu Österreich gekommenen neuen, neunten Bundesland, dem Burgenland nämlich. Zu Zeiten des Kommunismus ging die Staatsgrenze zwischen Österreich und Ungarn mitten durch den mit Stacheldraht und Wachtürmen flankierten Friedhof. Die politischen Verhältnisse waren in diesem Bundesland im Allgemeinen friedlicher als im übrigen Österreich, weil die überwiegende Mehrheit durch das Zugehörigkeitsgefühl zu Österreich und die Abwehr einer nach wie vor virulenten, kleinen, aber lautstarken ungarischen Irridenta vereint war. Trotzdem kam es gerade in Schattendorf zu den folgenschweren Vorkommnissen. Das erklärt sich so: Bis zum Jänner 1927 gab es eine starke Ortsorganisation der lokalen Schutzbündler und eine schwache der Frontkämpfer. Beide Gruppen gingen einander aus dem Wege und hatten auch eigene Gasthäuser, in denen sie verkehrten und getrennt, aber nicht gleichzeitig, auch politische Veranstaltungen durchführten. Es herrschte also bis dahin eine gewisse Verständigung zwischen den verfeindeten Gruppen.

Am 30. Jänner 1927 war es erstmals anders: Die Frontkämpfer beraumten zur selben Zeit wie der Schutzbund eine Versammlung im befreundeten Gasthaus Tscharmann an. Dies war ein Bruch mit den bisherigen Gepflogenheiten und wurde von den örtlichen Sozialdemokraten als Provokation angesehen. Doch nicht genug damit: Die Frontkämpfer holten zur Unterstützung ihrer örtlich schwachen Gruppe Verstärkung aus Wien herbei. Unter anderem war unter den aus Wien Eingeschleusten der Wiener Frontkämpferführer Hermann Hiltl angekündigt, der für die Sozialdemokraten ein rotes bzw. schwarzes Tuch war. Die aus Wien und Mattersburg mit der Bahn zur Station Loipersbach-Schattendorf unterwegs befindlichen Frontkämpfer wurden als Eindringlinge angesehen und mit einem gegen unliebsame Störenfriede wirksamen lokalen Revierinstinkt abgewehrt.

Die Schutzbündler dachten nicht daran, das Kommen der Wiener Abordnung der politischen Gegner kampf- und widerstandslos hinzunehmen, und erwarteten die Ankömmlinge dementsprechend mit einer Kampfbereitschaft, die sich zwar keiner Waffen im engeren Sinne, wohl aber anderer handfester Abwehrmittel, wie Lederriemen und Schlagstöcke, bediente. Mit Hilfe dieser unsanften Werkzeuge gelang es denn auch, die Frontkämpfer zum Rückzug und zur Rückkehr nach Wien zu bewegen und das in Schattendorf geplante Treffen platzen zu lassen. Die Schutzbündler zogen nach dieser siegreich beendeten Aktion triumphierend durch den Ort. Dies wurde von den ansässigen Frontkämpfern bzw. deren Sympathisanten als Schmach empfunden und erweckte Rachegelüste und Panikreaktionen bei ihnen. Als alles schon vorüber schien, kam es, statt sich in Wohlgefallen aufzulösen, zu verhängnisvollen Schüssen aus dem Gasthaus Tscharmann. Diese Schüsse aus einem Jagdgewehr führten zum Tod zweier Personen, des arbeitslosen Kriegsinvaliden Matthias Csmarits und des sechsjährigen Knaben Josef Grössing. Das außerhalb des Friedhofs befindliche und in Ehren gehaltene Grab des unglücklichen Kindes weist das Geburtsdatum des 12. Februar auf. Wenn man abergläubisch ist, kann man darin schon das Menetekel erblicken, dass dieser 15. Juli mit seiner Blutspur zum 12. Februar 1934 führte.

Die Erregung im Ort, aber auch bald in der Umgebung und in Wien war groß, die Gebrüder Hieronymus und Josef Tscharmann sowie deren Schwager Johann Pinter, die die Schüsse abgegeben hatten, wurden als „Arbeitermörder" und „Meuchelmörder" beschimpft, obwohl es sich sicher nicht um einen gewollten und geplanten Mord, sondern um eine fahrlässige Tötung oder eine „boshafte Gefährdung", wie die Anklageschrift später formulierte, handelte. Es kam sowohl im Burgenland wie auch in Wien zu einem vorübergehenden Verkehrsstreik und zu Arbeitsniederlegungen.

Am 2. Februar fand in ganz Österreich ein viertelstündiger Generalstreik statt.

Wilhelm Ellenbogen äußerte sich in seinen Erinnerungen zu den damaligen Ereignissen wie folgt: „[…] Mitten in diese erregte Stimmung fiel nun das Ereignis von Schattendorf im Burgenland. Auf eine marschierende Gruppe von Schutzbündlern war aus einem Gasthaus geschossen worden, drei Tote* waren das Resultat. Ob nicht der Einmarsch jener Gruppe eine hart zu tadelnde Leichtfertigkeit war, will ich allerdings nicht entscheiden. Immerhin war das Schießen als Antwort ein Verbrechen und bleibt eines." Mit diesem Urteil gibt Ellenbogen zu, dass auch die lokalen Sozialdemokraten dem Verbrechen, das zwei Unschuldige traf, unfreiwillig Vorschub geleistet haben. Freilich tragen die Todesschützen, die hinausschossen, ohne sich zu vergewissern, ob Personen, die von diesen Schüssen getroffen werden konnten, in der Nähe waren, die Hauptverantwortung.

Diese Beurteilung deckt sich im Kleinen mit der Analyse der gesamten Ereignisse der Ersten Republik im Großen: Die Hauptschuld tragen jene, die den Boden der Demokratie und Legalität verlassen haben, eine freilich viel kleinere Mitschuld tragen aber auch jene, die wie die Austromarxisten das Ihre zur Polarisierung und Aufschaukelung der Emotionen beigetragen haben. Diese Einschätzung der „geteilten Schuld", die freilich keine gleichmäßig verteilte ist, hat mich in der SPÖ zur *persona non grata* gemacht. Ich halte sie dessen ungeachtet für richtig und unterstelle jenen, die sich entgegen allen Indizien nicht mit dieser Lesart und Leserart anfreunden oder auch nur abfinden können, dass es ihnen nicht um eine Aufarbeitung der historischen Tatsachen, sondern um das Ausspielen einer Trumpfkarte gegenüber dem politischen Visavis geht. Der Psychoanalytiker Helmwart Hierdeis hat die Einsicht, nicht bloßes Opfer zu sein, sondern auch als Opfer Schuld auf sich geladen zu haben, als „die wichtigste Voraussetzung für eine Aussöhnung zwischen Menschen" bezeichnet. Weil diese Einsicht auf Seiten der Sozialdemokratie nicht beherzigt wurde, ist es auch bis zum

---

* Ellenbogen spricht in seinen Erinnerungen von drei Toten, während es in Wirklichkeit nur zwei waren. Diese Ungenauigkeit ist ein Beispiel dafür, dass dem aus der Erinnerung schöpfenden Gedächtnis eines Autors mitunter ohne böse Absicht Fehler unterlaufen. Vielleicht ist der Irrtum dadurch zustande gekommen, dass es zwar nicht drei Tote, wohl aber drei Angeklagte im Prozess gab.

heutigen Tag zu keiner wirklichen Aussöhnung der beiden nach wie vor
vorhandenen Lager, die allerdings mittlerweile von Großparteien zu mit-
telstarken Parteien geschrumpft sind, gekommen, was zum Beispiel an der
nach wie vor radikal unterschiedlichen Beurteilung der Person und Politik
von Engelbert Dollfuß festzumachen ist. Dass Dollfuß sowohl Verfassungs-
brecher und Arbeitermörder als auch Märtyrer und Blutzeuge der österreichischen Idee ist, will vielen Zeitgenossen nach wie vor nicht einleuchten,
geschweige denn über die Lippen kommen.

Der blutige 15. Juli 1927

Nach den dramatischen Ereignissen in Schattendorf und den erregten Reaktionen auf sie wurde das Geschworenengerichtsurteil, das sich im Juli
1927 mit der Tat zu befassen hatte, naturgemäß mit großer Spannung erwartet. Als das Urteil der Geschworenen, das am 14. Juli erging, mehrheitlich
auf Freispruch lautete, war eine Empörung der Wiener Arbeiterschaft abzu-
sehen. Dass diese Empörung so große Ausmaße annehmen würde, wurde
nicht vorhergesehen und war auch nicht geplant, sondern entwickelte sich
mit ungeheurer Spontaneität und entfaltete eine Dynamik sondergleichen.
Allerdings trug ein Leitartikel, den der Chefredakteur der „Arbeiter-Zeitung", Friedrich Austerlitz, geschrieben hatte, als Lunte im Pulverfass zur
Eskalierung der an sich schon angeheizten Situation bei. In einer Zeit, in
der die morgendliche Lektüre des Zentralorgans der Partei noch das täg-
liche Brot und die oft einzige geistige Nahrung der Massen war, ging diese
Zeitung am Morgen des 15. Juli von Hand zu Hand und von Mund zu Mund.
Die in den Schlussworten dieses Brandartikels enthaltene Wendung „Ist das
nicht schon der Bürgerkrieg?" wurde, obwohl eher zur Beruhigung als zur
Anstiftung gemeint, in dieser angespannten Situation als Aufforderung zum
Tanz verstanden. Diesmal wirkte der bis dahin erfolgreich zur Anwendung
gekommene Mechanismus des verbalen Zündelns ohne praktische Konse-
quenzen nicht, das Zündeln führte an diesem Tage zum verheerenden Brand.
Die sozialdemokratischen Massen, die bis dahin die ständige Kneippkur mit
Wechselbädern zwischen heiß und kalt ergeben über sich ergehen ließen,
fügten sich in diesem Falle nicht dem eingespielten Ritual, der Patient kolla-
bierte und geriet langsam, aber sicher in einen Zustand der Raserei.

Noch ahnte in den Morgenstunden des 15. Juli kaum jemand, dass am Ende dieses Tages 89 Tote, darunter vier Polizisten, die übrigen demonstrierende Arbeiter, und Hunderte Verletzte stehen bzw. liegen würden. Am allerwenigsten war sich die Parteiführung der Tragweite der Situation bewusst, obwohl immer mehr Arbeiter, an ihrer Spitze die seit jeher besonders aktivistischen Bediensteten der Wiener E-Werke, statt an ihre Arbeitsplätze zu gehen, in die Innere Stadt strömten. Hätte die Führung den Umfang und die Stoßrichtung der demonstrierenden Massen richtig eingeschätzt, hätte sie den Republikanischen Schutzbund als Garantie für einen geordneten Ablauf der Demonstration, gleichsam zur Disziplinierung der Massen, einsetzen müssen. Oder sie hätte ihre Parteistreitmacht aufbieten müssen, um die Demonstration im Keim zu ersticken. Nun war aber der Schutzbund erklärtermaßen zum Schutz der Republik gegen Angriffe der Konterrevolution und nicht als Mittel zur Niederhaltung und Ruhigstellung der eigenen Leute gedacht und konzipiert. Kein Geringerer als der Kronzeuge Wilhelm Ellenbogen erhob in seinen Erinnerungen den schweren Vorwurf, dass die Partei die Massen sich selbst überlassen habe. Man war nicht bereit, rechtzeitig die Verantwortung in die eine oder in die andere Richtung zu übernehmen, im Vertrauen darauf, dass es schon wieder einmal gut gehen werde. Otto Bauer wich den Arbeitern, die in das „Vorwärts"-Gebäude kamen, um sich Rat und Direktiven zu holen, aus. In dieser Haltung flossen wieder einmal die zwei Halbheiten der österreichischen Geschichte im Allgemeinen und des Austromarxismus im Besonderen zusammen.

Als der Ernst der Lage erkannt wurde, war es für eine vorbeugende Abwendung von Gewalt schon zu spät. Die Massen hatten sich verselbständigt und gerieten, je weiter die Zeit voranschritt und die Hitze im wörtlichen und übertragenen Sinn zunahm, außer Rand und Band. Auch für diese Situation hat Wilhelm Ellenbogen die treffendsten Worte der Charakterisierung gefunden: „Als ich im Klublokal der sozialdemokratischen Abgeordneten die tobenden Männer sah, von denen sich einige mit Schaum vor dem Mund am Boden wälzten, die blutig geschlagenen Wachleute und Schutzbündler, außerhalb des Parlaments die besinnungslos empörte Menge, die die eigenen Schutzbündler mißhandelte und den überaus populären Bürgermeister Seitz nicht anhören wollte, hatte ich den Eindruck einer ausgesprochenen Massenpsychose." Der große Literat Elias Canetti ist bekanntlich durch die Beobachtung der Ereignisse des 15. Juli zu seinem berühmten Werk „Masse und Macht" angeregt worden.

In einer angespannten Situation wie der am 15. Juli mischten sich im Zuge der kritischen Zuspitzung Provokateure und Scharfmacher unter die Demonstranten. Besonders die Kommunisten, die ja in der Ersten Republik eine kleine Sekte waren, die gegen den Verbalradikalismus der Sozialdemokratie nicht aufkam, sahen sich an diesem Tage bestätigt und in ihrem Element und trugen das Ihre zur Verschärfung der Lage bei. Was die Arbeiter von Wien besonders erregte und verbitterte, war das Auftreten berittener Polizei, ein in dieser Extremsituation reaktiviertes Symbol des Absolutismus und des Kriegsrechts. Überhaupt fühlten sich die Arbeiter in ihrem ureigensten Recht auf die Beherrschung der Straße erschüttert. Denn wenn die politische Vertretung der Arbeiterklasse schon nicht in der Regierung, sondern in der Stellung der Opposition erfolgte, glaubte man sich doch als bescheidener Ausgleich für diese Ohnmacht der Beherrschung der Straße sicher. Besonders am alljährlich vor dem Wiener Rathaus gefeierten 1. Mai sonnten sich die Arbeiter im Glanz der Sonne der Unbesiegbarkeit und zehrten das ganze Jahr von dieser Zurschaustellung der eigenen Stärke. Und nun mussten eben diese Arbeiter erleben, dass die Polizei, die nach den Ergebnissen der letzten Personalvertretungswahl überwiegend sozialdemokratisch eingestellt war, als Büttel der Regierung und des Bundesheeres, von diesem mit Waffen ausgestattet, die sich nun gegen die Arbeiter richteten, fungierte und funktionierte. An diesem 15. Juli brachen die Illusionen, die sich die Arbeiterschaft und mit ihr auch die Partei über ihre trotz der Oppositionsrolle noch vorhandene Stärke machte, in sich zusammen. Selbst der dem Austromarxismus so überaus gewogene amerikanische Historiker Charles Gulick kommt in seinem fünfbändigen Geschichtswerk „Von Habsburg zu Hitler" zu dem Schluss, dass der 15. Juli „das Ergebnis eines Widerspruches zwischen der wahren Macht der Regierung und den Illusionen der Massen" war und somit dem Selbstbewusstsein dieser Massen einen vernichtenden Schlag zufügte.

So traurig, ja so tragisch dieser Tag auch war, es wäre nicht Österreich, wenn sein Ablauf nicht auch mit einem „Ballawatsch", von dem Otto Bauer später sprach, einhergegangen wäre. Der verhängnisvolle Schießbefehl des Wiener Polizeipräsidenten Johann Schober wurde gegeben, als der Schutzbund bereits den Korridor der Massen, die den Zugang zu den zentralen

Gebäuden blockierten, durchbrochen hatte und also bereits erfolgreich war. Julius Deutsch, der der Kommandant des Republikanischen Schutzbundes war, behauptet in seinen Erinnerungen, dass der erfolgte Widerruf des Schießbefehls nicht rechtzeitig bei dem diensthabenden Verantwortlichen eingelangt sei. Auch die Tatsache, dass sich die Brandstiftung ausgerechnet am Justizpalast manifestierte, entbehrte nicht einer gewissen Ironie, denn die Akten des Prozesses, die man wahrscheinlich ins Feuer werfen wollte, befanden sich nicht im Justizpalast, sondern im Gebäude des Straflandesgerichtes. Doch dieser Mangel an Sachkunde und Treffsicherheit tat der gemeinten Symbolik keinen Abbruch, auch der Sturm auf die Bastille in der Französischen Revolution fand zu einer Zeit statt, in der es kaum noch Gefangene in dieser Zitadelle gab. Damit soll der 15. Juli 1927 nicht mit der französischen Revolution auf eine Stufe gestellt werden. Aber für das kleine Österreich, „die kleine Welt, in der die große ihre Probe hält", war dieser Tag mit all seinen Folgen ein Menetekel für den drohenden Zerfall der eigenen, aber auch anderer europäischer Demokratien.

Wenn man nach der Logik der Ereignisse fragt, die am 15. Juli stattfanden, gebricht es schon an der elementaren Voraussetzung des sinnvollen Zusammenhangs von Ursache und Wirkung, der Verhältnismäßigkeit der Reaktion in Bezug auf den Anlass bzw. die Ursache. Denn der Protest richtete sich gegen das Urteil eines Geschworenengerichts und somit gegen eine Einrichtung, die ein Erbe der bürgerlich-liberalen Revolution war und als Mitwirkungsrecht des Volkes von der Sozialdemokratie prinzipiell immer verteidigt wurde. Die Tatsache, dass es sich bei dem Freispruch um das Erkenntnis einer prinzipiell bejahten Institution handelte und dass es auch schon bei früheren Gewalttaten Freisprüche gegeben hatte, hätte die Parteiführung erst recht davor zurückschrecken lassen und warnen müssen, eine Demonstration gegen dieses Urteil durch Gewährenlassen zu unterstützen. Berufsrichter hätten jedenfalls nicht auf Freispruch erkannt, sondern zumindest eine Strafe wegen „fahrlässiger Tötung" oder „boshafter Gefährdung", wie es in der Anklage denn auch hieß, verhängt.

Doch trotz aller dieser Ungereimtheiten hatte dieser Tag eine schicksalhafte Notwendigkeit, an ihm entlud sich „die Stimmung der Enttäuschung und Erbitterung", die nach dem Wahlsieg vom April dieses Jahres und seiner Folgenlosigkeit für die realen Machtverhältnisse, von der Otto Bauer später in seiner großen Parlamentsrede sprach, herrschte. Gleichzeitig aber war dieser Tag so etwas wie eine Selbstentlarvung des Austromarxismus Bauer'scher Prägung, ein Schlag, von dem sich die Sozialdemokratie, aber auch die österreichische Demokratie insgesamt, bis zur Zweiten Republik nicht mehr erholen sollte.

Noch einmal Aristoteles: Der 15. Juli als Anagnoresis

Aristoteles hat im Zusammenhang mit der Tragödie neben dem Begriff der Peripetie auch den der Anagnoresis eingeführt, als einen Punkt, an dem die bisherige Unwissenheit in Erkenntnis und die bis dahin im Dunkel verbliebene Wahrheit in eine klar erkennbare Wahrheit umschlägt. Die Peripetie fällt nicht notwendigerweise mit der Anagnoresis zusammen, in Bezug auf den 15. Juli aber kann man sehr wohl von einem solchen Zusammenfallen sprechen. Der Begriff „Anagnoresis" besagt auch nicht notwendig, dass die klare Erkenntnis der Zusammenhänge, die an sich möglich und fällig wäre, auch tatsächlich eintritt. Wenn sich die Verblendung als Vorstufe der Katastrophe dazwischenschiebt, kann die an sich mögliche Erkenntnis unterbleiben, sie bleibt aber rückblickend jedenfalls als erhellendes Moment aufrecht und identifizierbar.

In diesem Sinne war der 15. Juli 1927 der Tag, an dem sich alles, was es in der gesamten vorherigen Geschichte der Partei als Befürchtungen und Drohungen gab, zusammentat, um einen wahren Schreckenstag zu produzieren. Wenn Sigmund Freud einmal meinte, dass man schon von Glück reden könne, wenn das Schicksal nicht alle seine Drohungen auf einmal wahr macht, so ist der 15. Juli der Tag, an dem alle schicksalhaften Drohungen leibhaftige Gestalt annahmen. Wenn es je einen Tag gegeben hat, auf den die marxistische These der Einheit von Zufall und Notwendigkeit zutrifft, so auf den 15. Juli. Der bedeutungsschwere Satz, den Victor Adler 1892 in einem Brief an Friedrich Engels geschrieben hat, ist schon zitiert worden, sei aber wiederholt und betont: „Ich meine immer, der Krach wird uns über den Hals kommen, wenn wir Hofräte der Revolution am wenigsten daran denken." Das Bild vom Hofrat ist für den in Rede stehenden Zusammenhang vielsagend. Der Hofrat der österreichischen Tradition ist ein gehobener Beamter, der sich gewöhnlich durch Anpassung, Vorsicht und Distanz gegenüber den Untergebenen, den niederen Chargen der Beamtenschaft, auszeichnet. Er ist eben nicht, wie es ein sozialistischer Führer eigentlich sein sollte, mit den Massen verbunden, sondern führt ein von ihnen abgehobenes, privilegiertes Dasein. Die Parteibürokratie verselbständigt sich gegenüber den Massen und ihren Lebensgewohnheiten, aus der „Arbeiteraristokratie" geht die Parteibürokratie hervor, die nicht merkt, was in den Massen vorgeht, der Apparat hat keine Antennen zu den Menschen mehr, obwohl die „Vertrauensmänner" diese Verbindung jederzeit herstellen sollten.

Auch schon zur Sprache gekommen ist der Ausspruch, den der Gewerkschaftsführer Anton Hueber am Parteitag 1894 als Kritik an der zögerlichen Haltung der Parteiführung tat. Dieser bildlich gemeinte Ausspruch, dass man nicht zuerst einen Brand entfachen solle, um dann mit der Spritze der Feuerwehr zu kommen, um den Brand einzudämmen, wurde 33 Jahre später mit dem Wiener Bürgermeister Karl Seitz auf dem Feuerwehrwagen, der sich einen Weg durch die blockierende Menge bahnen wollte, buchstäblich wirklich.

Doch es gibt noch andere Ahnungen und Befürchtungen, die sich am 15. Juli bewahrheiteten. So gab Victor Adler auch am Parteitag 1894 der Befürchtung Ausdruck: „Und wenn wir über unsere Kräfte die Gegner täuschen können, so mag das für uns von Vorteil sein, wehe aber der Partei, wenn sie sich über ihre eigene Kraft täuscht." Gerade das aber trat am 15. Juli und in seinem Gefolge ein: Man hatte die eigene Kraft überschätzt und die des Gegners unterschätzt.

Prophetisch klingt im historischen Rückblick auch, was Karl Renner 1928 in seinem Aufsatz im „Kampf", der theoretischen Zeitschrift der Partei, nicht ohne guten Grund, sondern seine Partei-Pappenheimer kennend, als Warnung aussprach: „Die Armee wäre verloren, die ihre Feldprediger zu ihren Feldherren machen wollte." Genau das, was Renner hier besorgt vermerkte, wurde aber historisch wirksam bzw. unwirksam. Nicht nur Max Adler, den Renner einmal als „Feldrabbiner des Sozialismus" verspottete, sondern auch der viel einflussreichere, ja als letzte Instanz inappellabel scheinende Parteiführer Otto Bauer war ein guter Feldprediger, aber ein schlechter Feldherr, der die entscheidenden strategischen Punkte verschlief und verspielte.

Zum Abschluss dieser Überlegungen sei noch ein Passus aus der Rede meines Onkels Ludwig Leser am Parteitag 1927, nach den Ereignissen und vor allen Weiterungen, die sich aus dem 15. Juli ergaben, zitiert. Als ich mich in den späten Sechzigerjahren daranmachte, die Geheimnisse des Austromarxismus zu erforschen und zu lüften, brauchte ich im Grunde nur das dokumentieren und beweisen, was mein Onkel, von Otto Bauer fasziniert, ihn aber auch durchschauend, ausgeführt hatte: „Wenn man sich bemüht, sich der ungeheuren Suggestionskraft der Bauer'schen Dialektik zu entziehen, muß man sich sagen, daß eine solche Synthese, von der er gesprochen hat, als Norm für die praktische Politik, zu einer Politik des Einerseits und Anderseits, des Sowohl-als-Auch, des Bindens von Gegensätzen, vielleicht oft sogar zur Politik des Als-Ob führen muß."

Der Geistesblitz, mit dem mein Onkel damals die wahre Situation der Partei erhellte, blieb freilich ohne greifbare Wirkungen und praktische Konsequenzen. Die Politik der Partei und die von dieser Politik geführten bzw. irregeführten Massen blieben den Täuschungen und Selbsttäuschungen der Bauer'schen Politik bis zum bitteren Ende ausgeliefert. Renner war zu schwach und zu wenig populär, aber wohl auch zu bequem, um der verhängnisvollen Politik Bauers, der Politik des Als-Ob, Einhalt zu gebieten. Auf der Seite der Sozialdemokratie dominierte ein Feldprediger und Visionär, auf der anderen ein Priester, der zwar auch alles Zeug zum Prediger gehabt hätte, aber diese Gabe nur zur Unterstützung seines strategisch wohldurchdachten Feldzuges einsetzte. Alfred Magaziner, ein publizistischer Haudegen, der sich seine Sporen in der Ersten und Zweiten Republik verdiente, sagte mir einmal: „Wir im Hause [gemeint war das „Vorwärts"-Gebäude] haben nach dem 15. Juli gewusst, dass der ‚Kampf um die Macht' verloren ist." Man hütete sich aber, diese Einsicht auch den Massen zu vermitteln.

X. *Kapitel*
Folgen des 15. Juli – Abstieg und Niederlage

Am Abend des 15. Juli war bereits klar, dass die sozialdemokratische Strategie und Taktik zusammengebrochen waren. Die Parteiführer Bauer und Seitz versuchten noch aus der Situation das Beste zu machen und gingen zu Seipel, um ihn zum Rücktritt zu bewegen. Doch Seipel antwortete kühl und im Bewusstsein der Machtposition, die er an diesem Tage zu seiner Stellung als Bundeskanzler als Retter in der Not dazugewonnen hatte: „Wenn hier jemand zurückzutreten hat, dann sind Sie es, meine Herren." An diesem Tage hatte sich nicht die Macht, sondern die Ohnmacht der Sozialdemokratie überdeutlich gezeigt, es hatte sich herausgestellt, dass hinter der entfesselten Massenleidenschaft kein Plan und kein Wille zum Ernstmachen, in welcher Form auch immer, stand, so dass die scheinbare Macht der Masse ins Leere ging und verpuffte.

Es hätte für Seipel nach dieser klaren Offenlegung und Erkenntnis der Situation und der realen Machtverhältnisse zwei Möglichkeiten und Konsequenzen gegeben: Die eine hätte darin bestanden, die Macht zwar eisern in der Hand zu behalten, aber dem geschlagenen Gegner die Hand zum Ausgleich zu reichen und ihm vor den eigenen Anhängern, die gedemütigt und am Boden zerstört waren, das Gesicht bei diesem billigen Ausgleich wahren zu helfen. Seipel aber ist den anderen Weg, den der Vernichtung des geschwächten Gegners und der Aufrüstung der Heimwehren gegangen. Mein Lehrer August Maria Knoll hat im politischen Leben Seipels vier Kurse unterschieden: den kurzlebigen großösterreichischen Reformkurs im Rahmen der letzten kaiserlichen Regierung Lammasch, den republikanischen Linkskurs, der auch nur zwei Jahre dauerte und dann vom Genfer Sanierungskurs abgelöst wurde. Der republikanische Linkskurs war nicht nur von kurzer Dauer, sondern kam Seipel auch nicht aus dem Herzen. Mit den programmatischen Worten „Wir wollen nicht kaiserlicher sein als der

Kaiser", der ja eine Art Verzicht ausgesprochen hatte, schwor er die Christlichsoziale Partei und die österreichischen Katholiken auf die Republik ein, allerdings mit einer zwar nicht wirksam gewordenen, aber untergründig wirkenden Mentalreservation, wenn es die Umstände erlaubten, den Kaiser zurückzuholen. Es kam freilich nicht dazu, diese Karte aus dem Talon zu ziehen und auszuspielen, aber Seipel erreichte sein Ziel der Zurückdrängung der Sozialdemokratie auch ohne eine neuerliche Änderung der Staatsform, sondern im Gefolge des Genfer Sanierungswerks, das ihm den Nimbus des Retters in der Not verschaffte und die Finanzkrise des Staates beendete. Insofern hatte Otto Bauer nicht Unrecht, wenn er 1924 in seinem Werk „Die österreichische Revolution" meinte: „Der 4. Oktober 1922 war Seipels Revanche für den 12. November 1918. Die nationale Revolution der Deutsch-Österreicher war liquidiert. Bedeutete der Genfer Vertrag die Liquidierung der nationalen Revolution, so bedeutete er zugleich eine wichtige Etappe zur Liquidierung der sozialen Revolution von 1918. Mit einem Schlag wälzte der Genfer Vertrag die Machtverhältnisse zwischen den Klassen um." Was Bauer wohlweislich verschwieg, war der Umstand, dass die Sozialdemokratie durch ihre ungeschickte Taktik das Genfer Vertragswerk ermöglichte und Seipel zur Aureole des Helden und Retters verhalf.

Mit dem 15. Juli erreichte der Kampf zur Niederringung der Sozialdemokratie eine neue, die Umwälzung durch das Genfer Vertragswerk überbietende Etappe. Seipel schlug den vierten Kurs seines politischen Lebens, den Heimwehr-Kurs, ein. Selbst der konservative und Seipel wohlgesonnene amerikanische Historiker Klemens von Klemperer kritisierte die Konsequenz, die Seipel aus dem 15. Juli zog, wie folgt: „Jene Großmütigkeit in Siegen, die zu Churchills Motto gehörte und die man von einem Geistlichen erwarten würde, war ihm nicht gegeben." Aber vielleicht war es gerade seine priesterliche Funktion, seine Stellung als „Mann der Kirche", wie er sich selbst einmal bezeichnete, was ihn zur Unversöhnlichkeit gegenüber „den Feinden Jesu Christi" trieb und ihn für die positive Seite der Sozialdemokratie, die im „Roten Wien" christliche Nächstenliebe praktizierte, blind machte. Seipel dachte in augustinisch-manichäischen Kategorien und betrachtete die roten Arbeiter als eine „massa damnata", der gegenüber er nicht Gnade vor Recht ergehen ließ. In diesem Sinne lehnte er sogar die Amnestierung derer, die am 15. Juli in der Hitze des Gefechtes Straftaten begangen hatten, kategorisch ab, was ihm den Schmähnamen

„Prälat ohne Milde" eintrug und zu einer Kirchenaustrittspropaganda mit einem beträchtlichen Aderlass für die Kirche führte. Die harte Linie Seipels führte zu einer weiteren Entfremdung zwischen Kirche und Arbeiterschaft. Seipel hat, wie mir August Maria Knoll erzählte und wie auch seine Tagebücher verraten, in den letzten Lebensmonaten und am Totenbett daran gezweifelt, ob es richtig war, *princeps* und *sacerdos*, politischer Regent und hochrangiger Priester, in einer Person gewesen zu sein.

Der große Einzelkämpfer Ernst Karl Winter hat in einer nachgelassenen und postum veröffentlichten Studie „Ignaz Seipel als dialektisches Problem" analysiert, worin der Grundfehler Seipels lag: die scholastische und kirchliche Praxis der Akkommodation auf das Staatsleben übertragen zu haben. Die katholische Kirche, deren treuester Sohn Seipel war, hat spät, aber doch, 1933 die Konsequenz des Rückzugs aus dem aktiven politischen Leben gezogen und die Priester aus verantwortlichen politischen Positionen entfernt. Die Kirche hat, als schon fast zwei Jahrtausende auf das Überleben ausgerichtete Macht, die auch alle Mittel der Diplomatie einzusetzen weiß, den Handschuh, der blutig zu werden drohte, vor einer solchen Befleckung fallen gelassen. Doch auch in diesem Zusammenhang muss fairerweise gesagt werden, dass nicht Seipel allein die Schuld an der Polarisierung trifft. Wieder einmal hat Wilhelm Ellenbogen in seinen Erinnerungen darauf hingewiesen, wie die „unbändige Herrennatur" Otto Bauers die Gegner durch seine Rhetorik bis zur Weißglut reizte und provozierte, so dass Ellenbogen, Seipel geradezu exkulpierend, von Seipel gegenüber dieser Taktik der Obstruktion und Polarisierung sagte: „Man mußte schon ein Seipel sein, um aus solchen Attacken nicht übermäßige politische Konsequenzen zu ziehen."

Während Seipel seinen politischen Kurs nach dem 15. Juli veränderte und verschärfte, setzte die Sozialdemokratie unter dem Unstern Otto Bauers ihre alte Strategie und Taktik fort, obwohl sie sich am 15. Juli ad absurdum geführt hatte. Bis zum 15. Juli war die Strategie der Sozialdemokratie nach beiden Seiten hin wirksam und zweckmäßig: Die eigenen Anhänger wurden durch den Verbalradikalismus der Führung bei guter Laune gehalten und mit Zuversicht erfüllt, die Gegner wiederum waren durch die Politik der Drohungen eingeschüchtert und fürchteten bis dahin die Macht der arbeitenden Massen, auf die sich die Führung stützte. Nach dem 15. Juli verlor Seipel als der *spiritus rector* diese Furcht, er hat an diesem Tage die Schwäche der Sozialdemokratie durchschaut und dementsprechend gehandelt. Die kleinbürgerliche Gefolgschaft lernte an diesem Tag erst richtig das Fürchten, ihr erschien der 15. Juli als ein Anwendungsfall des Linzer Programms und als Vorgeschmack einer künftigen „Diktatur des Proletariats". Seipel aber tat nur so, als ob er sich weiterhin fürchtete, und baute auf die nach wie vor, ja mehr denn je vorhandene Angst seines Lagers. Die sozialdemokratische Führung war sich des totalen Zusammenbruches ihrer Strategie und Taktik nicht bewusst und glaubte, ihren geschwächten Körper und den ebenfalls siechen der Demokratie durch eine Steigerung der alten Dosis desselben unwirksam gewordenen Mittels wieder flottmachen zu können. Doch es gelang nicht nur die Irreführung des Gegners nicht mehr, auch die eigenen Anhänger waren durch den Ausgang des 15. Juli entmutigt und demoralisiert, das Vertrauen in die eigene Kraft schwand ebenso wie die strahlende Perspektive eines unaufhaltsamen Aufstieges. Das Feuer, das bis zum 15. Juli Freund und Feind fasziniert hatte, erlosch nach und nach. Von da an wirkten alle Faktoren zum Untergang der Sozialdemokratie, ja der Demokratie insgesamt, deren verlässlichste Stütze die Sozialdemokratie trotz allem war, zusammen.

Man muss, um die Frage der Schuld am späteren Tod der Demokratie in Österreich gerecht beurteilen zu können, prüfen, wie demokratisch die beiden Lager in Wirklichkeit waren. Bei diesem Vergleich kommen die Sozialdemokraten entschieden besser weg: Denn sie verließen den Boden der Demokratie nicht und sahen auch keine Alternative zu ihm bzw. ihr. Doch das heißt nicht, dass das Demokratieverständnis der Sozialdemokratie in heutiger Sicht untadelig war: Die Sozialdemokratie war für die Demokratie und verblieb in ihrem Rahmen, weil sie überzeugt war, dass der demokratische Weg zum Sozialismus führt. In diesem Zusammenhang wieder Otto Bauer im Originalton: „Wir sind keine kleinbürgerlichen Vulgärdemokraten, die die Demokratie über den Sozialismus stellen. Wir sind Demokraten um des Sozialismus willen." Ein solches Demokratieverständnis ist nicht das einer „offenen Gesellschaft" im Sinne Karl Poppers. Denn eine „offene Gesellschaft" setzt voraus, dass auch der Ausgang des politischen Prozesses ein offener ist. Die Sozialdemokratie aber war von der historischen Notwendigkeit des Kommens des Sozialismus und von der Irreversibilität des einmal gekommenen Sozialismus überzeugt und huldigte damit zwei Annahmen, die bloß in ihrer Einbildung existierten.

Die politische Gegenseite war ebenfalls nicht aus prinzipiellen Gründen für die Demokratie, sondern nur deshalb und so lange, als ihnen der demokratische Weg der erfolgversprechende schien. Mit dem Umsichgreifen autoritärer und totalitärer Tendenzen in anderen und benachbarten Ländern ging auch das Interesse an der parlamentarischen Demokratie zurück und machte es möglich, ja einladend und verlockend, den Boden der Demokratie zu verlassen.

Beide Seiten waren davon überzeugt, dass, um das Wort Grillparzers über Radetzky abzuwandeln, Österreich in ihrem Lager und nur in ihrem Lager stehe. Deshalb wurde der politische Gegner auf beiden Seiten nicht als Konkurrent, sondern als persönlicher Feind und als Feind der einzig wahren Ideologie angesehen.

Eine solche Einstellung vorausgesetzt, konnte das demokratische Verfahren nicht auf die Dauer funktionieren und den Versuchungen, den Boden der Demokratie zu verlassen, nicht standhalten.

Daher war das Scheitern der österreichischen Demokratie der Zwischenkriegszeit zwar kein Zufall, aber auch kein unausweichliches Fatum. Das Österreich der Zwischenkriegszeit ist ein wie aus einem politologischen Lehrbuch entnommenes Beispiel für einen Staat, der nicht jenes Minimum an Gemeinsamkeit aufwies, ohne das ein Gemeinwesen nicht gedeihen, ja auch nur überleben kann.

Rückblickend betrachtet, war der Weg vom 15. Juli 1927 zum März 1933 bzw. Februar 1934 ein logischer und konsequenter, trotzdem war diese Unausweichlichkeit den damaligen Zeitgenossen keineswegs bewusst und auch das historische Urteil darf die Frage offen lassen, ob ein anderer und besserer Ausgang nicht trotz aller Belastungen und widrigen Umstände möglich gewesen wäre. Auf dem Weg in den Untergang gab es Momente, die die Hoffnung berechtigt erscheinen ließen, alles könne sich noch zum Guten und allgemeinen Besten wenden. Weder die inneren noch die äußeren Bedingungen waren so zwingend, dass sie keine andere Entwicklung als die tatsächlich stattgefundene offen gelassen hätten. Das *post hoc*, das Auftreten eines Ereignisses nach dem vorherigen, lässt nicht unbedingt auf ein *propter hoc*, also die Annahme, dass das Spätere durch das Frühere determiniert ist und aus ihm mit Sicherheit abgeleitet werden kann, schließen. So wie wir überzeugt sind, die Zukunft gestalten und sie in eine gewisse Richtung, freilich unter gegebenen Bedingungen, lenken zu können, müssen wir auch den Akteuren der Vergangenheit die Möglichkeit, anders zu handeln, als sie tatsächlich gehandelt haben, offen lassen.

Im Rückblick auf den 15. Juli 1927, seine Vorgeschichte und Nachwirkung, fällt es schwer, sich nachträglich mit einer der beiden Seiten der Kampffront von damals voll zu identifizieren. Aber auch in der Gegenwart bewahrt man sich seine Rolle als kritischer Zeitgenosse dadurch, dass man versucht, beiden Lagern in etwa gerecht zu werden und sich auch zu bemühen, die wertvollen Bestandteile beider Lager in das eigene Schaffen zu integrieren, wie ich es versucht habe und versuche, selbst auf die Gefahr hin, von beiden Seiten als unzuverlässiger Kantonist angesehen zu werden. Ich sehe es aber als Vorteil und nicht als Nachteil an, eine Synthese beider Traditionen vorzunehmen und vorzuleben. Mit Recht blickt man heute mit Unverständnis auf eine unselige Zeit zurück, in der der Wert eines Menschen von seiner reinrassigen Abstammung abhing, in der man als „Mischling 1. Grades" als Mensch und Staatsbürger zweiter Güte galt und dementsprechend behandelt wurde. Wagt es aber jemand wie ich, Mischling und Kreuzungspunkt verschiedenfärbiger Traditionen zu sein, wird er nur allzu leicht als geistiger Bastard betrachtet, wird in der Tugend und hinter ihr ein Laster vermutet. Man neigt dazu, eine solche Amalgamierung als Zumutung und Störung zu betrachten, wie man auch der Bisexualität vielfach ablehnender gegenübersteht als der vollen Homosexualität, der gegenüber man wenigstens zu wissen glaubt, woran man ist. Mangelnde Eindeutigkeit wird in verschiedenen Zusammenhängen als unliebsame Irritation empfunden, die den Ordnungssinn der jeweiligen Ordnungshüter stört.

Die Verfassungsreform 1929

Ein Ereignis und ein Ergebnis politischer Auseinandersetzungen, die im Jahre 1929 zustande kamen, konnten als hoffnungsvoll und beruhigend angesehen werden, nämlich die Verfassungsnovelle 1929. Die geänderten Machtverhältnisse in Österreich und die gesamteuropäische Tendenz zu autoritären Regierungsformen drängten nach einem Niederschlag in der Verfassung. Die 1920 von den beiden Lagern verabschiedete Verfassung war eine rein parlamentarische Demokratie, die Regierung wurde von den gesetzgebenden Körperschaften gewählt, der Bundespräsident war ein reines

Repräsentativorgan ohne inhaltliche Kompetenzen. 1929 war es so weit, dass die Wünsche des bürgerlichen Lagers zu einem regelrechten Vorstoß in Form einer Regierungsvorlage gediehen. Diese Vorlage stellte in ihrer ursprünglichen Form eine totale Kehrtwendung gegenüber der Verfassung 1920 dar und wurde selbst von dem gemäßigten Karl Renner als ein Bismarck im deutschen Reich abgeschautes „Sozialistengesetz" im 20. Jahrhundert bezeichnet und abgelehnt. Der Entwurf ging so weit, dem Bundespräsidenten ein mit den gesetzgebenden Organen konkurrierendes Notverordnungsrecht einzuräumen und ihm so ein Regieren ohne das Parlament und gegen das Parlament zu ermöglichen. Das Budgetrecht des Nationalrates sollte nach diesem Entwurf praktisch suspendiert werden. Doch der Schlag gegen das Parlament sollte nicht die einzige Stoßrichtung dieses Entwurfes sein. Nach ihm sollte die verhasste Festung des „Roten Wien" zur bundesunmittelbaren Stadt und ihrer bisherigen Sonderstellung als Gemeinde, Stadt und Bundesland entkleidet werden. Dieser Entwurf, der unter dem Titel der „Entpolitisierung" segelte, war in Wahrheit einer der „Umpolitisierung". So wie in den vergangenen Jahren das Bundesheer unter dem Titel der „Entpolitisierung" und der Auflösung der Volkswehr zu einem gefügigen Werkzeug der Regierung geworden war, so sollte nunmehr auch in der Regierung selbst eine grundlegende Machtverschiebung Platz greifen.

Die Sozialdemokratie sah mit Recht Gefahr für die Demokratie und ihren eigenen Bestand. Sie war damals immerhin noch so stark, dass sie Verhandlungen erzwingen konnte, in deren Rahmen einander Bundeskanzler Johann Schober und der sozialdemokratische Spitzenpolitiker Robert Danneberg gegenüberstanden. An sich standen die Verhandlungen unter keinem guten Stern, denn der Polizeipräsident von Wien und nunmehrige Bundeskanzler Johann Schober war nach den Ereignissen des 15. Juli 1927 zum Zielpunkt aller Angriffe der Sozialdemokratie erkoren worden, was diesen an sich liberal gesinnten Mann, der am 15. Juli nur der Not, nicht aber seinem eigenen Trieb gehorcht hatte, nach rechts drängte und zu einem Anwalt und Aushängeschild des Bürgerblocks werden ließ. Der sozialistische Publizist Jacques Hannak hat in einer Biographie über Schober diesem eine Ehrenrettung zuteil werden lassen und ihn als Repräsentanten einer „verlorenen Mitte" kategorisiert. In den Verhandlungen mit Danneberg zeigte sich, dass Schober einen Kompromiss suchte und mit sich reden ließ.

In zähen Verhandlungen gelang es der Sozialdemokratie, dem Entwurf die ärgsten Giftzähne zu ziehen und den Anschlag gegen die Demokratie und die Sozialdemokratie weitgehend abzuwehren.

Es gehört zu den Ironien der Geschichte, dass die Sozialdemokratie, die sich damals gegen die Stärkung der Macht des Bundespräsidenten aussprach und es am liebsten bei der Lösung von 1920 belassen hätte, in der Zweiten Republik von der Volkswahl des Bundespräsidenten überwiegend profitierte. Damals wandte man sich gegen den „Cäsarismus" eines Präsidenten, zumal man fürchtete, Seipel, der „Überwinder der Staatskrise" durch die Genfer Sanierung und der Mann, der nach dem 15. Juli für Ordnung gesorgt hatte, könnte der Kandidat des bürgerlichen Lagers werden. Und Seipel hätte in einer Volkswahl, zu der es in der Ersten Republik aber nicht mehr gekommen ist, wahrscheinlich überlegen gewonnen. Die Sozialdemokratie konnte die Volkswahl als Verfassungsbestimmung zwar nicht verhindern, im Gegensatz zum Regierungsentwurf, der die Stichwahl, die notwendig wird, wenn kein Kandidat im ersten Wahlgang die absolute Mehrheit erhält, in die Bundesversammlung verlegen wollte, sollte es, wenn schon Volkswahl, auch im zweiten Wahlgang bei der Entscheidung durch das Volk bleiben. Das Ergebnis dieser Verhandlungen war, dass es zu keinem von der bürgerlichen Seite angestrebten Präsidialsystem kam, sondern nur zur von der Sozialdemokratie als kleineres Übel betrachteten „gemischt-präsidialen" Verfassung. Auch in der Stellung der Bundeshauptstadt kam es zu einer erfolgreichen Abwehr der gegen das „Rote Wien" gerichteten Entmachtungswünsche.

Dieser faire Kompromiss stellte die Sozialdemokratie zufrieden und zerstreute auch die Bedenken, die der linksliberale Verfassungsrechtler Hans Kelsen und sein konservativ-liberaler Kollege Adolf Merkl gegen das Vorhaben der Regierung vorgebracht hatten. Allerdings zeigte die Tatsache, dass es außerhalb der Sozialdemokratie nur mehr wenige bürgerliche Stimmen gab, die sich gegen den ursprünglichen Plan erhoben, wie polarisiert die Situation damals schon war. Die Verteidiger der parlamentarischen Demokratie gerieten, von innen und von außen bestürmt und angefochten, in die Defensive.

Der 1929 erzielte Kompromiss hätte eine Vorbildwirkung für das künftige politische Geschehen sein und entfalten können, und die Sozialdemokratie interpretierte dieses Ergebnis auch so optimistisch. Die Kräfte aber, die hinter dem ursprünglichen Entwurf gestanden waren, zogen aus diesem Ergebnis einen ganz anderen Schluss: nämlich den, was im Verhandlungswege nicht durchsetzbar war, durch die Anwendung von Gewalt herbeizuführen. Ein neuerliches und fortgesetztes Kräftemessen war jedenfalls unter diesen Auspizien kaum vermeidbar, obwohl es noch mögliche Wendepunkte für ein Kommando retour gab. Noch war nicht alles verloren, alles hätte, guten Willen auf beiden Seiten vorausgesetzt, noch gut ausgehen können.

Verschmähte Koalitionsangebote

Die österreichische Demokratie befand sich seit dem 15. Juli 1927 auf einem abschüssigen Pfad und trieb langsam, aber sicher einem Ende der parlamentarischen Demokratie zu, zumal Nachbarländer Österreichs, Italien, Ungarn und seit 1932 auch Deutschland, mit schlechtem Beispiel vorangingen. Doch noch war die Entwicklung zu einem solchen Ende nicht unumkehrbar, es hätte noch Möglichkeiten gegeben, das drohende Unheil abzuwenden. Diese möglichen Wendepunkte, die aber dann doch keine wurden, waren die beiden Koalitionsangebote, die 1931 Ignaz Seipel als Obmann der Christlichsozialen Partei und 1932 Bundeskanzler Karl Buresch der Sozialdemokratie machten, in die Regierung einzutreten und sich aus der innenpolitischen Isolation, in die sie geraten war, hinauszubegeben. Die Umstände, unter denen diese Angebote, vor allem das erste von 1931, erfolgten, waren freilich nicht sehr verlockend. Der unmittelbare Anlass für Seipels Koalitionsangebot war der Zusammenbruch der führenden österreichischen Bank, der Creditanstalt. Es war klar, dass sich Seipel der Mithilfe der Sozialdemokratie bei dem unpopulären Sanierungsbedarf, den dieser Zusammenbruch erforderlich machte, versichern wollte und die Gefahr bestand, nach erfolgter Sanierung wieder entlassen zu werden. Die Sozialdemokratie fürchtete nicht ohne Grund, sich durch den Eintritt in die Regierung zu kompromittieren, ohne greifbare Vorteile für die eigene Klientel ernten zu können. Erschwerend und für die Nichtannahme des Angebots mitentscheidend war auch der Umstand, dass Seipel nicht den gemäßigten Renner, sondern Otto Bauer als Vizekanzler installiert sehen wollte, weil er meinte, es sollten die wirklichen Gegensätze und nicht verwaschene Zwischenpositionen eingebunden werden.

Trotz dieser ernst zu nehmenden Bedenken hätte sich die Sozialdemokratie für das Wagnis eines solchen Regierungseintrittes entschließen müssen und sie hätte sich wohl auch dazu entschlossen, wenn sie die Lage realistisch eingeschätzt hätte. Doch nach wie vor war die Überzeugung vorherrschend, dass es um die Alternative „Sozialismus oder Kapitalismus" und nicht um „Demokratie oder Diktatur" gehe. Es wäre von unschätzbarem Wert gewesen, durch eine Regierungsbeteiligung einen Fuß in der Tür der Macht zu haben und damit einen Keil zwischen die an sich noch immer kooperationswilligen Christlichsozialen und die auf Vernichtung der parlamentarischen Demokratie abzielenden Heimwehren treiben zu können.

Man hätte dem schon vom Tode gezeichneten Ignaz Seipel den Willen, begangene Fehler gutzumachen, abnehmen und in die Regierung eintreten können und sollen. Der in seinen Memoiren vom Landbündler Franz Winkler, der in der kritischen Phase Innenminister und als späterer Vizekanzler unter Buresch und Dollfuß ein Gegner des autoritären Kurses war, erhobene Vorwurf an die Adresse der Sozialdemokraten, dass sie das Angebot zum Eintritt in eine Konzentrationsregierung „in unbegreiflicher dogmatischer Einstellung" ablehnten, ist daher ebenso wenig von der Hand zu weisen wie die Bemerkung des Chefs des Bundespressedienstes Eduard Ludwig, dass die Sozialdemokratie unter dem Einfluss Bauers „eine letzte wertvolle Karte, die ihnen das politische Schicksal in dieser Zeit zugespielt hatte", verwarf. Kann man noch Verständnis für die Haltung 1931 aufbringen, so galten 1932 diese Bedenken nicht mehr. Hätte es in Österreich bis zur Machtergreifung Hitlers in Deutschland eine geschlossene Abwehrfront gegen den Österreich bedrohenden Nationalsozialismus gegeben, hätte sich die österreichische und vielleicht die ganze Weltgeschichte anders und besser entwickeln können. Auch in diesem Fall war es wieder einmal Wilhelm Ellenbogen, der sich eine realistische Einschätzung der Situation bewahrte. In der entscheidenden Klubsitzung von 1931 gab er seiner Besorgnis Ausdruck, dass eine reine Seipel-Regierung zur Gewalt schreiten könne und dass der Regierungseintritt ein Weg sei, diese äußerste Zuspitzung zu verhindern. Deshalb hatte er Bedenken, dem Antrag auf Ablehnung des Koalitionsangebots zuzustimmen. Doch die Bauer'sche Argumentation, dass man sich durch Verhandeln um Einzelheiten die Verantwortung für das Scheitern von Verhandlungen auflasten könne, wog in den Augen der Mehrheit des Klubs und Parteivorstandes schwerer als die Sorge um eine Situation, die man noch immer nicht in ihrer ganzen Gefährlichkeit erkannte. Noch immer nämlich mussten die fixen Ideen vom Zusammenbruch des Kapitalismus und von der unaufhaltsamen Notwendigkeit des Sozialismus dazu herhalten, um der politischen Vernunft, die für eine Rettungsaktion in höchster Not gesprochen hätte, nicht zum Durchbruch zu verhelfen. Ellenbogen hat diese geradezu selbstmörderische Haltung der Partei als „Politik der versäumten Gelegenheiten" bezeichnet und auch Bruno Kreisky gab rückblickend seiner Meinung Ausdruck, dass dies ein großer Fehler war, der auf einer Fehleinschätzung der Lage beruhte.

Vielleicht war aber neben der dogmatischen Haltung der letzte atmosphärische Grund für die mangelnde Bereitschaft der Sozialdemokraten zu einer Koalition, dass das Misstrauen, und zwar auf beiden Seiten, schon so groß geworden war, dass eine Verständigung eben nicht mehr erfolgen konnte. Allzu viele Ressentiments hatten sich angehäuft und das Klima zwischen den beiden großen Lagern so nachhaltig vergiftet, dass ein Sprung über den eigenen Schatten nicht mehr erfolgte, zum Nachteil der österreichischen Demokratie, die auf der Strecke blieb, was das Vorspiel zur Auslöschung Österreichs im März 1938 darstellte. Alles hätte anders kommen können, wenn sich die politische Vernunft gegen die Leidenschaften durchgesetzt hätte, aber wie selten sind solche rettende Kehrtwendungen auf einer abschüssigen Bahn in der Geschichte! Österreich gehörte jedenfalls nicht in die Kategorie dieser raren Fälle.

Vom März 1933 zum Februar 1934

Die letzten zwei Jahre schleppte sich die österreichische Sozialdemokratie lustlos dahin, bis zu jenem Tag, der eine dem 15. Juli 1927 vergleichbare dramatische Wendung und Fernwirkung mit sich brachte: dem 4. März 1933. Da geschah etwas, was nicht von ungefähr kam und doch ebenso wenig wie der 15. Juli 1927 vorhersehbar war. Der Parlamentarismus verfing sich an diesem schwarzen Tag in seinen eigenen Schlingen und lieferte Dollfuß den willkommenen Vorwand, um die parlamentarische Demokratie unter dem Prätext der „Selbstausschaltung" überhaupt zu suspendieren. In der denkwürdigen Sitzung vom 4. März ging es darum, der Sozialdemokratie in einer Pattsituation, in die sie mit den bürgerlichen Parteien in einer Abstimmung über die Disziplinierung von Eisenbahnern geriet, die Stimme Renners, der als Parlamentspräsident nicht mitstimmen konnte, zu erhalten. Zu diesem Zweck wurde in einer in aller Eile einberufenen Klubsitzung der Beschluss gefasst, zu Renner zu gehen und ihn zur Niederlegung des Vorsitzes zu bewegen. Adolf Schärf, der damals Klubsekretär war, beschlich, wie er in seinen Lebenserinnerungen ausführt, „eine böse Ahnung" und er forderte bei der Übermittlung dieses Klubbeschlusses an Renner eine Verstärkung durch Robert Danneberg an. Die beiden gingen also zu Renner, der sich der Parteiräson beugte – wie sich bald herausstellen sollte, ein schwerer Fehler dieses ansonsten so weitblickenden Mannes. Womit Renner freilich nicht rechnen konnte, war, dass auch seine beiden Stellvertreter im Parlamentsvorsitz, der Christlichsoziale Rudolf Ramek und der Großdeutsche Sepp Straffner, seinem Beispiel folgen und ebenfalls zurücktreten würden. Damit war eine Situation geschaffen, für die die damalige Geschäftsordnung keine Lösung anzubieten hatte. Der Präsident oder seine Stellvertreter hätten die Sitzung nur unterbrechen oder vertagen brauchen, um sie nachher fortsetzen zu können. Nur eines hätten sie nicht tun dürfen, was aber alle drei, alle drei Juristen, taten und sich damit der Situation nicht gewachsen zeigten: nämlich zurücktreten und damit den Anschein der „Selbstausschaltung" erzeugen. Nur wenige und auch nicht die unfreiwilligen Urheber dieses Schlamassels erkannten an Ort und Stelle, was sie angerichtet hatten. Noch sah es an diesem Tag so aus, als ob es sich nur um eine leicht behebbare Panne handle. Und bei einigem guten Willen hätte es auch Möglichkeiten zur Sanierung dieses Betriebsunfalles gegeben, noch war es möglich, guten Willen vorausgesetzt, den Nationalrat wieder einzuberufen. Aber an eben diesem guten Willen fehlte es bei den Verantwortlichen: Sie ließen sich die Gelegenheit, die ihnen auf einem Silbertablett vom Parlament selbst präsentiert worden war, nicht entgehen. Bundeskanzler Dollfuß und sein juristischer Einflüsterer Robert Hecht, der das Kriegswirtschaftliche Ermächtigungsgesetz von 1917, das abzuschaffen man bei der Verfassungsreform 1929 einfach vergessen hatte, ausgrub und als Brücke der Scheinlegalität benützte, rissen das Gesetz des Handelns an sich.

Am 7. März wurde die Regierung mit Hilfe dieses seinerzeit für ganz andere Zwecke gedachten Gesetzes auf eine neue Grundlage gestellt. Dies war ein glatter Verfassungsbruch, den nur der Bundespräsident Wilhelm Miklas oder der Verfassungsgerichtshof hätte ahnden können und sollen. Doch Wilhelm Miklas war nicht Manns genug, um sich öffentlich gegen Dollfuß zu stellen, und der Verfassungsgerichtshof als Kontrollorgan war vorsorglich durch den Rücktritt der christlichsozialen Mitglieder dieses Höchstgerichtes als Kontrollorgan ausgeschaltet worden. Und was tat die Sozialdemokratie, um diesen Verfassungsbruch abzuwehren? Sie nahm diesen Anschlag auf die Demokratie, auf den am 15. März die Verhinderung des Wiederzusammentretens des Nationalrates durch die Polizei folgte, kampflos hin, erwies sich als ebenso wenig mutig wie Miklas, dem ebenfalls klar war, dass es sich hier um einen Verfassungsbruch handelte, und ließ sich von Dollfuß durch die Zusage weiterer Verhandlungen auf die Zukunft vertrösten. Die Sozialdemokratie erwies sich, als es darauf ankam, als zahnloser Papiertiger. Dieselbe Partei, die sich 1926 in einem Programm mit hypothetischen Fällen befasst hatte, wie sich herausstellte, überflüssiger- und schädlicherweise, war im März 1933 nicht imstande und willens, jenes Notwehrrecht auszuüben, das als eine Art Naturrecht eines Angegriffenen gar keiner programmatischen Festlegung bedarf.

Dabei hatte Otto Bauer das Beispiel Deutschlands vor Augen, wo es am 20. Juli 1932 zu einem Staatsstreich Papens gegen das sozialdemokratisch regierte Preußen kam und der Ministerpräsident Otto Braun und sein Innenminister Carl Severing kampflos der Gewalt wichen, obwohl sie die Befehlsgewalt über Polizei und andere Ordnungskräfte hatten, sie aber nicht einzusetzen wagten, sondern sich bloß an den Staatsgerichtshof wandten, wo sie auch, als es für die Rettung der Demokratie zu spät war, formell Recht behielten. In Anspielung auf diese Etappe auf dem Weg zu Hitler sagte Otto Bauer noch am Parteitag 1932 großsprecherisch: „Oh, ich weiß, wenn unsere herrschenden Klassen so sicher wären, daß die österreichische Wiener Arbeiterschaft in dem Fall so ruhig bliebe, wie die deutsche am 20. Juli geblieben ist, dann würden sie vielleicht einmal einen Leutnant und drei Mann zum Beispiel in das Wiener Rathaus schicken. Sie werden es sich, glaube ich, überlegen, weil sie wissen, daß die österreichische Wiener Arbeiterschaft eben nicht zermürbt ist."

Nach dieser Rede Bauers kursierte, wie mir Zeugen der Ersten Republik berichteten, ein Scherzwort, das in einer Art Galgenhumor unter den trotz dem Dementi Bauers bereits zermürbten und demoralisierten sozialdemokratischen Massen kursierte: „In Österreich werden ein Leutnant und *ein* Mann genügen", was dann der 1934 tatsächlich ablaufenden Aktion sehr nahe kam. Ein anderes überliefertes Scherzwort von damals begann mit der Frage „Was wird die ‚Arbeiter-Zeitung' schreiben, wenn Otto Bauer auf dem kurzen Weg vom Vorwärts-Gebäude in seine Wohnung in der damaligen Kasernengasse erschlagen wird?" Die Antwort lautete: „Sie wird schreiben: Ein zweites Mal lassen wir uns den Genossen Bauer nicht erschlagen." Aus diesen bitteren Scherzen von damals geht hervor, dass die eigenen Leute den Versprechungen und Drohungen nicht mehr vertrauten, und die Gegner erst recht nicht.

Das Versagen am 4. und am 15. März 1933 hatte eine lange Vorgeschichte. Schon 1922 wurde in einer Denkschrift sozialdemokratischer Offiziere die Frage gestellt, die zur Schicksalsfrage der österreichischen Sozialdemokratie werden sollte: „Will man die Reaktion nur bluffen wie bisher oder beabsichtigt man, eine wirkliche Kampfgruppe des Proletariats zu schaffen?" Mit diesem Dilemma konfrontiert, hätte es zwei Möglichkeiten gegeben, mit der Situation umzugehen. Die eine riskante, aber durchaus erwägenswerte hätte darin bestanden, einseitig abzurüsten und daraus moralisches Kapital zu schlagen, die andere hätte es erforderlich gemacht, ein wirkliches und ernst gemeintes Wehrkonzept zu entwickeln und es am Tage X auch in die Tat umzusetzen oder dies wenigstens zu versuchen. Die austromarxistisch-österreichische Lösung aber bestand darin, sich dieser Alternative zu entziehen und nach den schon historisch erprobten Mustern so zu tun, als ob man über ein Wehrkonzept verfügte und als ob man auch entschlossen wäre, dieses im Falle des Falles einzusetzen. Der tatsächlich eingeschlagene Weg war eine Irreführung der eigenen Anhängerschaft. Darin erblicke ich die eigentliche Mitschuld der Sozialdemokratie der Ersten Republik, primär gegenüber der eigenen Gefolgschaft und erst sekundär im Verhältnis zum politischen Gegner. Diese Schuld bestand darin, dass die Führung der Partei, allen voran Otto Bauer, sich nicht eingestand und noch weniger ihren Genossen einzugestehen wagte, dass sie weder über ein solches Konzept noch über den Willen, es umzusetzen, verfügte. Theodor Körner, der ein wirklicher militärischer Kopf war, hat schon in den Zwanzigerjahren ein von mir erstmals im Parteiarchiv aufgestöbertes und in meinem Werk „Zwischen Reformismus und Bolschewismus" auszugsweise veröffentlichtes Konzept für den Fall des Bürgerkrieges entwickelt, das aber bei den militärischen Kommissköpfen keine Gegenliebe fand. In diesem Konzept, das Körner als einen Strategen vom Range eines Clausewitz ausweist, sah Körner im Fall des Bürgerkrieges vor, die Massen zu mobilisieren, die Legalität zu brechen und dem Schutzbund nur die Rolle eines Ordnungstrupps inmitten der entfesselten Massen zuzuweisen. Natürlich konnte die Partei mit diesem Konzept, das eine Vorwegnahme des Konzeptes der Stadt-Guerillas und Tupamaros, das im 20. Jahrhundert in Südamerika zur Anwendung gelangte, darstellte, nichts anfangen. Denn ihr ging Legalität um jeden Preis über alles und überdies musste sie, wenn das Körner'sche Konzept Wirklichkeit geworden wäre, befürchten, dass sie die Kontrolle über die Massen verliert. Als Körner merkte, dass man ja gar kein ernstliches Konzept für die Verteidigung der Demokratie hatte und haben wollte, zog er sich mit der von Ohrenzeugen berichteten Bemerkung zurück: „Mit einer Armee von Pazifisten kann man keinen Krieg führen."

Schon früh hat Victor Adler, der seine Pappenheimer kannte, die Situation, die in der Ersten Republik Gestalt annehmen sollte, auf den Punkt gebracht, wenn er meinte: „Es ist sehr gefährlich, mit einem ungeladenen Revolver zu drohen, von dem der Bedrohte weiß, daß er nicht geladen ist." Und nicht minder gefährlich ist es, wie die historische Erfahrung gezeigt hat, mit einem geladenen Revolver zu drohen, wenn der Bedrohte weiß, dass der Drohende eine psychologische Hemmung zum Abdrücken hat. Was schon im Zusammenhang mit dem 15. Juli 1927 ausgeführt wurde, muss nun, die Geschichte weiterverfolgend, fortgeführt werden. Der Bluff ist wie die List ein erlaubtes und unter gewissen Voraussetzungen auch wirksames Mittel des politischen Kampfes. Was freilich nicht eintreten darf, was aber im Fall der Sozialdemokratie eintrat, ist, dass der Gegner den Bluff durchschaut, aber weiterhin so tut, als ob er ihn nicht durchschaute, um ihn so unwirksam machen zu können. Und vice versa ist es schlimm, wenn der Bluffende selbst an seinen Bluff glaubt.

Am 4. oder am 15. März hätte durchaus noch die Möglichkeit bestanden, Dollfuß durch entschlossene Aktionen, durch Demonstrationen und einen Verkehrsstreik zum Einlenken zu bewegen. Dollfuß selbst war von dem widerstandslosen Hinnehmen des Verfassungsbruchs überrascht und schrieb in einem Brief an Mussolini, der vom 9. September 1933 stammt, dass der Marxismus so weit zurückgedrängt sei, „wie man es noch vor einem halben Jahr überhaupt nicht zu erhoffen gewagt hätte". Wenn man versucht, sich in die Lage von Dollfuß zu versetzen, muss man sich die Frage vorlegen: Warum hätte es Dollfuß nicht tun sollen? Die Heimwehren drängten, getreu dem Korneuburger Eid, auf eine gewaltsame Lösung, und Mussolini, die einzige Schutzmacht gegen den Nationalsozialismus repräsentierend, verstärkte diesen innenpolitischen Druck außenpolitisch. Und die Sozialdemokratie, die es zumindest in der Hand gehabt hätte, den Schein der Legalität zu zerstören, wie es die deutschen Sozialdemokraten 1932 in der Hand gehabt hätten, die quasi legale Machteroberung Hitlers zu verhindern, erwies sich in der Stunde der Bewährung als unfähig auch nur zu einer Geste.

Der einsame Kämpfer Ernst Karl Winter, der auch Bundespräsident Miklas in einem offenen Brief in den von ihm herausgegebenen „Wiener politischen Blättern" zum Handeln gegen den Verfassungsbruch aufgefordert hatte, nahm auch die Sozialdemokratie hart ins Gebet: „Wenn der 7. März tatsächlich eine Rechtsverletzung durch die Regierung war, wie die Sozialdemokratie annahm, und mit ihr ich, dann konnte keine noch so schwerwiegende politische Überlegung, keine noch so berechtigte Hoffnung auf nachfolgende Verhandlungen und auf eine dadurch mögliche Entspannung der politischen Lage, keine Furcht vor der Flankenstellung des Nationalsozialismus eine Partei des Rechtes davon dispensieren, das alte Widerstandsrecht in Anspruch zu nehmen und dem Rechtsbruch von oben die Gehorsamsverweigerung von unten entgegenzusetzen. Dann hätte am 15. März das geschehen müssen, was am 12. Februar nicht mehr geschehen konnte. Das tatsächliche Verhalten der Sozialdemokratie seit dem 7. März war jedoch ein gegenteiliges: Es beinhaltete die schrittweise und taktische Anerkennung der Geschehnisse und entzog damit der sozialdemokratischen Führung nicht nur die psychologischen Voraussetzungen ihres späteren Widerstandes in den Massen, sondern es nahm ihr auch das sittliche Recht des Widerstandes, das entweder Zug um Zug ausgeübt werden muß oder überhaupt nicht mehr ausgeübt werden kann."

Und wenn Otto Bauer die „Verantwortung vor den Müttern des Landes" beschwor, denen gegenüber ein Widerstand, der möglicherweise mit Blutvergießen verbunden wäre, nicht zu verantworten sei, so ist ihm auch im Rückblick entgegenzuhalten, was Friedrich Adler in seinem Prozess vor dem Ausnahmegericht 1917 gesagt hatte: „Aber das Nichtstun gegen den Krieg ist auch eine Verantwortung für vergossenes Blut […] Aber ich stehe auf dem Standpunkt, daß man auch dafür eine Verantwortung hat, wogegen man sich nicht mit allen Mitteln gewehrt hat." Was Friedrich Adler damals in Bezug auf den Ersten Weltkrieg sagte, trifft vollinhaltlich auch auf einen potenziellen Bürgerkrieg zu, zu dem es übrigens wahrscheinlich gar nicht gekommen wäre, wenn die Partei ihre friedlichen Kampfmittel ausgeschöpft hätte.

Otto Leichter fasste die Auswirkungen der versäumten Gelegenheit des 15. März rückblickend so zusammen: „Der 15. März besiegelte nicht nur den Tod des Parlaments, er war auch ein schwerer Schlag für die Arbeitermassen. Dieser 15. März und die folgenden Tage brachten die entscheidende Beeinträchtigung der großen Kampfbereitschaft, die nach dem 7. März die ganze österreichische Arbeiterschaft in höchste Aktivität versetzt hatte." Wilhelm Ellenbogen hat Otto Bauer einmal mit dem „Hamlet" Shakespeares verglichen und ihn „für würdig der dramatischen Gestaltungskraft eines Shakespeare oder eines Aischylos" befunden. Die Frage, die sich bei dieser Heroisierung allerdings stellen muss, lautet: Darf man sich als ein Hamlet an die Spitze einer Bewegung, die im Ernstfall zum Äußersten entschlossen sein muss, stellen?

War der 12. Februar 1934 ein „Aufstand der österreichischen Arbeiter"? Die wenige Tage nach den Ereignissen des 12. Februar von Otto Bauer in der Emigration verfasste Schrift „Der Aufstand der österreichischen Arbeiter" war der Versuch, das eigene Versagen und das der Führung terminologisch und inhaltlich zu verschleiern und sich zu rechtfertigen. Diese Rechtfertigung wurde schon im Titel durch eine den Tatsachen nicht gerecht werdende Terminologie begonnen und setzte sich dann im gesamten Inhalt fort. Die Ereignisse des 12. Februar waren ebenso wenig ein Aufstand, wie die österreichische Revolution von 1918 im herkömmlichen Sinne eine Revolution war. Es war vielmehr ein Verzweiflungsausbruch, aber nicht, wie der Titel vermuten ließe, ein solcher der Arbeiter insgesamt, sondern der einer kleinen Minderheit, während die große Masse, die noch im März 1933 zum Widerstand bereit gewesen wäre, wenn die Führung nicht versagt hätte, schon zermürbt und resigniert war. Schon Karl Kautsky musste Otto Bauer entgegenhalten, dass von einem Aufstand der „österreichischen Arbeiter" keine Rede sein könne, da nur eine kleine Minderheit der Arbeiterschaft daran teilgenommen habe. Mit diesem Hinweis war Kautsky Bauer gegenüber ebenso im Recht wie mit dem weiteren Hinweis, dass es nicht angehe, wie Bauer es tat, der deutschen Arbeiterklasse wegen ihrer Kapitulation Vorwürfe zu machen und die österreichische Niederlage in einen Erfolg umzudeuten. Bauer schmückte sich, wenn er den 12. Februar als späten Erfolg der Führung reklamierte, mit fremden Federn, denn der Verzweiflungsausbruch des 12. Februar war mindestens im selben Umfang gegen das Untätigbleiben der Führung wie gegen das Tätigwerden der Regierung gerichtet. Unabhängig davon, ob man sich der Auffassung Kautskys, dass nur erfolgreiches politisches Handeln vertretbar ist und die Erfolgsaussichten in Österreich nicht gegeben waren, anschließt, muss man doch seiner vergleichsweisen Ehrenrettung der deutschen Sozialdemokratie in dem Sinn zustimmen, dass gerade Bauer und Deutsch keinen Grund hatten, sich über die deutschen Führer zu erheben und vom „schalen Nachgeschmack ruhmloser Kapitulation" zu sprechen. Denn wenn es von ihnen abgegangen wäre, wäre auch die österreichische Arbeiterklasse „ruhmlos" untergegangen. Denn kann man ernstlich glauben, dass Bauer und Deutsch zu guter Letzt doch das Signal gegeben hätten, ohne dass sie von den Massen dazu gezwungen worden wären? Der Ruhm des 12. Februar ist ausschließlich der Ruhm der kämpfenden Arbeiter von Wien, Linz und anderer vereinzelter österreichischer Orte, die nicht zuletzt aus Verzweiflung über das Untätigbleiben der eigenen Führung zur Selbsthilfe griffen, nicht aber der Ruhm der Führer, sondern höchstens deren persönliche Tragik.

Im Übrigen bin ich der Meinung, dass man für höchste und letzte Werte ohne Rücksicht auf Erfolg eintreten muss, auch wenn man dabei an Ort und Stelle untergeht. Diese Aussage bezieht sich auch auf das dem Bauer'schen Verhalten vergleichbare Schuschniggs im März 1938. Ein Widerstand wäre damals nicht sinnlos gewesen, auch wenn man den Einmarsch deutscher Truppen nicht hätte verhindern, wohl aber verzögern können. Ich habe einmal mit Ludwig Jedlicka, dem Vater der österreichischen Zeitgeschichtsforschung, dessen Werk über das Bundesheer „Im Schatten der Parteien" ihm den Zugang ins akademische Leben verschaffte, über diese Frage gesprochen. Er äußerte mir gegenüber die Meinung, dass, wenn Österreich hinhaltenden Widerstand geleistet hätte, die ganze Weltgeschichte einen anderen und günstigeren Verlauf genommen hätte. So meinte er, dass, wenn die Welt mitangesehen hätte, dass sich schon in einem deutschsprachigen Land Widerstand regt, wahrscheinlich nicht erst Polen, sondern schon der Überfall auf die Tschechoslowakei der Kriegsfall geworden wäre.

Otto Bauer gab in dieser Broschüre zu, dass er und die Partei „rechte" und „linke" Fehler begangen hätten, die einander aber – darauf läuft seine ganze Argumentation hinaus – aufgehoben hätten. In Wahrheit aber haben sich diese Fehler potenziert und die Situation verschlimmert statt verbessert. Otto Bauer zog aus der Tatsache, dass die Arbeiterbewegung Deutschlands wie Österreichs, aber auch anderer Länder, gescheitert sei, den Schluss, dass übermächtige Verhältnisse und unbeherrschbare Faktoren diesen Erfolg verhindert haben und verhindert hätten, was immer auch die Arbeiterbewegung getan hätte. Doch dieser Versuch, die Arbeiterbewegung von der Verantwortung für das Geschehene und insbesondere für den Sieg des Faschismus zu exkulpieren, ist nicht überzeugend. Es geht nicht an, die Arbeiterbewegung bloß als Opfer feindlicher Kräfte darzustellen und ihre eigenen Taten oder Nicht-Taten als bloßen Reflex zu deuten. Logischer ist es, den gemeinsamen Fehlerquellen, die die Niederlage in verschiedenen Ländern verursachten, nachzugehen und das Gemeinsame und nicht das Trennende scheinbar verschiedener Wege herauszuarbeiten. Und bei dieser Suche wird man schon in dem Land, in dem sich der Faschismus zuerst durchsetzte, nämlich in Italien, fündig: Es ist kein Zufall, dass Mussolini ein enttäuschter Sozialist und sein Chefideologe, der Deutsch-Italiener Robert Michels, Überläufer aus der Sozialdemokratie war, der in seiner „Soziologie des Parteiwesens", einem Klassiker der soziologischen Literatur, die Sozialdemokratie des wilhelminischen Deutschland einer vernichtenden Kritik unterzog.

Wilhelm Ellenbogen, der der beste Kenner und der schärfste Kritiker des italienischen Faschismus im Rahmen des Austromarxismus war, zeigte in einer Kampfschrift gegen den Faschismus auf, dass die italienischen Sozialisten die historische Chance auf die Machteroberung durch taktische Fehler verspielt haben, die auch in Deutschland und Österreich eine vergleichbar große Rolle gespielt hätten. Ellenbogen hielt den italienischen Sozialisten vor, dass sie es verstanden hätten, „die Gegnerschaft, das Bürgertum, unaufhörlich zu beunruhigen, ohne daß aber dahinter eine wirkliche und durchgreifende und wirksame Machtorganisation aufgebaut worden wäre". In Österreich gab es zwar eine große Massenorganisation, aber infolge des Versagens der Führung auch deren Immobilismus. Als Bilanz der Politik der italienischen Sozialisten kam Ellenbogen zu dem Schluss: „Sie haben die Gegenrevolution bekommen, ohne die Revolution erlebt zu haben." Und der Historiker des italienischen Faschismus Angelo Tasca hat sogar die Formel „Ersatzvornahme" für den italienischen Faschismus gegenüber dem italienischen Sozialismus geprägt.

Der Aufstieg und Sieg des Faschismus in verschiedenen Ländern Europas ist im Wesentlichen auf zwei Faktoren zurückzuführen: auf die russische Revolution und deren Rezeption in Form der Abwehr und Nachahmung und auf das Versagen der Sozialdemokratie aufgrund einer falschen Ideologie. Ohne die Angst vor dem Bolschewismus wäre Hitler nie an die Macht gekommen. Karl Renner hat diesen Zusammenhang in zwei kurzen Sätzen zusammengefasst: „Der Faschismus war ein unvermeidlicher Reflex auf die bolschewistische Oktoberrevolution"; und: „Der westliche Sozialismus hat die Unkosten des russischen Experimentes bezahlt." Doch der zweite Faktor, der das Aufkommen und den Sieg des Faschismus begünstigte, war das Versagen der sozialdemokratischen Führungen, die in einer Mischung aus marxistischem Utopismus und Legalismus die historische Chance, die sie in allen Ländern gehabt haben, verspielten. Und dies trifft eben auch für Österreich zu. Ich befinde mich mit dieser These zwar im Widerspruch zur nach wie vor apologetischen Version, die die SPÖ über sich selbst und ihre eigene Vergangenheit hat, im Übrigen aber in bester Gesellschaft. Von besonderer Bedeutung ist in diesem Zusammenhang das Urteil eines Zeitgenossen von damals, der als Sozialphilosoph Weltruhm erlangt hat, nämlich des großen Österreichers Karl Popper. In seinem Werk „Ausgangspunkte. Meine intellektuelle Entwicklung" charakterisiert er die österreichische Sozialdemokratie im Banne Otto Bauers wie folgt: „[…] daß der Marxismus besonders die österreichische Sozialdemokratie in eine Sackgasse geführt und außerdem in eine Situation gebracht hat, wo die wirklichen Probleme durch andere verdrängt wurden. Und wo man nicht gesehen hatte, daß der Kampf gegen den Faschismus ganz unabhängig davon zu führen ist, ob der Sozialismus die Zukunft ist oder nicht. Darum handelte es sich nicht. Es handelte sich nur darum, die Freiheit, die man errungen hatte, zu verteidigen. Man hat sie wirklich verloren, weil man sie eben nicht als Freiheit gewürdigt und verteidigt hat. Das ist eine lange Geschichte. Ich war schon damals gegen die marxistische Theorie der Sozialdemokratie, nach der Publikation der ‚Offenen Gesellschaft' habe ich mich ganz von diesen Dingen separiert." Popper spricht von der „intellektuellen Anmaßung", besonders Otto Bauers, „die sich auf nichts als auf die unverdaute Lektüre von einigen marxistischen Schriften stützte". Und des Weiteren sagte Popper zur Bestätigung meiner Hauptthese: „Es hätte alles gut ausgehen können, wenn die Führer der österreichischen Sozialdemokratie nicht alles verspielt und eine Politik betrieben hätten, die nicht nur illusionär, sondern auch verantwortungslos war. Ich war damals schon verzweifelt über die Leichtigkeit, mit der man alle kritischen Einwände zur Seite schob und sich in Sicherheit wiegte." Diese Leichtfertigkeit und Unbekümmertheit gegenüber ehrlich gemeinter und wohldurchdachter Kritik ist der SPÖ bis auf den heutigen Tag erhalten geblieben, nur dass inzwischen, frei nach Hegel und Marx, aus der Tragödie eine Farce geworden ist.

Der Austromarxismus hat große und tragische Züge gehabt, aber auch dort, wo er Großes wollte und auch erreichte, wie im „Roten Wien", ist er, durch die eigene Ideologie geblendet, zuletzt an ihren Grenzen, die bei einer anderen Politik vermeidbar gewesen wären, gescheitert. Nur Karl Renner hat diesen Verblendungszusammenhang prinzipiell erkannt, ohne aus ihm ausbrechen zu wollen. Dabei wäre, wie Wilhelm Ellenbogen schrieb, „selbst eine Spaltung nicht so schlimm geworden wie die vollständige Vernichtung der Partei".

Zum Abschluss möchte ich noch eine bemerkenswerte Äußerung wiedergeben, die in den Siebzigerjahren des vergangenen Jahrhunderts bei einem Kuraufenthalt in Bad Hofgastein ein Herr namens Maximilian Brandeisz, der sich als der letzte noch lebende sozialdemokratische Mandatar der Ersten Republik, Bundesrat 1930–1934, vorstellte, auf meine Frage nach der historischen Einschätzung der Politik Otto Bauers mir gegenüber abgab. Nach einem kurzen Nachdenken antwortete er mit verschmitztem Lächeln: „Er hat keinen Fehler ausgelassen." In der Tat fällt es einem schwer, einen markanten Punkt zu identifizieren, in dem dieses „begabte Unglück der Partei" Recht behalten hat.

II. Teil

Die Sozialdemokratie von der I. in die II. Republik

„Hegel bemerkte irgendwo, daß alle großen weltgeschichtlichen Tatsachen und Personen sich sozusagen zweimal ereignen. Er hat vergessen hinzuzufügen: das eine Mal als Tragödie, das andere Mal als Farce."

Karl Marx: Der achtzehnte Brumaire des Louis Bonaparte

„Dies Österreich ist eine kleine Welt, in der die große ihre Probe hält."

Friedrich Hebbel, aus dem Prolog zur Feier des Jahrestages der Februarverfassung, 26. Februar 1862, zu Wien im Operntheater am Kärntnertor gesprochen

XI. Kapitel
Zeiten der Latenz (1934–1945)

Nach dem 12. Februar 1934 befand sich die Sozialdemokratische Arbeiterpartei bis zum Wiedererstehen im April 1945 in einer Periode der Latenz, in der es verschiedene Ausdrucksformen und Reaktionen der illegal gewordenen Anhängerschaft gab.

Die erste und kleinste Gruppe waren die in die Emigration gegangenen Führer, allen voran Otto Bauer, die das „Auslandsbüro österreichischer Sozialisten", das seinen Sitz in Brünn hatte, gründeten und diesen bis zum Einmarsch der deutschen Truppen 1938 beibehielten, um dann in Paris, später in London, eine Auslandsvertretung als dessen Fortsetzung weiterzuführen. Otto Bauer behielt trotz der von ihm geübten Selbstkritik, die aber nicht weit und tief genug ging, die alte Dominanz bei und übte mit Hilfe der illegalen „Arbeiter-Zeitung", die nach Österreich geschmuggelt wurde, weiterhin Einfluss auf die an sich autonomen Revolutionären Sozialisten, die im Lande blieben, aus. Joseph Buttinger, der in der Illegalität den Decknamen Gustav Richter trug, hat in seinem 1953 erschienenen Buch „Am Beispiel Österreichs", dem er den Untertitel „Ein geschichtlicher Beitrag zur Krise der sozialistischen Bewegung" gab, Otto Bauer als einen „geschlagenen Führer, der nicht abtreten kann" bezeichnet. Dieses Buch wurde von der SPÖ eisern totgeschwiegen, nichtsdestoweniger aber von allen Kennern und Betroffenen der Situation gelesen. Die Revolutionären Sozialisten wirkten im Österreich des Ständestaates in der Illegalität, hielten aber auch Konferenzen in und mit der tschechischen Emigration ab, die auf Österreich zurückwirkten. Im März 1936 kam es zu einem großen Prozess gegen die Revolutionären Sozialisten, in dem unter anderen der spätere Wiener Bürgermeister und Bundespräsident Franz Jonas und der damalige revolutionäre Jugendführer Bruno Kreisky auftraten und die Ehre der Partei verteidigten. Damals konnte wohl niemand ahnen, dass eben dieser junge Kreisky dreißig Jahre später der Obmann der wieder legal gewordenen Sozialdemokratie werden würde.

Doch die Aktivitäten der Revolutionären Sozialisten im In- und Ausland und der damit verbundene mutige Einsatz konnten nicht über die tiefe Erschütterung hinwegtäuschen, in die die Geschlagenen des 12. Februar allesamt geraten waren. Buttinger, der durch die spätere Heirat mit der amerikanischen Millionärin Muriel Gardiner nach 1938 und während des Zweiten Weltkrieges viel für in Not geratene Genossen tun konnte, vorher aber Obmann der Revolutionären Sozialisten war, hat in seinem Buch die Revolutionsromantik, die sich um das Wirken der nach wie vor Aktiven rankte, auf das menschliche Maß zurückgeführt und das Menschliche, Allzumenschliche dieser illegalen Bewegung dargestellt. Buttinger, den ich persönlich kennen lernen und von dem ich auch in einer Zeit, in der ich beruflich noch in der Luft hing, finanzielle Hilfe empfangen durfte, ist vorgeworfen worden, dass er in seinem Buch Schmutzwäsche gewaschen und viel Tratsch kolportiert habe. Aber der Tratsch, der sich um Menschen bildet und an ihnen haftet, gehört nun einmal zur Charakterisierung von Personen und Situationen. Julius Deutsch, von dem noch ausgiebig die Rede sein wird, hat sich mir gegenüber sogar zu der Äußerung verstiegen: „Was von uns allen bleibt, ist nur der Tratsch." Wenn diese Äußerung auch übertrieben ist, so enthält sie doch einen unbestreitbaren wahren Kern. Auch diejenigen, die nach dem Motto „Wer schreibt, bleibt" auf eine Erinnerung in der Literatur und auf ein Fortleben in Fußnoten hoffen dürfen, aber auch diejenigen, die durch markante Taten für einen Nachruhm sorgen, werden von dem überlebenden Tratsch nicht verschont, sondern, wenn auch meist nur mündlich, von ihm heimgesucht. Als ich im Jahre 1964 als Lektor im Parteiverlag das Buch „Werk und Widerhall. Große Gestalten des österreichischen Sozialismus" herausgeben durfte, habe ich von den Beiträgern, die ich aussuchen konnte, viel erfahren, was in ihren publizierten Beiträgen keinen Niederschlag fand. Die Maxime „de mortuis nihil nisi bene" tut, oft auch gegen besseres Wissen, ihre Wirkung und fordert ihren Tribut, so dass die gedruckte Version meist eine Verschönerung der Wirklichkeit ist.

Der endgültige Zusammenbruch der Partei am 12. Februar 1934 brachte nicht nur organisatorische Probleme mit sich, sondern löste eine Vertrauenskrise gegenüber der Führung der alten Partei aus. Die Regierungspropaganda des Ständestaates tat ihr Möglichstes, um diese Vertrauenskrise zu verstärken und am Leben zu erhalten, aber auch ohne diese Nachhilfe wirkten die Ereignisse selbst nach und führten zu verschiedenen Reaktionen und Verhaltensweisen. Die radikale Abkehr von der untergegangenen Partei nahm bei nicht wenigen die Form des Frontwechsels und des Überläufertums an. So erhielten die Kommunisten, die den Austromarxismus immer schon des Scheinradikalismus bezichtigt hatten, einen Zuzug enttäuschter Schutzbündler, aber auch frustrierter Intellektueller. Der prominenteste Exponent dieser Richtung war der ehemalige Redakteur der „Arbeiter-Zeitung" Ernst Fischer, der den Krieg in der Moskauer Emigration verbrachte und 1945 als einer der ersten kommunistischen Emissäre von den Sowjets nach Wien gebracht wurde. Er spielte bekanntlich in der KPÖ eine große Rolle, bis er sich 1968 nach dem Einmarsch der Sowjets in der Tschechoslowakei spät, aber doch, von der KPÖ trennte. Er galt als der beste Parlamentsredner, es war, rein rhetorisch, wenn auch nicht meritorisch, ein wahrer Genuss, ihm zuzuhören. Ich hatte seine Stimme schon als Kind während des Krieges, wenn ich an den Knöpfen des elterlichen Rundfunkgerätes drehte und auf die Sendungen von Radio Moskau für Österreich stieß, vernommen.

Ein anderer Teil der enttäuschten Sozialisten ging zu den Nazis über, deren Propaganda gegen die „jüdischen Führer", die ihre Mannschaft im Stich gelassen hatten, auf fruchtbaren Boden fiel. Was die Nazis und die Sozis schon vor 1938 verband, war die gemeinsame Unterdrückung und Anhaltung im Lager von Wöllersdorf. Nach dem Einmarsch der Nazis in Österreich kam dann noch der Opportunismus der „Märzveigerln" hinzu. Der prominenteste Überläufer zu den braunen Horden war Richard Bernaschek, der von den Nazis in einer spektakulären Aktion aus dem Gefängnis befreit und nach Berlin verbracht wurde. Bernaschek hatte, da er ohne die Zustimmung der Wiener Führung im Februar 1934 die Revolte in Linz ausgelöst hatte, einen legendären Ruf erlangt. Doch die Freundschaft bzw. der Friede, den er mit den Nazis geschlossen hatte, sollte nicht von beständiger Dauer sein. Der nach Österreich Zurückgekehrte wurde nach dem 20. Juli 1944 der Mitwisserschaft an der damaligen Verschwörung verdächtigt, ins KZ Mauthausen eingeliefert und auf ausdrückliche Weisung des Gauleiters von Oberdonau, Eigruber, hingerichtet.

Neben jenen, die illegal weiterarbeiteten, und jenen, die die Seiten wechselten, gab es nicht wenige, die sich ins Privatleben zurückzogen und sich bewusst jeder Aktivität enthielten. Es war nicht verwunderlich, dass Karl Renner in diese Kategorie gehörte, denn es war ja nicht seine politische Linie, sondern die Bauers, die 1934 eine vernichtende Niederlage erlitten hatte. Doch auch theoretische Revolutionäre zogen es unter den neuen Bedingungen vor, sich nicht aus der Deckung zu begeben. Zu diesen gehörte Max Adler, der sogar weiter Vorlesungen an der Universität Wien hielt, was ihm von vielen verübelt wurde, während er sich verpflichtet fühlte, den wenigen verbliebenen und versprengten Sozialisten ein kleines Refugium zu bieten. Im Jahr vor seinem Tode, 1936, erschien sogar im damaligen Saturn-Verlag ein umfangreiches Werk aus seiner Feder, dem er den Titel „Das Rätsel der Gesellschaft" gab. Er schwor seinem vordem so orthodox vertretenen Marxismus nicht ab, camouflierte ihn aber so weit, dass er die Zensur des Ständestaates passieren konnte. Sein Vorwort zu diesem Buch schloss er mit der Angabe „Pfingsten 1936". War der Hinweis auf dieses Fest, von dem der Philosoph Hegel sagte, dass es das höchste der Christenheit sei, dass ohne dieses alle anderen Feste ungefeiert geblieben wären, eine Akkommodation an den Ständestaat und die christliche Umgebung oder ein Bekenntnis des anti-materialistischen Philosophen Max Adler, der den Satz geprägt hatte „Die Erde war zwar vor dem Menschen da, aber nicht vor dem Bewusstsein"?

Jedenfalls beteiligte sich Max Adler nicht an den Aktionen der revolutionären Sozialisten. Der sozialistische Publizist Josef Toch erzählte mir zur Charakterisierung der Haltung Max Adlers eine Geschichte, deren Tragikomik wohl kaum zu überbieten ist. Diesem Bericht zufolge fragte Toch Adler, als er ihn zufällig auf der Straße traf, warum er nicht aus Österreich emigriert sei. Adler soll daraufhin geantwortet haben: „Ich bin gerade am Weg zum Gasthaus Neugröschl, wo es die besten Mohnnudeln von Wien gibt. Und da soll ich Österreich verlassen?" Max Adler hatte das Glück, nur mit der milden Diktatur des Ständestaates, nicht aber mit der mörderischen des Nazismus Bekanntschaft machen zu müssen, da er im Juni 1937, nach einem Ausflug in den Wienerwald, in der Nacht friedlich im Schlafe starb.

Die Frage, die von vielen gestellt wurde und auch heute noch einer Erörterung würdig ist, ist die, ob Bauer und Deutsch richtig gehandelt hatten, als sie die geschlagene Truppe und Herde verließen und ihrem Schicksal überließen. Was ist von Kapitänen zu halten, die das sinkende oder gesunkene Schiff verlassen, statt bei den Ihren auszuharren? Auch in diesem Zusammenhang stellt sich die schon früher angeschnittene Frage, ob es notwendig ist, sich ohne Rücksicht auf die eigene Person der Verantwortung zu stellen und sich, wenn es sein muss, aufzuopfern, oder ob man berechtigt, ja verpflichtet ist, sein eigenes Leben um der Sache willen, an die man nach wie vor glaubt und für die man weiterarbeiten will, zu erhalten. Rosa Jochmann, die bis zuletzt mit Otto Bauer beisammen war, riet ihm dringend, Wien zu verlassen und sich in Sicherheit zu bringen. Sie verübelte es Kreisky, dass er der Meinung war, Bauer hätte bleiben und Rede und Antwort stehen müssen. Es wäre sicher zu einem Prozess gegen ihn und Deutsch gekommen. Hätte er dann die Möglichkeit gehabt, wie Friedrich Adler 1917 mit dem Regime, das ihn anklagte, abzurechnen, oder wäre er in einem kurzen standgerichtlichen Verfahren ganz einfach hingerichtet worden? Und selbst in diesem schlimmsten Fall erhebt sich die Frage: „Wäre es kein würdigerer Tod gewesen, einem Gewaltakt der Macht zum Opfer zu fallen und als Symbol des Widerstandes unterzugehen als vier Jahre später einem Herzinfarkt zu erliegen?" Ohne sich eine gültige und endgültige Antwort auf diese Frage anzumaßen, muss man doch festhalten, dass das Charakterbild Bauers weniger von der Parteien Hass und Gunst umlagert wäre, wenn er, komme, was da wolle, in Österreich geblieben wäre.

Das Tausendjährige Reich, das zum Glück für Österreich nur sieben Jahre dauerte, aber auch um diese sieben Jahre zu viel, hat in den Menschen Österreichs nicht nur den Wunsch nach einem Wiedererstehen des 1938 überrannten Staates reifen lassen, sondern auch den Wunsch nach Wiederherstellung einer echten Demokratie. Viele, die an ihren alten Idealen irregeworden waren, fanden schon vor 1945 zu ihnen zurück. Das galt besonders für die Sozialdemokraten, die ja nicht mit dem Odium der Errichtung einer Diktatur behaftet waren. Die Realität des nationalsozialistischen Unrechtsstaates hat auch den Sozialdemokraten, die vor 1933 ihr Heil im Anschluss an Deutschland erblickt hatten, den Wunsch nach einem solchen Anschluss ausgetrieben. 1938 hatten die Sozialdemokraten zunächst etwas von der Tatsache profitiert, dass auch sie Opfer des Ständestaates waren und daher weniger ins Schussfeld gerieten als die Machthaber vor 1938 und auch weniger als die Kommunisten, die den höchsten Blutzoll im österreichischen Widerstand leisteten. Doch blieben auch sie nicht von der

Gewaltmaschinerie des Dritten Reiches verschont: Die Persönlichkeiten von Franz Olah und Rosa Jochmann können hier stellvertretend für viele andere genannt werden. Auch der frühere Wiener Bürgermeister Karl Seitz, der bis zum 20. Juli 1944 erhobenen Hauptes durch die Straßen der Stadt ging, wurde nach diesem Datum ins KZ geschleppt, aus dem er geschwächt zurückkehrte. Er wurde 1945 zum Ehrenvorsitzenden der SPÖ gewählt.

XII. Kapitel
„Und neues Leben blüht aus den Ruinen" – Die Ära Schärf/Helmer

Schneller als erwartet und auch schneller, als es der von den Sowjets noch auf Schloss Eichbichl festgehaltene Karl Renner angenommen hatte, konstituierten sich die Gemeindevertretungen und in bzw. mit ihnen die politischen Parteien. Dies traf natürlich besonders auf die Gemeinde Wien, die zugleich Bundesland und Hauptstadt der Republik war, zu. Im Wiener Rathaus wurde schon am 14. April die Sozialistische Partei Österreichs gegründet, die sich aus Sozialdemokraten und Revolutionären Sozialisten zusammensetzte, was in einem Klammerausdruck festgehalten wurde, der aber den 1. Parteitag, der am 14. und 15. Dezember im Gasthaus Wimberger stattfand, nicht lange überlebte, da sich die Revolutionären Sozialisten ohne Schwierigkeiten und Sonderwünsche voll in die SPÖ integrierten. Dem ersten Parteivorstand gehörten unter anderem neben Adolf Schärf, der von Anfang an vorläufiger und später bestätigter Parteiobmann war, der spätere Innenminister Oskar Helmer, der erste provisorische Chefredakteur der „Arbeiter-Zeitung" Heinrich Schneidmadl und Paul Speiser von Seiten der Sozialdemokraten, von Seiten der Revolutionären Sozialisten Josef Afritsch, Hilde Krones, Gabriele Proft und Felix Slavik an.

Drei Tage nach der Konstituierung der SPÖ im Rathaus wurde die Österreichische Volkspartei (ÖVP) im Schottenstift gegründet. Trotz dieser geringen zeitlichen Differenz bestand zwischen diesen beiden Gründungen doch ein fundamentaler Unterschied. Die SPÖ verstand und deklarierte sich als die Fortsetzerin der 1934 im Kampf und in Ehren untergegangenen Sozialdemokratischen Arbeiterpartei Österreichs. Die ÖVP erhob demgegenüber den Anspruch, eine ganz neue Partei zu sein und alle Schichten des Volkes in ihren Reihen zu vereinigen. Die Gründer der ÖVP, Leopold Figl, Hans Pernter usw., machten aus der Not, sich nicht mit einer autoritär belasteten Vergangenheit identifizieren zu können, eine Tugend. Die ÖVP wollte keine bürgerliche Klassenpartei sein und hütete sich auch, im Gegensatz zur späteren deutschen Schwesterpartei CDU, das „hohe C" in ihrem Namen zu führen. Die ÖVP entfernte sich in den folgenden Jahren immer mehr von dieser in einer Aufbruchsstimmung entstandenen konsequent österreichisch-nationalen und christlich-progressiven Haltung, die sie als österreichisches Analogon zur französischen MRP erscheinen ließ. Was aber blieb, war die Betonung der Diskontinuität gegenüber der Christlichsozialen Partei, die ja freiwillig in der „Vaterländischen Front" aufgegangen war. Die SPÖ sah keinen Grund, sich von ihrer Vergangenheit zu distanzieren, ja sie zehrte vom moralischen Kapital der im Februar 1934 kämpfenden Arbeiter von Wien. Freilich handelte sich die SPÖ damit auch die Fortsetzung eines Traditionsgutes ein, das bürgerliche und auch kleinbürgerliche Schichten nicht positiv ansprach. Diese relative Freiheit der ÖVP gegenüber der Vergangenheit trotz der weitgehenden Identität des Führungspersonals dieser Partei mit der des Ständestaates ist mit eine Erklärung dafür, dass sich die ÖVP so lange in der Position der Führungspartei behaupten und bei den Wahlen im November 1945 sogar die absolute Mehrheit erringen konnte.

Doch auch in der SPÖ fanden unter der Decke einer ruhmreichen Vergangenheit inhaltliche und personelle Veränderungen gegenüber der Ersten Republik statt. Die neue Führung, vor allem die beiden Parteivorsitzenden Adolf Schärf und Oskar Helmer, hatten schon in der alten Partei wichtige Funktionen bekleidet: Schärf war Klubsekretär und Bundesrat gewesen, Oskar Helmer immerhin niederösterreichischer Landeshauptmannstellvertreter. Beide waren mehr oder weniger deutlich gegen den von Otto Bauer gesteuerten Kurs gewesen. Aus dieser Vorgeschichte ergab sich wie von selbst eine ambivalente Einstellung der beiden gegenüber der Vergangenheit der eigenen Partei. Auf der einen Seite musste man gegenüber den eigenen Anhängern und im Verhältnis zum politischen Gegner die Kontinuität betonen. Ja man räumte dem aus der Londoner Emigration heimgekehrten Karl Czernetz die Sozialistische Bildungszentrale als Spielwiese ein, wo man, um die alten Genossen bei guter Laune zu erhalten, Traditionspflege betreiben und ein schal gewordenes Pseudo-Pathos pflegen konnte. Doch die Politik, die Schärf und Helmer betrieben, war dem Oppositionskurs, den Bauer in der Ersten Republik bis zum bitteren Ende betrieben hatte, diametral entgegengesetzt. Und dies nicht nur, weil die äußeren Umstände des besetzten Österreich keine andere Politik als eine Koalitionspolitik erlaubten, sondern auch weil die Partei, wie sich Schärf ausdrückte, „die wahre Staatspartei" war. Es dauerte freilich noch lange Zeit, bis sich die SPÖ, durch ein ungerechtes Wahlrecht benachteiligt, an die Spitze des Staates stellen konnte, aber in ihrem Selbstverständnis war die SPÖ von der Oppositionshaltung gegenüber dem bürgerlichen Staat denkbar weit entfernt.

Schärf und Helmer, die in Privatgesprächen, die ich und andere vor mir und gleich mir mit ihnen führen konnten, in ihrer Kritik an der alten Führung weit über das hinausgingen, was ich mir später herausnahm, hüteten sich freilich, dies öffentlich und schriftlich zu tun, um nicht den Unmut der alten Genossen zu erregen und sich der ÖVP gegenüber keine Blöße zu geben, da die Makellosigkeit der eigenen Vergangenheit und die Befleckt-heit der Gegner eine innenpolitische Trumpfkarte war, auf die man nicht verzichten wollte, ja die man bei jeder sich bietenden Gelegenheit als Talon aus dem Ärmel zog.

Kampf gegen die KPÖ und die Sowjets

Im Jahre 1945 und in den folgenden Jahren war die Abgrenzung gegenü-ber dem bürgerlichen Gegner, der zugleich Partner, und dem Partner, der zugleich Gegner war, kein existenzielles innerparteiliches Problem. Man löste dieses Problem durch die stillschweigende Arbeitsteilung zwischen einer pragmatischen Führung und einer auf einem Abstellgleis agierenden traditionalistischen Sondereinheit.

Das Problem, das die Partei existenziell am meisten betraf und dessen Lösung eine Existenzfrage für sie war, war die Abgrenzung gegenüber den Kommunisten und die Eliminierung jener, die eine Einheitsfront mit den Kommunisten bilden wollten. Und es gab 1945 und noch darüber hinaus durchaus eine Stimmung, die in diese Richtung ging. Noch lebte die Idee eines „integralen Sozialismus", die Otto Bauer vor allem in seinem Spät-werk „Zwischen zwei Weltkriegen?" beschrieb, die Idee einer Vereinigung der historisch getrennt gewesenen Brüder, in Funktionärskreisen fort. Und die KPÖ hätte natürlich nichts lieber gesehen, als unter dem Deckmantel der Arbeitereinheitsfront eine volksdemokratische Entwicklung wie in Österreichs Nachbarländern herbeizuführen. Dieser Versuchung widersetzten sich die neuen Führer von allem Anfang an. Besonders Oskar Helmer war ein geradezu fanatischer Antikommunist. Er war, wie so oft in der Geschichte, für das besondere Engagement, das er in dieser Hinsicht entwickelte, prädestiniert. Lenin wurde durch die Hinrichtung seines Bruders emotional fanatisiert, der Antikommunist Helmer wurde durch die schreckliche Bekanntschaft, die seine Verwandtschaft mit der sowjetischen Besatzungsmacht gemacht hatte, emotionalisiert. Er musste erleben, dass sein Bruder, der seine Frau gegen eine Vergewaltigung durch einen russischen Soldaten verteidigen wollte, von diesem erschossen wurde, worauf Frau und Tochter sich vor Gram selbst das Leben nahmen. Aus dieser Konfrontation mit den Befreiern Österreichs, die aber gleichzeitig auch Bedrücker waren, bezog Helmer die Stärke und Entschlossenheit, die er im Kampf gegen die Willkür und die Übergriffe der Besatzungsmacht an den Tag legte.

Helmer hielt Sonntag für Sonntag in den niederösterreichischen Gemeinden Reden, die von großem Mut zeugten und auch überaus wirksam waren, obwohl Helmer ebenso wenig wie Schärf ein begnadeter Redner war. Es war ein Mut, den auch Oscar Pollak, der aus der Londoner Emigration zurückgeholte Chefredakteur der „Arbeiter-Zeitung", durch seine schriftlichen Attacken auf die sowjetische Besatzungsmacht in seinen Leitartikeln an den Tag legte. Helmer und Pollak, Letzterer war ein schneidiger Offizier im Ersten Weltkrieg gewesen, waren die Säulen des Widerstandes gegen die Versuchung eines Zusammengehens mit den Kommunisten. Freilich hatten die zahlreichen Übergriffe der sowjetischen Besatzungsmacht selbst das Ihre dazu beigetragen, die Arbeiterschaft gegen die Kommunisten zu immunisieren, jedenfalls führten die Wahlen vom 25. November 1945 zu einer von diesen nicht erwarteten vernichtenden Niederlage, sie erreichten bloß vier Mandate und konnten sich von diesem Schlage nicht mehr erholen.

Freilich war die innerparteiliche Gefahr einer Infiltration noch nicht gebannt, erst mit der 1948 erfolgten Entfernung und dem Parteiausschluss Erwin Scharfs, der 1945 einer der Zentralsekretäre gewesen war, war den Bestrebungen einer Einheitsfront endgültig der Boden entzogen worden. Ein Beispiel dafür, dass politische Brüche nicht selten auch zu persönlichen

Katastrophen führen, dass der Bruch mit einer Partei auch zu einem Zusammenbruch der in diesen Prozess verstrickten Person führen kann, ist das des Selbstmordes der Lebensgefährtin von Erwin Scharf, Hilde Krones, die weder in der alten Partei verbleiben noch den Weg Erwin Scharfs zum Linksblock und zum Kommunismus mitmachen konnte und wollte.

Oskar Helmers Bestreben blieb es für geraume Zeit, die Polizei und den Sicherheitsapparat von kommunistischen Parteigängern zu säubern, der Höhepunkt dieser Aktionen war die Absetzung bzw. Versetzung des kommunistischen Sicherheitsdirektors Hofrat Heinrich Dürmayer und die Berufung des später legendär gewordenen Josef Holaubek zum Wiener Polizeipräsidenten im September 1947. Es war kein Kampf gegen Windmühlen, den Helmer führte, die Gefahr, dass sich die Kommunisten mit Hilfe der Polizei der Gewalt bemächtigten, war nicht von der Hand zu weisen.

Helmer war für alle Linken in der Partei, die sich noch am Parteitag 1947 mit einer „Resolution der 44" zu Wort gemeldet hatten, aber eine Abfuhr erleben mussten, ein rotes Tuch. Helmer verhinderte auch, dass Personen, die zwar keine kommunistischen Mitläufer waren, aber die Bauer'schen Ideen des „integralen Sozialismus" weitertrugen, Mandate und Einfluss in der Partei erlangten. Einer, der von dieser Fernhaltetaktik von Personen, die eine Art Sicherheitsrisiko darstellten, betroffen war, war der aus der schwedischen Emigration zurückgekehrte Josef Hindels. Hindels war ein glänzender, aber von Geifer und Hass erfüllter Redner, der vor allem auf Jugendliche, auf politisch Halbwüchsige und Halbgebildete, Einfluss hatte. Hindels war ein spartanisch und anhanglos lebender Einzelkämpfer und Fanatiker, der an der Idee des „integralen Sozialismus" festhielt. Er hatte in der von Schärf und Helmer dominierten Partei keine seinen Fähigkeiten entsprechende Position und fand bei dem ebenfalls asketischen Privatangestelltengewerkschaftsführer Friedrich Hillegeist als Zentralsekretär Unterschlupf.

Er gab sich bis zuletzt der „tragischen Illusion", wie der Biograph Otto Bauers, Julius Braunthal, Bauers Hoffnung auf eine Wiedervereinigung von Sozialdemokratie und Bolschewismus bezeichnete, hin. Er machte sich in seinen Vorträgen des Öfteren über Karl Kautsky lustig, der die russische Revolution von 1917 ablehnte, und nannte ihn einen „Oberlehrer mit erhobenem Zeigefinger", der der Revolution Vorschriften erteilen wollte. Hindels, der im Februar 1990 starb, musste noch den Zusammenbruch des

Kommunismus und der damit verbundenen Illusionen eines „integralen Sozialismus" erleben, der „Oberlehrer" Kautsky, der den Bolschewismus von allem Anfang an abgelehnt und ihm ein schlechtes Ende prophezeit hatte, hatte gegen Bauer und Hindels, die auf den Zusammenbruch des Kapitalismus gesetzt und gewartet hatten, gewonnen. Die SPÖ war jedenfalls gut beraten, der ad absurdum geführten Linie der „integralen Sozialisten" zeitgerecht eine Absage zu erteilen. Es gibt zwar keinen gesellschaftlichen Automatismus, aber ökonomische und historische Grenzen, die man auf die Dauer nicht ungestraft übertreten darf.

Schärf, Helmer und die Emigranten

Ein Kapitel der Parteigeschichte, das die Nachkriegszeit und die Periode bzw. die Persönlichkeiten von Adolf Schärf und Oskar Helmer berührt, ist das des Umganges der neuen Führer mit den Emigranten der alten Partei. Im Gegensatz zu Deutschland, wo zurückgekehrte Emigranten hochwillkommen waren und in der Person von Willy Brandt sogar an die Spitze von Partei und Staat gelangten, verhielt es sich in Österreich anders.

Zum Vorteil für die neue Parteiführung kamen die beiden profiliertesten Politiker der alten Partei, nämlich Otto Bauer und Robert Danneberg, nicht mehr zurück, sie waren inzwischen gestorben bzw. ermordet worden. Wäre Otto Bauer noch am Leben gewesen und zurückgekehrt, hätte sich meines Erachtens eine Diskussion über den Kurs der alten Partei und dessen Beitrag zur Niederlage nicht vermeiden lassen. Dann wäre die von mir schon skizzierte Arbeitsteilung zwischen den herrschenden Pragmatikern und den austromarxistischen Rest-Romantikern nicht so ohne weiteres möglich gewesen. Über den Ranghöchsten der Zurückgekehrten, Julius Deutsch, wird noch ausführlich berichtet werden, er musste, wenn auch mit einer zeitlichen Verschiebung von über zehn Jahren, den Konflikt zwischen alter und neuer Partei, dem man jahrelang aus dem Wege gehen wollte, ausbaden.

Was die übrigen Emigranten anbelangt, hatten Schärf und Helmer keine Eile, sie zurückzuholen. Bei Wilhelm Ellenbogen war das bereits hohe Alter ein willkommener Vorwand. Bei anderen, wie dem Finanzreferenten des „Roten Wien", Hugo Breitner, empfahl sich der Hinweis auf die tristen

Lebensverhältnisse in Österreich als Hinderungsgrund. Einer der wenigen, der tatsächlich zurückgeholt und in seine alten Rechte als Chefredakteur der „Arbeiter-Zeitung" nach einem kurzen Zwischenspiel von Heinrich Schneidmadl in dieser Funktion eingesetzt wurde, war Oscar Pollak, jener Oscar Pollak, den Karl Kraus nach seiner Bestellung in der „Fackel" mit den Grußworten „Die Arbeiter-Zeitung ist auf den Pollak gekommen, und das ist ihr Austerlitz" kommentierte. Die Feindschaft zwischen diesen beiden beruhte auf Gegenseitigkeit und hielt nach dem Eintreten von Karl Kraus für Dollfuß erst recht an.

Mit Oscar Pollak, besser vor ihm, kam seine Frau Marianne, die ihm 1963 freiwillig in den Tod folgen sollte, nach Wien und begann eine politische Karriere als Parlamentarierin. Ein Brief unmittelbar nach der Ankunft in Wien, der mit dem 22. November 1945 datiert ist und in einer Dokumentation des „Vereins für die Geschichte der Arbeiterbewegung" 2006 veröffentlicht wurde und der an die noch in London weilenden Kampfgefährten Karl Hans Sailer, Otto Leichter und Jacques Hannak adressiert war, enthält den folgenden aufschlussreichen Passus: „[…] Schärf und Helmer sind bewusste Antisemiten, die beide mit ihrer Rührigkeit und ihrem Ehrgeiz auch sehr darauf achten, keine Talente hereinzubekommen." In besagtem Brief machte Marianne Pollak den Angeschriebenen Mut, nach Österreich zurückzukommen, raubte ihnen aber gleichzeitig die Illusion, von den nunmehrigen Verantwortlichen mit offenen Armen aufgenommen zu werden. So heißt es gegen Ende dieses Briefes, der ein Dokument der innerparteilichen Situation 1945, aber auch der folgenden Jahre darstellt: „Aber den Klüngel der heute Herrschenden habt ihr im Zweifel gegen Euch und wie ich glaube, ausnahmslos." Dieser mehr als deutlichen Charakterisierung fügte sie aber aufmunternd hinzu: „Nun steh ich auf dem Standpunkt: erst recht darum müßt ihr kommen."

Diese vertraulichen Mitteilungen sind starker Tabak und dürfen nicht wörtlich und als eine eins zu eins übernehmbare Darstellung der Situation gewertet werden. Sie zeugen aber davon, dass es zwischen den im Land Verbliebenen und den wenigen Zurückgekehrten eine gespannte, um nicht zu sagen frostige Situation gab. Aber man muss auf der Seite Marianne Pollaks auch eine gewisse Überempfindlichkeit in Rechnung stellen. Denn mit dem Antisemitismus Adolf Schärfs konnte es nicht so weit her sein, führte er doch vor 1938 mit dem jüdischen Kollegen Arnold Eisler eine gemeinsame Rechtsanwaltskanzlei. Oskar Helmer konnte man schon eher als einen Antisemiten bezeichnen: Er war der in Privatgesprächen geäußerten Meinung, dass der starke Anteil von Juden an der Führung der alten Partei, vor allem in der Person von Otto Bauer, entscheidend zur Unbeliebtheit und zur Niederlage der Partei beigetragen habe. Er war denn auch skeptisch gegenüber dem schon zu seinen Lebzeiten absehbaren Aufstieg Bruno Kreiskys und meinte in diesem Sinne: „Will man wirklich wieder einen Juden an der Spitze der Partei haben? War ein Otto Bauer nicht schon genug?" Mit dieser Parallelisierung behielt Helmer gründlich Unrecht, so Recht er mit seiner Kritik an Otto Bauer behalten hatte. Allerdings tat Kreisky alles, um seine jüdische Herkunft vergessen zu machen und integrierte ehemalige Nationalsozialisten in die Partei, ja sogar in die Regierung. Die ÖVP hätte sich eine solche faktische Rehabilitierung von zum Teil hochrangigen Ehemaligen nie erlauben können. Kreisky aber konnte es sich leisten, eine solche Befriedungspolitik zu betreiben, überspitzt gesagt, wurde er dabei auch von den Ehemaligen und erst recht von der Masse der Wähler als „Ehrenarier" behandelt, diese gab es schließlich sogar in Ausnahmefällen im Dritten Reich. Franz Kreuzer weiß zu berichten, dass er als junger Reporter der „Arbeiter-Zeitung" des Öfteren ins Innenministerium zu Helmer gegangen sei, um von ihm Stoff für seine Geschichten zu erhalten. Am Ende dieser zahlreichen Gespräche stand meist die Frage Helmers: „Und wie geht es den Juden in der Wienzeile?"

Doch als Julius Raab einmal mit einer leicht antisemitischen Attacke von der SPÖ als „der roten Pollakei" sprach und damit den großen Einfluss, den Pollak in der Partei hatte, ansprach, rückte Helmer aus, um Pollak zu verteidigen, waren die beiden doch durch den gemeinsamen Kampf gegen die Sowjets verbunden gewesen und geblieben, einen Kampf, der besonderen Mut erforderte, wussten die beiden doch nicht, ob es ihnen eines Tages nicht so ergehen würde wie der unglücklichen Margarethe Ottilinger, die gleich anderen nach Russland verschleppt wurde.

Da die Exponenten des alten Parteikurses oft auch jüdischer Herkunft waren, ist es im Einzelfall schwer zu entscheiden, ob die Ablehnung einer bestimmten Person auf das Konto des Antisemitismus oder der politischen Differenz ging. Einer der von Marianne Pollak in dem zitierten Brief Angesprochenen war Otto Leichter, der in der Ersten Republik ein enger Mitarbeiter Otto Bauers gewesen war. Ihm, der im Vertrauen auf eine seinen Fähigkeiten entsprechende Verwendung nach Wien zurückkam, zeigte die

Partei die kalte Schulter. Das Ausmaß der Verbitterung so übergangener Persönlichkeiten konnte ich unfreiwillig und unvorhergesehen selbst erfahren. Als ich 1964 das schon erwähnte Buch „Werk und Widerhall" herausgab und in der Auswahl der Persönlichkeiten als auch der Autoren freie Hand hatte, lud ich auch Otto Leichter ein, um über seine ermordete Frau Käthe und über den Kurzzeitobmann der Revolutionären Sozialisten, Karl Hans Sailer, zu schreiben. Leichter nahm diese Einladung an und lieferte die Manuskripte, die dann natürlich auch veröffentlicht wurden, ab. Post festum aber schrieb mir Leichter einen bitterbösen Brief, in dem er sich beklagte, dass ich ihn nur für würdig befunden hätte, über Käthe Leichter und Karl Hans Sailer, nicht aber über Otto Bauer, dem er so nahe stand, zu schreiben. Er warf mir allen Ernstes vor, mit dieser Versetzung in die Zweitrangigkeit die „Diskriminierungspolitik" fortgesetzt zu haben, die die Partei an ihm begangen habe. Ich war fassungslos angesichts dieses Vorwurfes, denn ich hatte den Beitrag über Otto Bauer ebenfalls einem jüdischen Emigranten, nämlich Julius Braunthal, anvertraut, der aber das Glück hatte, in der Sozialistischen Internationale Karriere zu machen. Aus diesem Detail kann man ersehen und nachfühlen, welche Verletzung die nicht wieder zum Zug gekommenen Emigranten über die ihnen zuteil gewordene Behandlung empfunden haben.

Schärf und Helmer waren ausgeprägte Persönlichkeiten mit Stärken und mehr oder minder starken Schwächen, die sich auch in ihrer politischen Tätigkeit auswirkten. So war Schärf ein sehr korrekter, aber auch kleinlicher und nachtragender Mensch, dessen gutes Gedächtnis gefürchtet war. Er war auch Tratschgeschichten nicht abgeneigt, sondern zugetan und konnte sich, wie weiland der gute Kaiser Franz, von den „Naderern", die in den Kaffeehäusern Gerüchte aufschnappten, Wissenswertes berichten lassen. Er war auch ein bekanntes Lästermaul, das gerne Gschichterln über zu ihm Kommende erzählte, besonders gerne über denjenigen, der eine Audienz bei ihm gerade hinter sich hatte, zu demjenigen, der ihm nachfolgte. Dieser konnte sich ausrechnen, dass der, der als Nächster an der Reihe war, Abfälliges über ihn selbst zu hören bekommen würde.

Schärf schreckte auch nicht davor zurück, sich in das Privatleben seiner Mitarbeiter, wo es der Partei wider den Strich ging, einzumischen, meist mündlich, aber auch schriftlich. So stellte er untreue Ehemänner, die mit Scheidung drohten oder sonstwie ausscherten, vor die Alternative „Mandat oder Freundin". Er fühlte sich für das Leben der Partei insgesamt verantwortlich und hielt auf Anstand und Ordnung. Aus einem unveröffentlichten Briefwechsel mit dem Bundespräsidenten Theodor Körner geht zum Beispiel hervor, dass er, der später selbst Bundespräsident werden sollte, sich gegen Einmischungen des amtierenden Präsidenten wehrte, seinerseits aber auch in die Sphäre des amtierenden Präsidenten eingriff, so, wenn er Körner Vorhaltungen machte, weil dieser offiziell mit seiner Lebensgefährtin auftrat. Als der Obmann des BSA, der Rechtsanwalt Wilhelm Rosenzweig, in eine Schärf zu luxuriös erscheinende Villa einzog, warnte und maßregelte ihn dieser, der selbst bescheiden war und als Bundespräsident in seiner Wohnung in der Skodagasse verblieb.

Bei allen Schwächen – Schärf und Helmer waren Ehrenmänner der alten Schule, für die die Großmannssucht späterer Politikerkollegen unvorstellbar war. So erzählte mir die Nichte Helmers, die mit ihrem in der verstaatlichten Industrie tätigen Mann in der Alserstraße 32 wie ich mit meinen Eltern wohnte, Olga Reichl, dass man Helmer geraten habe, sein einfaches Haus in Oberwaltersdorf doch gegen ein repräsentativeres zu tauschen. Helmers kolportierte Antwort lautete: „Ich denke nicht daran, den Menschen, unter denen ich aufgewachsen bin, eine teure Villa vor die Nase zu setzen. Und wem es bei mir zu bescheiden ist, der braucht mich ja nicht zu besuchen." Diese noble Zurückhaltung ist, von rühmlichen Ausnahmen abgesehen, heute von einer Gier im Großen und im Kleinen abgelöst worden, der jeder „Genierer" fremd ist. Ich erinnere mich in diesem Zusammenhang an meinen väterlichen Freund und Mentor, den Ministerkollegen Helmers Alfred Migsch, der sich nach seiner Pensionierung als Parlamentarier von der Abfertigung eine Reihenhäuschen in Bad Ischl kaufte, wo ich ihn wiederholt besuchte. Er erzählte mir, dass er beim Kauf dieses Wohnsitzes auf eine gewisse Vergünstigung verzichtet habe, um nicht den Argwohn seiner Umwelt zu erregen. Heute gehen die meisten Politiker in der Ausnützung der ihnen zugänglichen Vorteile meist so weit wie nur möglich.

Freilich können auch die guten Eigenschaften, die den damaligen Politikern eigen waren, nicht darüber hinwegtäuschen, dass Politiker auch damals ihr Handwerk verstanden und sich verstellten, wo es ihnen passend erschien. So hat, wie ich herausgefunden habe und mir der Pressereferent Helmers, Ernest Czerny, bestätigte, Helmer als niederösterreichischer Landespolitiker, der er schon in der Ersten Republik war, seinen burgenlän-

dischen Geburtsort Gattendorf durch eine leichte Korrektur in das niederösterreichische Tattendorf, einen bekannten Weinort in der Nähe Badens,
verwandelt, um seine burgenländische Herkunft vergessen zu machen.

Schärf und Helmer waren jedenfalls, nimmt man alles nur in allem, ganz
besondere Persönlichkeiten, die über ein Jahrzehnt zusammenwirkten, bis
dieses Tandem 1957 daran zerbrach, dass die SPÖ nicht Oskar Helmer, sondern Adolf Schärf als Bundespräsidentschaftskandidaten in der Nachfolge
Theodor Körners aufstellte und auch mit Erfolg belohnt wurde, obwohl die
ÖVP bereit gewesen wäre, bei Abgehen von der Volkswahl Helmer als gemeinsamen Kandidaten zu akzeptieren. Es sollte sich wieder einmal herausstellen, dass es in der Politik keine Freundschaft von Dauer gibt.

Ich darf mich glücklich schätzen, im Besitze eines Briefes zu sein, den
Oskar Helmer am 5. Februar 1963 als Antwort auf die Zusendung meines
kurz zuvor erschienenen Erstlingswerkes „Begegnung und Auftrag – Bei-
träge zur Orientierung im zeitgenössischen Sozialismus" an mich absandte.
Am 13. Februar starb Helmer in seinem Haus in Oberwaltersdorf. Dieser
Brief zeugte nicht nur von Sympathie und Wohlwollen für meine Person,
sondern beweist auch, dass Helmer bis zuletzt, wenn auch körperlich geschwächt und dem Tode nahe, im Vollbesitz seiner geistigen Kräfte war.
In diesem Brief bekannte sich Helmer dazu, 1949 den „Verband der Unabhängigen" gefördert zu haben, um die absolute Mehrheit der ÖVP zu
brechen, was auch tatsächlich gelang. Was Helmer freilich verschwieg, ist
der Umstand, dass die SPÖ ebenso viele Mandate verlor wie die ÖVP und
dass damit der Weg zum Zweiparteiensystem, das z. B. Oscar Pollak in der
„Arbeiter-Zeitung" in einem Leitartikel vom 24. Oktober 1954 andachte,
verbaut wurde. Nach diesem Artikel kam es im Parteivorstand der SPÖ
zu einer Debatte, in der Helmer gegen den Vorstoß Pollaks loszog. Auch
in diesem Brief spielte er auf diese Kontroverse an. Helmer brachte in seinem Brief auch zum Ausdruck, dass er keine „Gefahr von rechts" sehe. Er
meinte dazu lapidar: „Daß es im Lande Narren gibt, die alles vergessen und
nichts dazugelernt haben, ist leider eine Tatsache. Diese Narren im Schach
zu halten, ist eine polizeiliche Angelegenheit, nichts mehr."

Trotz verbleibender Einschätzungsdifferenzen, die zwischen uns bestanden, war Helmer von meinem Buch sehr angetan und schloss den Brief
an mich, der auch ein Abschiedsbrief war, mit den ermutigenden Worten:
„Jedenfalls freue ich mich sehr über Ihre politische und schriftstellerische

Agilität und wünsche aufrichtigst, daß Ihnen viel Erfolg bei Ihrer Arbeit im Interesse unserer großen Sache beschieden sein möge."

Noch ein Beitrag aus der Feder Oskar Helmers, der fünf Tage vor seinem Tode geschrieben wurde und erst postum in der sozialistischen Betriebszeitung „Welt der Arbeit", und zwar unter dem Titel „Berührung mit der Erde", erschien, verdient als sein Vermächtnis in Erinnerung gebracht zu werden. Die Besorgnisse, die Helmer in diesem Artikel aussprach, waren nicht unbegründet, er sah voraus, warnte aber gleichzeitig davor, dass die Vertrauensbasis zwischen Führung und Anhängern verloren gehen könne, wenn er ausführte: „Niemand soll vergessen, daß alles Hohe von unten heraufwächst. Wenn der Untergrund schwankt, stürzt das, was sich auf ihm erhebt. Es gibt eine Sage, die von einem Riesen handelt, der bisweilen ganz auf dem Boden liegen muß, um durch Berührung mit der Erde seine Kraft zu erneuern. Das ist ein gutes Gleichnis für jene, die ihren Einfluß und ihre Geltung hauptsächlich jenen verdanken, die ihnen von unten her, von den Massen ihrer Wähler zuströmen.

Wenn die Arbeiterbewegung, die nur durch festen Zusammenhalt im Zeichen einer großen Idee groß geworden ist, groß bleiben soll, dann muß das Vertrauensverhältnis zwischen den Mitgliedern der Partei, zwischen Wählern und Gewählten ungetrübt bleiben. In einer freien Welt sind Macht und Größe der Ausdruck von Vertrauen und Glauben. Gute Parteitaktik und Parteistrategie verspricht nur dann Erfolg, wenn sich Taktiker und Strategen auf Glauben und Vertrauen der Parteianhänger stützen können."

Heute, wo diese Vertrauensbasis weitgehend abhanden gekommen ist, muten die von Helmer geäußerten Befürchtungen geradezu prophetisch an. Schon in einem zu Helmers Nachlass im Parteiarchiv gehörigen Brief an den steirischen Parteiobmann vom 1. Jänner 1957 klang Helmer pessimistisch, wenn er Folgendes bekannte: „Weißt Du, lieber Machold, wenn man aus seiner Haut heraus könnte, ich würde mir schon lieber die künftige Entwicklung als Zaungast ansehen. Aber kann man das? Es sind ja ohnehin nur ein schwaches Dutzend von Genossen, die als Mahner auftreten, damit nicht zerstört wird, was so mühsam aufgebaut wurde."

Es war damals schon absehbar, dass die Partei und ihre Exponenten die gute Sache nicht unbeschädigt weitertragen würden. Das Ausmaß der Entfremdung und Entartung konnte freilich auch ein Oskar Helmer nicht voraussehen.

XIII. Kapitel
Der Fall Julius Deutsch(s)

Wenn ich im Folgenden den Fall Julius Deutsch der Vergessenheit, in die er versunken ist, entreiße, so aus vier Gründen, die ich einleitend darlegen möchte. Obwohl dieser Fall, in dem Schärf und Helmer einträchtig zusammenwirkten, die beiden von ihrer hässlichsten Seite zeigt, darf er doch nicht verschwiegen werden, weil er gleichzeitig etwas über die sich in diesem Fall manifestierende Parteiräson aussagt. Zweitens spielt in diesem Fall der Verdacht der falschen Zeugenaussage eine Rolle, ein Verdacht, wie er auch Jahrzehnte später gegenüber burgenländischen Abgeordneten, darunter den ehemaligen Bundeskanzler Fred Sinowatz, aufkam und zu deren gerichtlicher Verurteilung in Zusammenhang mit der Waldheim-Affäre führte. Drittens stand in diesem Fall auch der Verdacht der Parteienfinanzierung durch öffentliche Unternehmungen im Raum, ein Verdacht, der viele Verfahren bis hin zum BAWAG-Prozess begleitete, auch wenn er nicht nachgewiesen werden konnte. Schließlich hat die Beziehung, die ich mit Julius Deutsch in der Spätphase seines Lebens entwickelte, etwas mit meinem persönlichen wissenschaftlichen Durchbruch zu tun, wie sich mein Leben überhaupt ohne mein besonderes Zutun in die Parteigeschichte gefügt hat. Insgesamt Gründe genug, um den Fall Deutsch mit all seinen Implikationen ins Bewusstsein der Nachgeborenen zu rücken. Ich bediene mich bei dieser Rekonstruktion meiner persönlichen Begegnungen mit Julius Deutsch und der Informationen, die ich aus seinem Munde erhalten habe, als auch der mir zugänglich gewordenen Unterlagen. Erst beide zusammen ergeben ein einigermaßen vollständiges Bild einer Affäre, die in ihrer Vielschichtigkeit in der Parteigeschichte ihresgleichen sucht und nur noch vom Fall Olah an Dramatik überboten wird. Mit dem Fall Deutsch – Fall im doppelten Sinn des Wortes – ist die letzte wackelige Brücke, die zwischen der alten und der neuen Partei bestand, zum Einsturz gekommen bzw. zum Einsturz gebracht worden.

Doch der Reihe nach. Mein Tagebuch vermerkt, dass ich Julius Deutsch am 5. November 1964 bei einem Vortrag kennen lernte, den Deutsch in einem sozialistischen Studentenheim in der Säulengasse hielt, einem Studentenheim, das nach dem hingerichteten Februarkämpfer Georg Weissel benannt war. Nach dem Vortrag ging ich auf ihn zu. Als er erfuhr, dass ich der Neffe von Landeshauptmann Dr. Ludwig Leser bin, taute der schon über achtzig Jahre alte, aber lebendig und rosig wirkende Greis auf und lud mich in seine Wohnung in der Himmelstraße 41 ein. Der Name Leser hatte in seinen Ohren einen sehr guten und vertrauten Klang. Mein Onkel hatte ihm gleich nach seiner Rückkehr einen schönen Empfang im Burgenland bereitet, das auch die Heimat des aus Lackenbach stammenden Gastwirtssohnes Deutsch war. Der Wunsch, wieder als Mandatar Fuß zu fassen, konnte freilich nicht erfüllt werden. Julius Deutsch, der Obmann des Republikanischen Schutzbundes gewesen war, hing die Niederlage des 12. Februar 1934 nach, der von ihm und Bauer zwar als später Erfolg ihrer Erziehungsarbeit reklamiert wurde, eine Version, die aber von den damals Kämpfenden und auch nach 1945 nicht akzeptiert wurde. Außerdem waren noch Fotos in Erinnerung, auf denen Deutsch mit einer Schlinge um den Arm zu sehen war. Die Verletzung wurde als eine im Kampf erlittene ausgegeben, eine Version, der die Zeitgenossen und Nachgeborenen auch nicht folgten. Unbestätigten Gerüchten zufolge soll sich Deutsch die Verletzung entweder selbst zugefügt oder beim Überschreiten der tschechischen Grenze zugezogen haben. Ich selbst vermied es, ihn mit diesen mir bekannten Gerüchten zu konfrontieren, um ihn nicht in Verlegenheit zu bringen und ihn nicht zu zwingen, entweder die Wahrheit zu sagen oder zu Ausreden Zuflucht zu nehmen. Was er mir aber selbst über die fraglichen Tage erzählte, war, dass er, hinter einem Vorhang in der Wohnung eines Genossen versteckt, nur knapp der Verhaftung entgangen sei.

Als Höchstrangiger unter den von der alten Partei nach Österreich Zurückgekehrten hatte er zunächst die Funktion einer lebenden Brücke, eines personifizierten Anknüpfungs- und Bezugspunktes zwischen Alt und Neu. Man trug dieser Funktion und Einzigartigkeit auch Rechnung und betraute ihn mit durchaus ehrenvollen und auch inhaltlich wichtigen Aufgaben. So war er seit 1946 als eine Art internationaler Sekretär der Partei tätig und gehörte auch dem Parteivorstand an. Von diesem Parteivorstand wurde er denn auch zum Vorsitzenden einer Kommission bestellt, die das im Oktober 1947 am Parteitag beschlossene Aktionsprogramm, die Vorstufe eines neuen Parteiprogramms, das erst 1958 zustande kommen sollte, vorbereitete. Als außenpolitischer Referent erstattete er auf diesem Parteitag auch einen Bericht zum Thema „Österreich und die Welt" und setzte sich im Laufe dieses Referates für die Neutralität ein, die seit dem Artikel, den Bundespräsident Karl Renner in der „Wiener Zeitung" vom 1. Jänner 1947 veröffentlichte, zur offiziellen Marschroute der österreichischen Politik im Kampf um die Unabhängigkeit war, obwohl später, vor allem von Seiten Oskar Helmers, Bedenken gegen die Neutralität und das Verlassen der Westbindung Österreichs auftauchten und sogar noch bei den Staatsvertragsverhandlungen eine Rolle spielten.

Die Aufgaben, die Deutsch übertragen wurden, hatten also durchaus Format und Gewicht, entsprechend seiner Persönlichkeit, der man bei aller Kritik an seinen Schwächen, unter denen insbesondere seine Eitelkeit hervorstach, Größe zubilligen musste. Schließlich wurde Deutsch auch die Führung der „Konzentration", einer Dachgesellschaft aller sozialistischen Verlags- und Druckunternehmen, allen voran des „Vorwärts", übertragen. Deutsch ging am 1. Jänner 1952 als Leiter des Zentralverlages in den Ruhestand und erhielt nur eine verhältnismäßig kleine Pension, so dass er gerne die Gelegenheit wahrnahm, ein Zubrot als Konsulent der Länderbank, Dr. Franz Landertshammer war deren Generaldirektor, zu erhalten. Dieser Umstand sollte ihm in weiterer Folge zum Verhängnis werden.

Wurde sein 65. Geburtstag im Februar 1949 parteioffiziell noch gebührend gefeiert und noch Anfang der Fünfzigerjahre ein Gemeindebau in seinem Wohnbezirk Döbling nach ihm benannt, so wendete sich das Blatt langsam, aber sicher. Schon sein unfreiwilliges Ausscheiden aus der Führung der Verlagsunternehmungen erfolgte unter unschöner Begleitmusik. Die in einem Schreiben vom 6. April 1951 gegen Deutsch und seine Betriebsführung von Schärf erhobenen Vorwürfe klingen an den Haaren herbeigezogen. Deutsch versuchte in einem an die Parteivertretung gerichteten Schreiben vom 6. April 1951 die Anschuldigungen zu entkräften und als bloße Formfehler darzustellen. Doch der gute Wille auf Anhörung des Beschuldigten war seitens Schärfs und Helmers nicht mehr vorhanden. Schon lange hatten sich bei den beiden Wolken des Unmuts zusammengebraut, die nach einer Entladung drängten. Hatte man sich Deutschs so lange als Mittelsmannes bedient, als man ihn brauchte, wurde er beiden, als er seine

Schuldigkeit als Mohr getan hatte, lästig. Auch persönliche Animositäten spielten in diesem Prozess der Ablösung und Abstoßung eine Rolle. So bestand die Aufgabe Deutschs als internationaler Sekretär auch darin, die im Ausland weitgehend unbekannten nunmehrigen Größen vorzustellen. Dabei kam es zu Zurücksetzungen der neuen Größen zugunsten des noch immer sehr bekannten Julius Deutsch. So erzählte er mir, dass er 1948 mit einigen führenden Genossen, darunter auch Karl Waldbrunner, zu Leon Blum nach Paris gefahren sei. Bei dem Dinner, das zu Ehren der österreichischen Delegation gegeben wurde, saß Deutsch gleich neben Leon Blum, die anderen mussten mit minderen Plätzen vorlieb nehmen. Man soll die Bedeutung solcher Protokoll- und Sitzfragen nicht unterschätzen, die Parteifama weiß zu berichten, dass selbst zwischen Renner und Seitz wegen einer Staatsloge im Burgtheater, die beide beanspruchten, Verstimmung geherrscht habe.

Alles in allem: Das Verhältnis zwischen Schärf und Helmer auf der einen und Julius Deutsch auf der anderen Seite war anhaltend gespannt. Deutsch und seine Frau erzählten mir, dass Schärf und Helmer in den ersten Jahren Tag für Tag in aller Früh angerufen und um Rat ersucht hatten, dass aber diese Anrufe später zwar seltener, dafür aber inhaltlich immer unerquicklicher wurden, so dass Deutsch von einem „wahren Martyrium", dem er sich ausgesetzt sah, sprach.

Es wäre aber vielleicht trotz allem nicht zum vollständigen Bruch gekommen, wenn es nicht im September 1952 zu einem Gerichtsverfahren gekommen wäre, bei dem und mit dem viel für die Partei auf dem Spiele stand. Um die Bedeutung dieses Prozesses ermessen zu können, muss man den Hintergrund, den diese höchst delikate Sache hatte, skizzieren. Die SPÖ war durch den „Vorwärts" als Aktionär, der einen beträchtlichen Teil des Kapitals beherrschte, an der Papierfabrik Steyermühl beteiligt. Der Generaldirektor Landertshammer, der für die finanzielle Gebarung dieses Unternehmens verantwortlich war, ging mit der Behauptung in die Öffentlichkeit, dass die sozialistischen Mitglieder des Aufsichtsrates, vor allem der sozialistische Parteivorsitzende Dr. Adolf Schärf und sein Stellvertreter Oskar Helmer, die Zahlung von zwei Millionen Schilling aus den Gewinnen des Unternehmens unter Umgehung des Aufsichtsrates und der anderen für die Finanzgebarung zuständigen Organe verlangt und die Zustimmung zu Investitionen zum Ausbau des Unternehmens von dieser Zahlung abhängig gemacht hätten. Als die „Neue Wiener Tageszeitung" der ÖVP diese Behauptung Landertshammers abdruckte und der „Vorwärts" eine Entgegnung erzwang, klagte das ÖVP-Blatt den „Vorwärts" und bot im Rahmen eines Presseprozesses den Wahrheitsbeweis an.

Im Rahmen dieses hochpolitischen Prozesses kam es zu einer Gegenüberstellung zwischen Generaldirektor Franz Landertshammer und Schärf bzw. Helmer, bei der beide Seiten bei ihren Aussagen blieben. Schärf und Helmer behaupteten, dass sie nicht das Ansinnen der Zahlung der Millionensumme an die Parteikasse gestellt, sondern lediglich einen Rabatt verlangt hätten, wie es für einen Aktionär und Kunden dieser Größenordnung branchenüblich sei. Auch stellten die beiden Politiker in Abrede, ein Junktim zwischen der Zustimmung zu Investitionen und der angeblich begehrten Zahlung hergestellt zu haben, sondern dass sie aus rein sachlichen Gründen Bedenken gegen zu weit gehende Investitionen gehabt hätten. Im Verlaufe dieser Aussagen und Konfrontationen kam es auch zu Unbeherrschtheiten, die die gereizte Stimmung aller Beteiligten und die Bedeutung dessen, was auf dem Spiele stand, widerspiegelten. So rief Helmer Landertshammer erregt die Worte „Sie sind ein Verräter!" zu und steckte die wegen dieser Äußerung erteilte Rüge des Vorsitzenden der Verhandlung stillschweigend ein.

Auch Julius Deutsch wurde in seiner früheren Eigenschaft als Aufsichtsratsvorsitzender der Steyrermühl als Zeuge einvernommen und bestätigte die Darstellung Landertshammers, ja unterbaute sie mit konkreten Hinweisen, aus denen hervorging, dass stets nur von Zahlungen und nie von Rabatten die Rede gewesen sei. Auf die Frage des sozialistischen Parteianwalts Dr. Wilhelm Rosenzweig, ob er Konsulent der Länderbank sei und diese Tätigkeit der Freundschaft mit Landertshammer verdanke, antwortete Deutsch bejahend und fügte, gleichsam als Draufgabe und Fleißaufgabe, noch hinzu, dass er auf die Freundschaft mit Landertshammer und seiner Frau stolz sei. Mehr hatte er nicht gebraucht. Mit dieser demonstrativen Solidarisierung mit einem „Verräter" und „Parteifeind" hatte er seinen Gegnern eine willkommene Handhabe, gegen ihn parteiintern vorzugehen, geliefert.

Der schon einmal im Zusammenhang mit der luxuriösen Villa, die den Unmut Schärfs erregte, genannte Dr. Rosenzweig verdient einen kleinen Einschub. Denn dieser Dr. Rosenzweig war nicht nur der in alle Machenschaften der Partei eingeweihte und sie juristisch absichernde Rechtsvertreter, der auch im Prozess gegen Franz Olah eine unrühmliche Rolle spielen sollte, er war auch der Langzeitobmann des BSA unter dem Präsidenten Karl Waldbrunner. Mit seinem prononciert jüdischen Namen war er ein idealer Deckmantel für die Rehabilitierung ehemaliger Nationalsozialisten, die der weißen Weste der Partei „braune Flecken" zufügten. Unter diesen pardonierten Ehemaligen hat der auf der Baumgartner Höhe tätige und in das Euthanasieprogramm der Nazizeit eingebundene Primarius Dr. Gross eine traurige Berühmtheit erlangt. Was Kreisky später für die Gesamtpartei tat, tat Rosenzweig für den Bereich der sozialistischen Akademiker: mit Hilfe der eigenen jüdischen Herkunft vergessen zu machen, dass sich hocharische Exponenten des Tausendjährigen Reiches unter den Fittichen der Partei bzw. des Bundes wieder ausbreiten konnten.

Doch zurück zur Hauptperson Julius Deutsch. Die gegen ihn aufgestaute Wut entlud sich nun in voller Schärfe. Nicht nur Schärf und Helmer, sondern auch jüdische Emigranten wie er selbst, so Oscar Pollak in der „Arbeiter-Zeitung" und Jacques Hannak, fielen nun von ihm ab, ja sie fielen über ihn her. Offiziell wurde dementiert, dass Deutsch wegen seiner Zeugenaussage, die ja unter Wahrheitspflicht erfolgt war, sondern wegen „Solidarisierung mit einem Parteifeind" belangt werde. Doch gerade dieses Dementi war verräterisch, denn in Wirklichkeit traf seine bestätigende Aussage, dass es sich bei der verlangten Summe um eine Parteienfinanzierung handle, einen Nerv der Partei, den berühmten „nervus rerum", das liebe Geld. Die Stimmung, die vor allem von Helmer angeheizt wurde, war so erregt, dass es im Parteivorstand sogar zum Beschluss kam, Deutsch aus der Partei auszuschließen, jedoch wurde diese Drohung unter dem Eindruck zahlreicher Proteste und Interventionen zurückgezogen. Der Versuch Deutschs, sich vor einem Schiedsgericht zu verantworten und rehabilitieren zu können, schlug aber fehl, der eingeschriebene Brief, mit dem er, wie er mir gegenüber erklärte, um Einsetzung eines Schiedsgerichts ersuchte, wurde nie beantwortet. Dies änderte nichts daran, dass Deutsch fortan eine Unperson war.

Bevor ich auf die unappetitlichen Weiterungen eingehe, die dieser Fall nach sich ziehen sollte, sei vermerkt, dass sich die SPÖ in dieser *causa* nicht wie eine offene, den Rechtsstaat respektierende Partei, sondern wie eine geschlossene Gesellschaft gegenüber einem unbotmäßigen Angestellten, der ein Betriebsgeheimnis verraten hat, verhielt. Ganz ähnlich sollte es 1964 bei der Absetzung Franz Olahs als Innenminister zugehen: Auch in seinem Falle wurde der formale Umstand, dass er der „Presse" ein Interview ohne Zustimmung der Partei gegeben habe, als Handhabe benützt. In beiden, durchaus verwandten und parallelisierbaren Fällen wurde die Parteiräson über alles gestellt und nur notdürftig bemäntelt. In beiden Fällen kam das zum Tragen, was Otto Bauer als „Parteipatriotismus" bezeichnet hatte, eine Haltung, die wie der nationale Patriotismus in die Maxime des „right or wrong, my country" mündet. Erst Kreisky machte die SPÖ zu einer – relativ – offenen Partei, in seiner Ära wäre eine Maßregelung wegen eines in einer „bürgerlichen" Zeitung veröffentlichten Interviews undenkbar gewesen. Allerdings hat es Kreisky verabsäumt, durch strukturelle Reformen der Partei sicherzustellen, dass diese offene Haltung seine Regierungszeit überdauert. So stellte sich denn auch schon unter seinem Nachfolger Sinowatz jener bürokratische Zentralismus wieder ein, der vor Kreisky, wie die Fälle Deutsch und Olah zeigen, geherrscht, ja mitunter auch gewütet hatte.

Deutsch wurde zwar nicht aus der Partei ausgeschlossen, aber er war eine Unperson geworden. Deutsch erzählte mir, dass vor seinem Haus ein Staatspolizist patrouillierte und es daher kaum jemand wagte, den Geächteten in seinem Haus zu besuchen, jenem Haus, in dem außer Julius Deutsch auch der Bürgermeister Karl Seitz, der Staatsoperndirektor Karl Böhm und der große Mathematiker Kurt Gödel logiert hatten und in dem ich, nachdem ich mich mit Deutsch regelrecht angefreundet hatte, ein- und ausgehen durfte.

Was sich sonst noch ereignete, ist beschämend, aber berichtenswert. Ich gebe nur einen Ausschnitt dessen wieder, was mir Deutsch wiederholt mit auch noch nach Jahren vor Empörung bebender Stimme anvertraut hat. Man ließ von Seiten seiner Verfolger nichts unversucht, um ihn auch bürgerlich zu ruinieren oder zu einer neuerlichen Emigration zu bewegen. Er erhielt nicht nur Drohanrufe, darunter vom Generaldirektor für öffentliche Sicherheit, Peterlunger, der sicher nicht auf eigene Faust handelte. Die Biographie von Julius Deutsch hatte einen wunden Punkt, den man gegen ihn verwenden wollte. Nach dem Tod seiner ersten Frau Josefine Schall, die 1942 gestorben war, hatte Deutsch eine Lebensgefährtin, die Wiener Gemeinderätin Maria Kramer, die er bei seiner Emigration in die USA im Pass als seine Frau ausgab, mit der aber nach seiner Angabe mir gegenüber nie verheiratet war. Sie aber konnte sich in den USA als seine Gattin aufspielen und hatte ihn in der Hand, da er wegen falscher Angaben in seinen Einreisepapieren belangbar gewesen wäre. Nicht so in Österreich, wo diese Angaben juristisch keine Relevanz hatten. Deshalb heiratete Deutsch 1950 auch die bekannte Schriftstellerin Adrienne Thomas, die vor allem durch den Bestseller „Kathrin wird Soldat" bekannt wurde. Diese Eheschließung wäre, wenn Frau Kramer tatsächlich mit ihm verheiratet gewesen wäre, wie sie behauptete und er vehement bestritt, juristisch der Tatbestand der Bigamie gewesen. Es wurde ihm telefonisch gedroht, gerichtlich gegen ihn vorzugehen. Die angebliche Ehefrau, die sich vielleicht aufgrund eines gemeinsamen Schicksals als seine rechtmäßige Frau fühlte, kooperierte mit Schärf und Helmer und wurde von diesen instrumentalisiert. Frau Kramer behauptete, dass die Eheschließung während des spanischen Bürgerkrieges, in dessen Verlauf Deutsch General der republikanischen Armee wurde, stattgefunden habe. In dieser Situation war es die Kirche in der Person von Kardinal Innitzer, die dem Bedrängten zu Hilfe kam. Innitzer verschaffte ihm eine Bestätigung, die er als republikanischer General vom Franco-Regime niemals erhalten hätte, des Inhalts, dass in Spanien keine Eheschließung vorgenommen worden sei. Damit war die gefährliche Drohung, wegen Bigamie verklagt zu werden, zwar vom Tisch und die Gefahr einer strafrechtlichen Verfolgung gebannt. Deutsch aber blieb für die Genossen, nur weil er vor Gericht die Wahrheit gesagt hatte, weiterhin eine Unperson. Denn es besteht kaum ein Zweifel, dass die Behauptung, es habe sich bei den verlangten Zahlungen nur um Rabatte gehandelt, eine Schutzbehauptung war, die den wahren Sachverhalt verschleiern sollte. Deutsch führte nach diesem Prozess in einer schriftlichen Stellungnahme, die er mir zugänglich machte, das Folgende aus: „Der Grundfehler liegt darin, daß man Geschäftsführung und Politik zusammenbringt. Man soll sie sorgsam und sauber trennen, dann werden solche Sachen nicht passieren."

Dieses Postulat hatte freilich keine Chance auf Umsetzung in die Praxis, solange der politische Proporz, der die politische Intervention und Dienstbarmachung begünstigte und für die verstaatlichte Industrie sogar gesetzlich festgeschrieben war, herrschte. Und auch nach dem Ende der verstaatlichten Industrie im Sinne des „Königreichs Waldbrunner", das wie viele andere irdische Reiche längst in Staub und Asche versunken ist, ist der Proporz in allen Bereichen, die auch nur irgendwie staatsnah sind, aktuell, feiert diese Vermischung von Wirtschaft und Politik unter den Vorzeichen der großen Koalition fröhliche Urständ. Solange die Ingerenz der politischen Parteien auf das Wirtschaftsleben, wenn auch nur indirekt, anhält, bleibt das Postulat, das Julius Deutsch damals artikulierte, ein bloßer frommer Wunsch. So lange ist aber auch der Kampf gegen die Korruption ein weitgehend vergeblicher, weil die noch immer stark auf die Wirtschaft Einfluss nehmende Politik gar nicht mehr als korruptionsfördernd empfunden wird, sondern als unvermeidliche Begleiterscheinung des politischen wie des wirtschaftlichen Lebens gilt. Man hat aus den vielen schlechten Erfahrungen, die man mit dem Protektionismus aller Spielarten gemacht hat, noch immer nicht jene radikale Konsequenz gezogen, die Julius Deutsch mit seinen lapidaren Sätzen gefordert hat. Zur Ehre von Schärf und Helmer muss aber auch gesagt werden, dass die üblen Folgen einer solchen Vermischung noch nicht so notorisch waren, dass es aber heute keine Milderungsgründe mehr für eine solche Vermischung gibt, die sowohl der Politik als auch der Wirtschaft Schaden zufügt.

Ich galt im Hause Deutsch-Thomas als willkommener Gast, der auch andere Personen, wie das Ehepaar Leupold-Löwenthal, einmal sogar Karl Blecha, der erst vor seiner eigenen großen Karriere in der Partei stand, mitbrachte.

Doch auch dieser Freundschaft sollte keine Dauer beschieden sein, denn wie schon Lord Attlee in lakonischer britischer Kürze sagte: „There is no room for friendship at the top", was nicht nur für Politiker, sondern auch für Ideologen einer Partei gilt. Solange ich Pittermann und den Kurs der Partei, die Deutsch so Unrecht getan hatte, kritisierte, war ich für Deutsch ein großer Mann, „eine große Hoffnung sozialistischer Forschung", wie er mir in eines seiner Bücher als Widmung hineinschrieb. Besonders imponierte ihm der Artikel, den ich im März 1965 im „Forum" Günther Nennings unter dem von diesem gewählten Titel „Krise der SPÖ – Krise der Republik" veröffentlichte. In diesem mehrfach nachgedruckten Beitrag, für den ich ein Jahr später sogar den Karl-Renner-Preis für Publizistik erhielt, trat ich für den Übergang von dem herrschenden System der großen Koalition zu einem Regierung-Opposition-System, verbunden mit einer Änderung des Wahlrechtes in Richtung Mehrheitswahlrecht, ein. Dieser Vorstoß wurde von der SPÖ, dem er zugedacht war, mit eisigem Schweigen quittiert. Durch mündliche Äußerungen gab man mir zu verstehen, dass ich ein weltfremder Theoretiker und durch meinen Studienaufenthalt in England dazu verleitet worden sei, britische Verhältnisse auf Österreich übertragen zu wollen. Deutsch hingegen sah sich durch meinen Artikel in die „gute alte Zeit" des Austromarxismus zurückversetzt, obwohl ich aus ganz anderen Gründen als Otto Bauer für die Einführung dieses Systems war und bin. Die Begeisterung Deutschs für mich und die von mir vertretenen Positionen schlug in Enttäuschung und Ablehnung um, sobald ich begann, auch den Austromarxismus, dessen prominenter Exponent er doch war, ebenso kritisch unter die Lupe zu nehmen wie die zeitgenössische Partei. Wo Deutsch einen radikalen Bruch sah, erblickte ich eine Kontinuität inmitten aller Veränderungen.

Aus den Ankündigungen und Vorabdrucken meines Buches „Zwischen Reformismus und Bolschewismus. Der Austromarxismus als Theorie und Praxis" konnte Deutsch entnehmen, dass ich die Zeit des Austromarxismus nicht nur als Heldenzeitalter, sondern auch als eine Periode der Irrungen und Illusionen betrachtete. Er rief mich eines Tages an und kündigte mir mit erregter Stimme die Freundschaft auf, er warf mir vor, sein Vertrauen missbraucht und ihn persönlich verletzt zu haben. In Wahrheit lag mir nichts ferner als das, ich war angesichts dieser Reaktion fassungslos, obwohl ich sie nachträglich verstehen, wenn auch nicht billigen kann. Durch den von ihm ausgesprochenen Abbruch der Beziehungen war ich nicht mehr in der Lage, ihm persönlich das begreiflich zu machen, was er nicht anerkennen wollte: dass nämlich auch schon die Partei der Ersten Republik, ja noch mehr als die der Zweiten diese totalitären Schlagseiten und Gleichschaltungsmechanismen hatte. Es gab allerdings keinen so prominenten Fall wie den seinen, aber durchaus auch Kampagnen gegen Außenseiter, die Vorwürfe wegen finanzieller Malversationen erhoben, wie den Genossenschaftsfachmann und Publizisten Siegmund Kaff, der einen Pressekrieg mit führenden Persönlichkeiten der österreichischen Sozialdemokratie führte und am Parteitag 1926 aus der Partei ausgeschlossen wurde. Kaff wurde als bloßer Querulant abgetan, dabei entbehrten seine Vorwürfe nicht einer gewissen Berechtigung und eines auch theoretischen Gehaltes. Kaff meldete sich auch nach seinem Ausschluss zu Wort und trat 1927 mit einer Schrift unter dem Titel „Der Austrobolschewismus. Die Freiheit in Krähwinkel" hervor, mit der er einen neuen Terminus, der dann in das Vokabular der bürgerlichen Propaganda einging, kreierte und nicht mit Nestroy'schem Spott sparte.

Freilich waren die damaligen Missstände mit denen in der Zweiten Republik nicht zu vergleichen, wie auch die Privilegien der damaligen Parteibürokratie und der Günstlinge von damals nicht im Entferntesten mit den heute gang und gäbe gewordenen auf eine Stufe zu stellen sind. Alles war damals noch von einer wirklichen Idee überschattet und beflügelt, noch hatte nicht der „Gott Nimm", dessen Herrschaft man bei den Christlichsozialen anprangerte, Einzug gehalten. Ich war nach dem von Julius Deutsch mit mir vollzogenen Bruch um eine Erfahrung reicher, aber ich habe unter ihm mindestens ebenso gelitten wie er, die wir uns wohl beide keiner Schuld bewusst waren, aber generations- und mentalitätsmäßig bedingt aneinander bzw. auseinander geraten sind. Ich werfe mir heute noch vor, nicht doch noch eine Aussprache mit ihm herbeigeführt, sondern mich seinem Diktat gebeugt und ihn nicht wiedergesehen zu haben. Doch ich bezweifle, ob es mir gelungen wäre, ihn zu überzeugen, denn das hätte zwangsläufig bedeutet, dass er auch auf Distanz zu seiner eigenen Vergangenheit hätte gehen müssen. Es hat mich gerührt, zu erfahren, dass er sich an jenem 17. Jänner 1968, der der letzte Tag seines Lebens sein sollte, beim Veranstalter eines Vortrages, dem Leiter der Volkshochschule Brigittenau, Kurt Schmid, erkundigt hatte, ob ich unter den Zuhörern sei. Deutsch sprach an diesem denkwürdigen Abend zum Thema „60 Jahre erlebte Geschichte". Er echauffierte sich bei diesem Vortrag, in dem er sein bewegtes Leben Revue passieren ließ, so sehr, dass er die Stimme verlor – und verstarb auf dem Weg ins Spital. Sein Begräbnis, das am Grinzinger Friedhof stattfand, fiel schon in die Ära Kreisky, so dass die Verabschiedung auch seitens der Partei in Ehren und Frieden erfolgte.

Ich hoffe, dass ich mit meinem Beitrag, der meine eigene Lebensgeschichte im Rahmen der Zeitgeschichte Revue passieren lässt, etwas zur Würdigung und Rehabilitierung dieses Mannes geleistet habe, von dem man mit dem Dichter sagen kann: „Er war kein ausgeklügelt Buch, / er war ein Mensch mit seinem Widerspruch."

Wiederholungszwang, zwanzig Jahre später

Wie das Leben so spielt und einen umtreibt: Ziemlich genau zwanzig Jahre später sollte ich noch einmal Ähnliches erleben wie mit Julius Deutsch:

nämlich mit Hertha Firnberg, die eine prägende Mutterfigur in meinem Leben war und durch die ich wie über eine mütterliche Nabelschnur auch noch mit der Partei verbunden war. Sie förderte meinen akademischen Aufstieg, musste mich dann aber an drei akademische Mütter: die Alma Mater Rudolfina in Graz, die Alma Mater Paridiana in Salzburg und schließlich an die Alma Mater Rudolphina, an denen ich von 1969 bis 2001 wirken durfte, abgeben. Sie sagte mir wiederholt, dass sie mich für den besten Kopf in der Partei halte und dass es meine Aufgabe sei, diese an der Universität zu vertreten. Sie brachte mich gesprächsweise des Öfteren mit Otto Bauer in Zusammenhang und sagte einmal zu mir: „Ich weiß gar nicht, was du immer gegen den Bauer hast, du weißt gar nicht, wie ähnlich du ihm bist." Ein andermal wieder sagte sie zu mir: „Wenn Otto Bauer heute gelebt hätte, wäre er deinen Weg gegangen." In diesem Zusammenhang erscheint mir eine Äußerung erwähnenswert, die Otto Leichter berichtet. Und zwar soll Bauer, dessen Schwester bei Freud in Behandlung war und den Stoff für den „Fall Dora" lieferte, einmal zu Freud gegangen sein. Dieser soll ihm den Rat gegeben haben, seine Hände von der Politik zu lassen und aufzuhören, die Menschen glücklich machen zu wollen. Er soll dann hinzugefügt haben: „Merken Sie sich eines, die Menschen wollen gar nicht glücklich sein." Firnberg entwickelte eine geradezu liebevolle Beziehung zu mir, sie war, wie ich, anhanglos und wir sprachen uns von Single zu Single gut, ja mehr als gut. Sie hat auch einmal das folgende Bonmot über mich geprägt, das ich immer wieder zitiere: „Leser hat sich vom Einzelkind zum Einzelgänger, vom Einzelgänger zum Unikum und vom Unikum zum Unikat stilisiert." Firnberg verteidigte mich auch lange Zeit gegen innerparteiliche Angriffe und räumte mir einen Sonderstatus ein, der durch nichts erschüttert wurde und nicht erschütterbar zu sein schien.

Doch auch in diesem Falle sollte die Kollision mit der Macht auf die Dauer nicht ausbleiben, ohne dass ich dies vorher ahnte und bedachte. Mit dem 1988 im Verlag Orac erschienenen Buch „Salz der Gesellschaft. Wesen und Wandel des österreichischen Sozialismus" hatte ich eine Grenze überschritten. Nachträglich ist mir längst klar, was ich nicht voraussehen konnte. Sie hätte ihrerseits über ihren Schatten springen müssen, um meine Grenzüberschreitung tolerieren und verzeihen zu können. In diesem Buch, meinem bisher erfolgreichsten, auf das ich immer wieder angesprochen werde, kritisierte ich nicht nur Kreisky persönlich, sondern auch seine

Ära und damit indirekt auch sie als eine herausragende Figur aus dieser Ära. Die Kritik an Kreisky hätte sie mir noch verziehen, denn sie war selbst schlecht auf ihn zu sprechen: Als er im Fernsehen, von einem Reporter gefragt, warum er nicht sie, die Dienstälteste im Kabinett, sondern den um vieles jüngeren Androsch zu seinem Vizekanzler ernannte, antwortete er ehrlich, aber nicht sehr charmant: „Alt bin ich selber." Diese Äußerung, die sie als öffentliche Bloßstellung empfand, verzieh sie ihm nie. Auch in diesem Falle spielten Eitelkeit und Empfindlichkeit eine große Rolle.

Und so kam es denn auch in der Beziehung zwischen uns zu einem von ihr herbeigeführten Bruch, der nicht so dramatisch verlief wie der mit Deutsch, sondern stillschweigend stattfand. Sie nahm von da an keine Einladungen mehr an und war tief enttäuscht und gekränkt. Sie warf mir, wie ich von einigen Gesprächspartnern erfahren habe und wie sie einmal sogar in einem Interview sagte, Undank und Verrat an der Idee, in deren Namen ich angetreten war und groß geworden bin, vor. Auch ich litt unter diesem durch meine Aussagen und ihre Reaktion darauf herbeigeführten Bruch, konnte aber das, was ich geschrieben hatte, nicht zurücknehmen und auch nicht bereuen. Und außerdem: Ist es nicht ein großes Kompliment, einer Bewegung in der Gesellschaft die gleiche Funktion zuzubilligen wie dem Salz im menschlichen Körper, dem wichtigsten Mineral, ohne das der Mensch zu leben aufhören müsste? Freilich, die Kehrseite dieses Kompliments ist die bitter wie Salz schmeckende Wahrheit, dass Salz bzw. der mit ihm parallelisierte Sozialismus keine Hauptspeise, sondern nur eine Würze und Zutat ist und dass der Sozialismus durch die von ihm hinzugefügten Zutaten den Kapitalismus erst erträglich und bekömmlich gemacht hat. Und was mich selbst betrifft, so bin ich mit der wiederholten Charakterisierung als „Mann im Salz" durchaus zufrieden, das Salz würzt und belebt nicht nur, es trägt auch wie im Toten Meer und es konserviert auch Leichname, während andere Gebeine ohne diesen Schutz vermodern.

Ich habe weder im Falle Deutsch noch im Fall Firnberg die Reaktionen vorausgesehen, ich hätte aber meine Aussagen auch nicht unterlassen, wenn ich sie vorhergesehen hätte. Um seine Identität und die Eigenständigkeit der eigenen Entwicklung zu wahren, muss man Kränkungen anderer in Kauf nehmen. Auch mir als akademischem Lehrer und Menschen sind Undankbarkeiten, oder das, was man als Vater dafür hält, und Enttäuschungen nicht erspart geblieben. Und ich habe versucht, in der Reaktion darauf etwas von den Fehlern, die Deutsch und Firnberg begangen haben, zu lernen und mich mit denen, die ihren eigenen Gesetzen folgten und sich von mir weg entwickelten, statt meine Erwartungen zu erfüllen, zu versöhnen. Versöhnung setzt aber die Einsicht und den Großmut voraus, das Recht des Schülers anzuerkennen, sich von der Bindung zu lösen, in der Hoffnung, dass es eine Wiederannäherung gibt. Und noch etwas hat mich die Lebenserfahrung als akademischer Lehrer und Mensch gelehrt: dass diejenigen, auf deren Dankbarkeit und Anhänglichkeit man den größten Anspruch zu haben glaubt, weil sie am meisten an Zuwendung erfahren haben, die Erwartungen oft am wenigsten erfüllen, während andere, für die man nichts oder wenig getan hat, unerwartete Worte finden und Taten setzen.

Es freut mich, dass es im Falle Hertha Firnbergs doch noch zu einer späten Versöhnung und versöhnten Verabschiedung gekommen ist. Ungefähr ein Jahr vor ihrem Tode, der wie der meiner leiblichen Mutter 1994 erfolgte, traf ich sie bei einer Jubiläumsfeier im Ford-Institut für höhere Studien, an welcher Institution ich mir die ersten wissenschaftlichen Sporen 1963–66 verdient hatte. Bei dieser Gelegenheit sagte sie vor Zeugen: „Ich habe den Leser wie einen Adoptivsohn betrachtet. Aber die Söhne gehen dann halt oft andere Wege, als die Mütter wollen."

Ich habe es und hatte es mit den Müttern, auch wenn ich sie manchmal kränken muss. Das gilt auch für die Mutter Kirche, deren treuer Sohn ich bin und bleiben will, aber auch für die Mutter Partei, auch wenn diese mich als missratenes Kind ablehnt. In Gott, so bin ich fest überzeugt, werden sich alle Widersprüche und Spannungen dereinst aufheben. In diesem Sinne habe ich mir einen Vers der Dichterin Ina Seidel zum Lebensmotto erkoren: „Ich fahre unerlöst durch diese Fremdnis hin, Gott sagt es mir dereinst, wer ich gewesen bin."

XIV. Kapitel
„Pittermann für jedermann"? (1957–1967)

Als nach der am 5. Mai 1957 erfolgten Wahl Adolf Schärfs zum Bundespräsidenten, die dieser gegen den bürgerlichen Kandidaten Wolfgang Denk mit 51,2 % gewann, die Besetzung des Parteivorsitzenden der SPÖ anstand, kamen in Wirklichkeit nur zwei Persönlichkeiten, die eine gewisse Erneuerung und nicht bloß die Fortsetzung des bisherigen Kurses versprachen, in Frage: Karl Waldbrunner und Bruno Pittermann. Die alten und erfahrenen Parteimänner Oskar Helmer und Ernst Koref wurden zwar formell gefragt, in Wirklichkeit aber (wieder) übergangen. Zwischen den zwei Anwärtern mit realen Chancen obsiegte der große Rhetoriker, parlamentarische Debattenredner und brillante Zwischenrufer Bruno Pittermann. Er schien ein „Pittermann für jedermann" werden zu können.

Die ersten Nationalratswahlen, die der neue Parteiobmann und Vizekanzler 1959 zu bestehen hatte, brachten dann auch den erwarteten Erfolg. In der am 10. Mai abgehaltenen Wahl wurde die SPÖ, wie schon bei den Wahlen 1955, zur stimmenstärksten Partei, die meisten Mandate erhielt aufgrund des für die SPÖ ungünstigen Wahlrechtes, das nicht auf die Wählerzahl, sondern auf die Bevölkerungszahl abstellte, wieder die ÖVP, so dass die Koalitionsregierung weiterhin unter der Führung Julius Raabs blieb.

Bevor es jedoch zu diesen erfolgreichen Wahlen kam, stellte sich noch ein Erfolg ein, der als Prestigegewinn für die SPÖ und für Pittermann galt und wirksam wurde: die Erstellung eines neuen Parteiprogramms der SPÖ, das das formell noch immer unüberholte Linzer Programm von 1926 ablösen sollte, denn das noch von Julius Deutsch entworfene Aktionsprogramm von 1947 war kein vollwertiger Ersatz für ein Parteiprogramm. Das „Wiener Programm" der SPÖ wurde auf einem eigenen Parteitag, der am 13. und 14. Mai 1958 im Konzerthaus stattfand, beschlossen. Ich erinnere mich heute noch an die Aufbruchstimmung, die damals herrschte. Ich stand gerade vor einem Studienaufenthalt in London nach dem Abschluss der juristischen Studien. Der Traum von Generationen, der von einem sozialistischen Bundeskanzler, schien in greifbare Nähe gerückt. Kaum jemand hätte es damals für möglich gehalten, dass es noch ein Dutzend Jahre bis dahin dauern würde und dass dieser Durchbruch nicht *mit* dem, sondern *gegen* den eben auf den Schild gehobenen Bruno Pittermann erfolgen würde.

Es lohnt sich, einen näheren Blick auf das Wiener Programm und auf dessen Entstehungsgeschichte zu werfen. Schon bald nach der Übernahme des Parteivorsitzes setzte Pittermann eine eigene Kommission zur Ausarbeitung eines neuen Parteiprogramms an, der Rosa Jochmann, Fritz Klenner, Bruno Kreisky und der Zentralsekretär der Partei Alois Piperger angehörten. Doch Pittermann brauchte auch einen glänzenden, durch die Vergangenheit der Partei legitimierten klingenden Namen, der sich in der Person des Universitätsdozenten Dr. Benedikt Kautsky, des Sohnes des Altmeisters der marxistischen Orthodoxie, Karl Kautsky, fand. Benedikt Kautsky war es, der den Vorentwurf erstellte und dem 13. Parteitag der SPÖ im November 1957 im Salzburger Kongresshaus vorlegte. Benedikt Kautsky war die Jahre der Nazizeit im KZ gewesen und hatte dort sieben Jahre überlebt, worauf sich sein erschütterndes Erinnerungswerk „Teufel und Verdammte" bezog. Bis 1955 war Kautsky Leiter der Otto-Möbes-Schule des ÖGB in Stiftingtal bei Graz, eine Position, die nach ihm jahrelang der eigenwillige Rupert Gmoser bekleidete. Da der Name Kautsky für die Sowjets ein rotes Tuch war, da sie sich an die Polemik Lenins gegen den „Renegaten" Karl Kautsky erinnerten, der der Oktoberrevolution die marxistische Legitimation versagte, ja sie sogar ausdrücklich delegitimierte, traute sich auch Benedikt Kautsky, solange Österreich noch besetzt war, nicht, die Ennsgrenze zu überschreiten. Nach der wiedererlangten Freiheit 1955 ließ er sich in Wien nieder und wurde sogar zum stellvertretenden Generaldirektor der Creditanstalt. Er ging aber nie im Bankwesen auf und veröffentlichte schon 1953 ein übersichtliches Büchlein „Geistige Strömungen im österreichischen Sozialismus", das den Anschluss zwischen der Vergangenheit und der Gegenwart herstellen sollte. Genau dies war auch seine Aufgabe bei der Konzipierung eines neuen Parteiprogramms. Benedikt Kautsky spielt abgesehen von seinen Beiträgen, die mich selbst zum Weiterdenken ermunterten, auch insoferne eine besondere Rolle in meinem Leben, als er der einzige Mensch war und bisher blieb, den ich direkt sterben gesehen habe.

Sein Tod ereignete sich am 1. April 1960 bei einer Veranstaltung der sozialistischen Studenten, die im Alten Rathaus in der Wipplingerstraße stattfinden sollte. Er war als einer der Diskutanten über Fragen der verstaatlichten Industrie vorgesehen und traf auch pünktlich ein. Doch noch während Hannes Androsch seine Einleitungsworte sprach, ließ Kautsky den Kopf nach vorn fallen und begann zu röcheln. Bald war allen Anwesenden klar, dass es sich um einen Todeskampf handelte, dessen unfreiwillige Zeugen wir damals wurden.

Der Vorentwurf Kautskys ist interessanter als das Programm selbst. Die Akzentverschiebungen zwischen dem Vorentwurf und der Endfassung des Programms sind aufschlussreich. Der Einleitungssatz, an dem sich alle Linken stießen und der dann auch nicht Eingang ins Parteiprogramm fand, lautete: „Die moderne Gesellschaft hat sich völlig anders entwickelt, als Marx es im Kommunistischen Manifest voraussagte." Diese Aussage aus dem Munde bzw. der Feder eines Mannes, dessen Vater der Hüter der reinen Lehre des Marxismus sein wollte, war bemerkenswert und aufrüttelnd, musste aber der nach wie vor gesinnungsmächtigen und lautstarken innerparteilichen Linken, auch wenn sie formell über keine starken Positionen verfügte, zum Opfer fallen. Kautsky hatte die Verheerungen vor Augen, die die marxistische Theorie in der Ersten Republik angerichtet hatte, gerade das aber sollte nie und nimmer zugegeben werden.

Ein anderer Punkt, der abgeschwächt und verwässert wurde, war der Passus, der im Entwurf Kautskys folgendermaßen lautete: „Der demokratische Sozialismus ist der Todfeind sowohl des Faschismus wie des Kommunismus. Die beiden konnten und können sich miteinander verbinden. Stets aber sind beide unversöhnliche Gegner des demokratischen Sozialismus, in dessen Namen alle Revolutionen im kommunistischen Raum – von Kronstadt bis Budapest – durchgekämpft wurden." Diese völlige Gleichstellung von Faschismus und Kommunismus konnte Josef Hindels und anderen Gesinnungsfreunden nicht gefallen, die in den Kommunisten zwar abtrünnige, aber doch Brüder sahen. Immerhin blieb im Programm noch der folgende Satz übrig: „Zwischen Sozialismus und Diktatur gibt es keine Gemeinschaft. Daher sind die Sozialisten unbeugsame und kompromisslose Gegner des Faschismus wie des Kommunismus."

Auch noch in einem anderen, mir besonders am Herzen gelegenen und noch liegenden Punkt kam es zur Zurücknahme einer von Kautsky bezogenen eindeutigen Position. Kautsky hatte in seinem Entwurf zum Verhältnis zwischen Religion und Sozialismus das Folgende ausgeführt: „Noch ehe der Sozialismus durch Marx und Engels beeinflusst worden ist, hat es einen christlichen Sozialismus gegeben. Er hat sich stets neben dem Marxismus und anderen, weltanschaulich indifferenten sozialistischen Strömungen behauptet und stellt nach wie vor in vielen Ländern die maßgebliche Form des Sozialismus dar."

Diese Aussage Kautskys lag ganz auf der Linie der von mir während meines einjährigen Studienaufenthaltes in England angestellten Forschungen. So ist die Labour Party ohne nennenswerten marxistischen Einfluss durch die Aktivitäten christlicher Laienprediger, wie des Parteigründers Keir Hardie, groß geworden, obwohl Karl Marx einen Großteil seines Lebens in London verbrachte, dort an seinem Hauptwerk „Das Kapital" arbeitete und auch in London starb und begraben liegt. Doch so viel Lob wollte man der christlichen Religion nicht gönnen, so dass nur die folgenden Sätze übrig blieben: „Der Sozialismus ist eine internationale Bewegung, die keineswegs eine starre Gleichförmigkeit der Auffassungen verlangt. Gleichviel, ob Sozialisten ihre Überzeugung aus marxistischen oder anders begründeten sozialen Analysen oder aus religiösen oder humanitären Grundsätzen ableiten, alle erstreben ein gemeinsames Ziel: eine Gesellschaftsordnung der sozialen Gerechtigkeit, der höheren Wohlfahrt, der Freiheit und des Weltfriedens." Und an einer späteren Stelle hieß es immerhin noch: „Sozialismus und Religion sind keine Gegensätze. Jeder religiöse Mensch kann gleichzeitig Sozialist sein."

Dass sich Benedikt Kautsky nicht in allen Punkten der marxistischen Theorie von dieser freimachte, belegt seine ungebrochene Bejahung und Außerstreitstellung der Verstaatlichung, die später verlassen werden musste, weil es die ökonomischen Tatsachen einfach erzwangen. Noch in seiner Rede zum Vorentwurf führte Kautsky programmatisch aus: „Die *Verstaatlichung* hat in Österreich ihren Zweck *voll erfüllt*, wir lassen an ihr nicht rütteln. *Eine Rücküberführung verstaatlichter Betriebe in private Hände darf es in diesen Landen nicht geben.*" [Hervorhebungen im Original] In diesem Punkt ist die Entwicklung über das, was noch Kautsky und Pittermann für vertretbar hielten, hinausgegangen. Der Selbstmord des langjährigen Vorstandes der ÖIAG Hugo Sekyra scheint mir, obwohl er erst nach dem Ausscheiden aus dieser Funktion erfolgte, symbolisch für den Untergang dieser Idee und der hinter ihr stehenden ökonomischen Überlegungen, die sich als Fehlspekulationen herausstellten.

Insgesamt war das Wiener Programm eine imponierende Leistung und eine gute Visitenkarte für die Öffentlichkeit. Es vermochte freilich keine über das rauschende Fest des Parteitages hinausgehende prägende Wirkung zu entfalten. Es verschwand, wie es gekommen war und als ob es nie geschrieben worden wäre. Ich bezweifelte daher in einem Beitrag 1976 in der „Zukunft" zwanzig Jahre später, der den Titel „Schon wieder ein verfrühtes Programm?" trug, ob es sinnvoll sei, sich an ein neues Programm heranzuwagen, wenn das alte noch nicht verdaut und aufgearbeitet sei. Dieses neue Programm von 1978 fiel dann auch schon in die Abschwungphase der lange Jahre so erfolgreichen Ära Kreisky und war nicht mehr imstande, die Partei neuen Höhepunkten entgegenzuführen.

Doch wir halten noch in der Ära Pittermann. Es sollte sich herausstellen, dass ein guter Redner und glänzender Debattierer noch lange kein guter Parteiführer ist. Pittermanns Führungsstil, den zum Beispiel am Parteitag 1967, als es zur Ablösung Pittermanns durch Kreisky kam, Fred Sinowatz, der zu einem der Königsmacher Kreiskys wurde, kritisierte, war weder autoritär noch kollegial, litt also sowohl unter Führungsschwäche als auch unter mangelnder Solidarität und Solidität. Durch diesen Führungsstil bzw. dessen Fehlen oder Versagen wurde ein Machtvakuum geschaffen, in das Franz Olah eindringen und sich als Führungsalternative empfehlen konnte. Es gelang Pittermann zwar, diese Alternative abzuwehren, aber Olah sagte ihm richtig voraus, dass er der nächste zum Abschuss Freigegebene sein werde.

Die Causa Habsburg

Doch noch sind wir nicht so weit. Noch gelang es Pittermann, durch einen Coup sondergleichen von den eigentlichen Problemen der Partei abzulenken und 1963 den Parteitag mit einer Inszenierung zu überfallen, die einer besseren Sache würdig gewesen wäre. Noch erlebte Pittermann mit Hilfe des Justizministers Christian Broda einen innenpolitischen Pyrrhussieg, ein künstliches Erdbeben, das nicht nur der Ablenkung und Unterhaltung des Parteivolkes diente, sondern auch einen Probegalopp für ein Zusammengehen mit der FPÖ, für ein wenigstens vorübergehendes Verlassen der für alle Zeit gesichert scheinenden Koalition mit der ÖVP darstellte. Mit dem Aufrollen der Causa Habsburg ließ sich noch einmal Bewegung in den erstarrten Funktionärekörper bringen, ganz im Sinne dessen, was Karl Renner schon 1901, damals noch unter dem Pseudonym Rudolf Springer, in einer kleinen Schrift, „Staat und Parlament", gleich zu Beginn dieser Abhandlung ausgeführt hat: „Krisen wecken die Geister, in Österreich aber – wecken sie die Gespenster." Pittermann holte also die Gespenster aus der Kapuzinergruft hervor, um die Gefahr einer Verschwörung plausibel zu machen.

Der Anlass für die Entfesselung einer Kampagne gegen Otto von Habsburg und seine Rückkehr nach Österreich war das Erkenntnis, das am 31. Mai 1963 vom Verwaltungsgerichtshof erging, da die für die Annahme der erfolgten Verzichtserklärung zuständige Regierung schon längst säumig geworden war. Es ist müßig, sich in die juristischen Feinheiten, die bei dieser Entscheidung und auch bei der Kritik an ihr zur Sprache kamen, zu vertiefen. Klar war jedenfalls die Tatsache, dass diese Entscheidung für Pittermann und den sozialistischen Justizminister Christian Broda der willkommene Vorwand war, um von einem „Juristenputsch" zu sprechen und einen darauf folgenden Parteitag mit der angeblichen Gefahr, die von Otto Habsburg drohe, in Atem zu halten. Auch ich ließ mich, der ich damals noch bei Broda ein- und ausging, von dieser Hysterie mitreißen und unterstützte Broda sogar mit einem Beitrag „Habsburg und das Recht", der in der „Zukunft" veröffentlicht wurde. Ich hörte damals noch nicht auf das, was der mir sonst so eng verbundene Günther Nenning in seinem Buch „Anschluß an die Zukunft" zu diesem künstlich hochstilisierten Thema zu sagen hatte: „Der Habsburger-Kannibalismus ist ein seltener Fall von Freßlust, wo garantiert nichts mehr zu fressen ist. Er dürfte am ehesten einer tiefenpsychologischen Erklärung zugänglich sein. In einer neuen Welt, in der es viel zu aggredieren gäbe, aber darunter vieles, was aus verschiedenen Gründen mit Erfolg nicht aggrediert werden kann, richtet sich die Aggression gegen ein Objekt, bei welchem der Erfolg sicher ist, weil es gar nicht mehr existiert. Der Schaum, der von diesen Mündern produziert wird, dient der Schaumschlägerei. [...] Vielleicht sind Tiefenpsychologie und Würdelosigkeit noch nicht die einzigen Aspekte, unter denen der sozialistische Habsburger-Kannibalismus zu betrachten ist. Vielleicht wäre noch vom innenpolitischen Effekt zu reden, den man sich davon erhofft. Aber zuviel Gift und Galle können bei der Bevölkerung, deren Mehrheit nicht aus Parteisoldaten besteht, auch die gegenteilige Wirkung haben."

Im Rückblick kam auch der prominente sozialistische Politiker Ernst Koref, der damals eine starke Rede im Sinne der Parteitagshetze hielt, in seinen Erinnerungen „Die Gezeiten meines Lebens" zum Schluss: „Inzwischen ist der aufregende Habsburgerrummel völlig abgeebbt, heute darf man ruhig den Standpunkt vertreten: viel Lärm um nichts. [...] Wir haben aber, nicht ohne meine Mitwirkung, das möchte ich der Ehrlichkeit halber feststellen, lauthals mitgetan."

Es ist wohl kein Zufall, dass die SPÖ unter der Führung Pittermanns gerade durch die zu einer Staatsaffäre gemachte Habsburg-Frage von ihrer Vergangenheit eingeholt wurde. Ist die Sozialdemokratie doch im Zeichen des Doppeladlers entstanden und groß geworden und ein Weiterbestehen der Monarchie wäre kein Hindernis für ihr weiteres Wachstum gewesen. Die Frage der Staatsform ist weder für das Funktionieren der Demokratie noch für den sozialen Inhalt dieser Demokratie von präjudizieller Bedeutung.

Ich habe einige Zeit gebraucht, um das Spiel, das von Pittermann und Broda inszeniert wurde, zu durchschauen. Ebenso wie in dieser Frage lernte ich auch in einer anderen umdenken. Dieses Umdenken bezog sich auf den Fall Olah, dem ich bei meinen Besuchen im Justizpalast insoferne begegnete, als ich mitbekam, wie generalstabsmäßig die politische Vernichtung Olahs, den ich damals noch gar nicht persönlich kannte, vorbereitet wurde. So war das Schiedsgericht, das Olah am 3. November 1964 aus der Partei ausschloss, weit davon entfernt, ein faires Verfahren zu sein. Es wurde nur eine wohl vorbereitete Aktion und Planung in die Tat umgesetzt. Dies wurde mir unter anderem durch den Umstand klar, dass der Obmann des sozialistischen Freien Wirtschaftsbundes, der Abgeordnete Ludwig Kostroun, der auch ein Beisitzer des Schiedsgerichtes war, bei Broda auftauchte, offenbar, um sich die notwendigen Ezzes zu holen. Auch als ich zu Besuch bei Hans Bögl im Burgenland war, wurde mir aus seinen Äußerungen klar, dass es sich um eine abgekartete Angelegenheit handelte.

Ich behielt meine veränderte Einstellung in der Habsburg-Frage auch nicht bei mir, sondern fand einen Anlass, meine Sinnesänderung auch öffentlich kundzutun. Und zwar hatte der in London lebende österreichische

Historiker J. W. Brügel in der „Zukunft" die These vertreten, dass die Sozialdemokratie im alten Österreich immer schon gegen die Monarchie und für die Republik gewesen sei, diese Gesinnung aber aus Angst vor der Zensur und anderen Sanktionen nicht artikuliert habe. Ich replizierte darauf mit einem Beitrag, dem ich den provozierenden Titel „Gab es eine k.u.k. Sozialdemokratie?" gab, im März 1974. Ich forderte Brügel auf, ein einziges Dokument vorzulegen, das seine These belege. Er aber verstummte, weil es ein solches Dokument eben nicht gibt und weil diese angebliche Haltung auch in keiner der bekannten Korrespondenzen der sozialdemokratischen Parteiführer auftaucht. Bei dieser Behauptung Brügels handelte es sich um den klassischen Fall der Rückprojizierung einer später eingenommenen Position in die Vergangenheit. Brügel wandelte mit seiner Geschichtsklitterung in den Spuren der Sozialdemokratie der Zwischenkriegszeit, die sich als Zerstörerin der alten und als Schöpferin der neuen Ordnung aufgespielt hatte, ohne beides auch wirklich gewesen zu sein. Mein Lehrer August Maria Knoll sagte in seinen Vorlesungen immer wieder, dass es die Hetze der Sozialdemokratie und besonders ihres Sprachrohrs, der „Arbeiter-Zeitung", gegen das alte Österreich und gegen die katholische Kirche war, die es wahlentscheidenden kleinbürgerlichen Schichten, deren Interessen bei der Sozialdemokratie an sich gut aufgehoben gewesen wären, unmöglich machte, sozialdemokratisch zu wählen. Man trampelt eben nicht ungestraft auf den Gefühlen und Nerven der Menschen herum. Der Verbalradikalismus hat die Sozialdemokratie vielfach um die Honorierung ihrer unbestreitbaren historischen Verdienste gebracht.

Aber nun zu meiner weiteren persönlichen Entwicklung: Ich sandte ein Exemplar der „Zukunft" an Dr. Otto Habsburg nach Pöcking. Seine Antwort bestand nicht nur aus einigen höflichen Dankesworten, sondern in einem ausführlichen und sehr persönlich gehaltenen Schreiben, das sich in meinem Vorlass, wie man die hinterlassenen Papiere bezeichnet, die erst durch den Tod zum Nachlass werden, in der Nationalbibliothek befindet und eine besondere Kostbarkeit inmitten desselben darstellt. Der markanteste Satz in diesem Schreiben enthielt die Aussage, dass es ihm Leid tue, dass sein seliger Vater es nicht mehr erlebt habe, einen so habsburgfreundlichen Artikel in einer sozialistischen Zeitschrift lesen zu können. Dabei hatte ich die historischen Tatsachen gar nicht verschönt, sondern sie nur in aller Klarheit aufleuchten lassen. Nach dieser ersten Annäherung kam es wiederholt zu persönlichen Begegnungen, darunter einige Male in der Woche vor dem Palmsonntag, die Otto Habsburg wiederholt in einer landwirtschaftlichen Schule am Frauenberg bei Admont verbrachte. Ich war und bin von der Persönlichkeit dieses Mannes tief beeindruckt, nicht nur, dass einen eine achthundertjährige Geschichte anblickt, wenn man sich mit ihm unterhält, er ist ein vollendeter Weltmann, der aber nicht nur an der Oberfläche schwimmt, sondern auch in die Tiefe geht. Es ist jammerschade, dass es nicht gelingen konnte, das Format und die Energien dieses Mannes für Österreich nutzbar zu machen und ihn, der als junger Erzherzog bereit gewesen war, sein Leben für den Kampf um die Erhaltung der österreichischen Unabhängigkeit einzusetzen, ob als Staatsoberhaupt oder in einer anderen hochrangigen Funktion, für Österreich wirken zu lassen. Aber die Habsburgergesetze, die Teil unserer Bundesverfassung sind, haben ja wohlweislich und vorbedacht nicht nur ihn, sondern auch andere Mitglieder des Hauses von der höchsten staatlichen Würde ausgeschlossen, weil man fürchtete, ein Habsburger könnte auch ohne Krone und Szepter die republikanischen Kleingeister überstrahlen. Otto Habsburg tritt denn auch überall für das Persönlichkeitswahlrecht auf und verurteilt die Parteiendiktatur, die von ihm „Partitokratie" genannt wird, weil er es sich jederzeit zutraut, einen Wahlkreis zu erobern. Hätte sich Österreich gegenüber diesem „hohen Herrn", wie er von seiner Umgebung respektvoll genannt wird, so großzügig und einladend verhalten wie Franz Josef Strauß in Bayern, so hätte Österreich mehr davon profitiert als er selbst, der im Gegensatz zu vielen Bonzen unserer heutigen Demokratien ein bescheidener und jedem Luxus abholder *citoyen* geblieben ist, der es nicht notwendig hat, seine Substanz durch äußeres Gepränge zu unterstreichen.

Es sollte mehr als ein weiteres Jahrzehnt vergehen, bevor mich die älteste katholisch-österreichische Landsmannschaft „Maximiliana" einlud, das Ehrenband dieser Verbindung anzunehmen. Ich nahm diese Einladung gerne an und nahm in Kauf, dass mich dieses Ehrenband von der Partei, von der ich herkam und für die ich so viel getan habe, weiter entfremdete. Ich habe diesen Schritt, der eine Zäsur in meiner Biographie darstellt, nicht bereut, denn ich fühlte und fühle mich in dem Kreis adretter, wohlerzogener junger Männer mit christlichem Hintergrund wohler als in der öden Geselligkeit sozialistischer Veranstaltungen, die nach dem Verschwinden des einstigen revolutionären Pathos nichts zu bieten vermögen, was auch das Gemüt anspricht. Die Studentenverbindungen bieten Farbe, Gemütlichkeit und eine dramatische Inszenierung, ohne die der Alltag schwer erträglich wird.

In diesem Zusammenhang kann ich es mir nicht versagen, eine Geschichte zu erzählen, die auch von einem gewissen zeitgeschichtlichen Interesse ist: Einer meiner Hörer erzählte mir, als ich schon längst Professor an der Universität Wien war, dass der schon einmal erwähnte Hofrat Dr. Heinrich Dürmayer auf seine schon sehr alten Tage in den Schoß einer Verbindung, der er als Student angehört hatte, zurückgekehrt sei. Bei dieser Verbindung handelte es sich weder um eine katholische Landsmannschaft oder CV-Verbindung noch auch um eine deutschnationale schlagende Burschenschaft, sondern um eines der wenigen verbliebenen liberalen Korps. Es war zwar farbtragend und schlagend, aber keineswegs deutschnational-antisemitisch, sondern im Gegenteil philosemitisch und zählte zahlreiche Personen jüdischer Herkunft zu seinen Mitgliedern.

Als mir ein Hörer erzählte, dass der ehemalige kommunistische Staatspolizeichef Dürmayer, den Helmer 1947 versetzte bzw. absetzte und der, wenn die Pläne der Sowjets aufgegangen wären, ein kleiner österreichischer Beria geworden und dann wohl selbst auch unter die Räder gekommen wäre, in diese Verbindung wieder aufgenommen worden sei, konnte ich es zunächst nicht glauben. Erst als mir mein Gewährsmann die Bilder von der Aufnahme *plenis coloribus* zeigte, musste ich glauben und anerkennen, dass es sich nicht um ein Phantasma, sondern um eine Tatsache handle. Was kann einen Altkommunisten mit dieser Vergangenheit bewogen haben, wieder in seine angestammte Verbindung zurückzukehren?

Indem ich diese mir selbst gestellte Frage zu beantworten suchte, konnte ich auf meine eigene Erfahrung zurückgreifen. Was kann einen Hofrat Dürmayer, den ich nur einmal im Hause von Julius Deutsch persönlich kennen gelernt habe, bewogen haben, eine solche Regression vorzunehmen? Im Grunde waren es wahrscheinlich ganz ähnliche Gründe, die auch mich veranlassten, in eine Runde junger Menschen einzuziehen, frei nach dem Motto Kreiskys „Alt bin ich selber": Aber es schwang wohl auch die Überlegung mit, dass es angesichts des nahenden Todes eine tröstlichere Perspektive ist, Kappe und Band ins offene Grab nachgeworfen zu erhalten als Sichel und Hammer bzw. die drei Pfeile.

Was den Landsmannschaften im Gegensatz zum CV, der sich in diesen Punkten dem Ungeist der Zeit gebeugt hat, zugute zu halten ist, ist der Umstand, dass sie nie für den Anschluss an Deutschland eingetreten sind und nicht nur keinen Arierparagraphen hatten, sondern jüdische Persönlichkeiten, soferne sie getauft waren, in ihren Reihen willkommen waren, unter diesen gab es z. B. den österreichischen Komponisten Egon Wellesz, der in seinen Erinnerungen darlegt, wie wohl er sich in diesem Kreis gefühlt hat. Gerade die Juden haben ja mit dem Haus Habsburg auch ihre Schutzmacht verloren, wie der Zusammenbruch des alten Österreich überhaupt erst jenes Vakuum geschaffen hat, in das die Barbarei eindringen konnte.

XV. Kapitel
Der Fall Franz Olah(s)

Ich lernte Franz Olah erst Anfang Februar 1976 beim Begräbnis von Joseph T. Simon, einem gemeinsamen Freund und Olahs Kampfgenossen aus der Zeit der Revolutionären Sozialisten, kennen. Ich stellte mich vor und war für ihn ebenso wenig ein unbeschriebenes Blatt wie er für mich. Er lud mich in seine Badener Wohnung ein und ich nahm diese Einladung auch bald wahr. Es sollte sich eine lang anhaltende Beziehung zwischen uns entwickeln, Freundschaft wäre aber zu viel gesagt, dazu waren und sind wir doch zu verschiedene Persönlichkeiten und Generationen. Aber da Olah eine Figur der Zeitgeschichte ist wie kaum jemand sonst, erweckte er, da der persönliche Kontakt nun einmal hergestellt war, mein schon vorher vorhandenes persönliches Interesse, das sich von Mal zu Mal steigerte. Denn Olah ist in der Geschichte der österreichischen Sozialdemokratie eine Erscheinung, die nur von Bruno Kreisky an Farbigkeit und Komplexität übertroffen wird.

Nun lernte ich in vielen, stundenlangen Gesprächen in Baden und Wien jenen Mann näher kennen, den ich bis dahin nur von Versammlungen, aus Erzählungen und aus der Perspektive Brodas, der das juristische Komplott zu seiner strafrechtlichen Verurteilung und politischen Vernichtung schmiedete, kennen. Ich machte mir seine Version der Geschehnisse nicht völlig zu Eigen, sondern bewahrte trotz der lebhaften Beziehung, die sich zwischen uns entwickelte, die Distanz des historischen Betrachters, der bemüht ist, ein möglichst objektives Bild zu gewinnen. Es war nicht leicht, diese Distanz durchzuhalten, denn Olah ist eine Persönlichkeit, die mich faszinierte. Er war jedenfalls jemand, der niemanden gleichgültig ließ, der stark polarisierte und durch seine Person die These von Carl Schmitt illustrierte, dass die Politik ein Freund-Feind-Verhältnis ist, auch wenn der Parteigruß nur das Element der „Freundschaft" festhält.

Der Aufstieg dieses Mannes, der nach sieben Jahren in deutschen KZs und schon vorheriger revolutionärer Aktivität ins politische Leben Österreichs eintrat, war ein kometenhafter. Die von ihm bekleideten parlamentarischen Funktionen prädestinierten ihn wie Bruno Pittermann zur künftigen Führung der Partei. Aber während Pittermann ein gewinnendes Wesen hatte, das in dem später allerdings ad absurdum geführten Slogan „Pittermann für jedermann" zum Ausdruck kam, trifft auf Olah das Sprichwort „Viel Feind, viel Ehr" zu. Zu viele Feinde freilich sind nicht nur des sprichwörtlichen Hasen Tod, sondern führten auch zum Tod eines so mächtigen politischen Tieres, wie Olah eines war.

Wer waren die Feinde, die Olah, dessen Geschichte ja bekannt genug ist, um sie nicht in allen Einzelheiten nacherzählen zu müssen, politisch vernichteten*? Und welche Elemente seiner Persönlichkeit trugen seinerseits zu seinem Fall und Sturz bei? Denn das Scheitern großer Persönlichkeiten ist fast nie ausschließlich Schuld und Werk der anderen, sondern meist auch das Scheitern an den Schwächen und Stärken der eigenen Persönlichkeit. Wenn man den Versuch unternimmt, Olahs Persönlichkeit typologisch einzuordnen, sind es zwei Kategorien, in die Olah zweifelsfrei passt, ja ohne deren Zuhilfenahme man dem Geheimnis seiner Wirkung und der von ihm ausgelösten Gegenwirkung nicht gerecht werden kann. Der erste Typus ist der des „Arbeiterführers". In dieser Beziehung war er eine Ausnahmeerscheinung, denn obwohl die Sozialdemokratie eine deklarierte „Arbeiterpartei" war und eine starke proletarisierte Ideologie hatte, waren es doch stets Intellektuelle, von Victor Adler bis Otto Bauer und darüber hinaus, die die eigentliche Führungsrolle ausübten, zwar in Namen und im Dienste des Proletariats, aber doch auch in einer gewissen Distanz zu den geführten Massen. Wenn Otto Bauer einmal von der „Demut vor der

---

* Für jüngere Leser, für die der Fall Olah nicht mehr erlebte, sondern schon dem Bewusstsein entschwundene Geschichte ist, sei festgehalten, mit welchem Vorwurf bzw. Vorwand man Olah kriminalisierte und im März 1969 zu einem Jahr Kerker verurteilen ließ: Olah wurde der Veruntreuung von Gewerkschaftsgeldern schuldig erkannt, da er eine Million Schilling zweckwidrig verwendete und abzweigte: beileibe nicht in die eigene Tasche, sondern zur Unterstützung der finanziell brustschwachen FPÖ, die sich Olah für eine spätere kleine Koalition, die 1983 dann auch kam, warm halten wollte. Mit dieser illegalen Finanzspritze wurde Olah, der in so vieler Hinsicht seiner Zeit voraus war, auch zum Vorläufer der kleinen Koalition SPÖ–FPÖ 1983–1986.

Masse" gesprochen und Oscar Pollak diesen Bauer'schen Spruch in der Zweiten Republik in Erinnerung gerufen hat, so ist damit auf eine enge, aber auch höchst problematische Beziehung hingewiesen worden, die sich bis zu einem gewissen Grad auch im Verhältnis zwischen Kreisky und Olah widergespiegelt hat. Olah war gelernter Klaviermacher und diese Bezeichnung war auch die Berufsbezeichnung, unter der er immer wieder kandidierte.

Der zweite, viel weniger geläufige, aber nicht minder aussagekräftige Typus, dem Olah zuzuordnen ist, ist der des „Männerhelden". Diese Bezeichnung wurde vom deutschen Historiker des „Wandervogel", Hans Blüher, geprägt, der auch ein soziologisches Werk über „Die Rolle der Erotik in der männlichen Gesellschaft" geschrieben hat. Im Gegensatz zu der in Österreich vorherrschenden, katholischen Tradition, derzufolge der Staat eine erweiterte Familie, eine Keimzelle des Staates ist, vertrat Blüher den entgegengesetzten, protestantisch gefärbten Standpunkt, denn im Protestantismus fehlt das in der Verehrung der Gottesmutter Maria vorhandene weibliche Element, das die Strenge des männlichen Prinzips mildert. Nach Blüher ist der Staat nicht die Fortsetzung, sondern die Entgegensetzung zur Familie, der Auszug der Männer, die von ihren Frauen genug haben, nachdem diese die notwendigen Dienste der Fortpflanzung geleistet haben. Idealtypisch und zugleich historisch ist das Sparta der Antike, in dem die Liebe zwischen Männern bis in den Tod das einigende Band war. Der „Männerheld", den Blüher in seinem Werk vorstellte, ist eine Persönlichkeit, die, ohne deshalb praktizierend homosexuell sein zu müssen, sich am liebsten unter Männern bewegt und vor allem auf Männer anziehend und begeisternd wirkt.

Olah entsprach nun genau diesem Blüher'schen Typ. Er machte sich nicht viel aus Frauen und heiratete, auch auf Drängen Kreiskys, der die Olah umgebenden Gerüchte für seiner Karriere abträglich hielt, spät, eine Jugendfreundin, die die Tochter eines Hernalser Bezirksfunktionärs war. Er tat gut daran, diese Frau Elfriede, seine „Friedel", wie er sie stets nannte, zu ehelichen, denn ohne diese tapfere Frau an seiner Seite hätte er die harten Jahre, die vor ihm lagen, wohl nicht überstanden. Aber das änderte nichts daran, dass er sich vorzugsweise im männlichen Milieu aufhielt und in diesem seine größten persönlichen Erfolge, aber auch schwersten persönlichen Niederlagen erlebte.

Vollends zum Durchbruch kam diese männerbündlerische Neigung Olahs im Rahmen der „Demokratisch-Freiheitlichen Partei" (DFP), die er nach seinem Ausschluss aus der Partei gründete und mit der er bei den Nationalratswahlen 1966 und bei den darauf folgenden Gemeinderatswahlen in Wien kandidierte. Den Einzug in den Nationalrat schaffte Olah freilich nicht; hätte er sich auf einen – Wiener – Wahlkreis konzentriert, hätte er eine neue politische Karriere beginnen können, die ihn dann auch von der folgenden strafrechtlichen Verfolgung bewahrt hätte. In dieser DFP dominierten Männer der verschiedensten Herkunft: Polizeibeamte, Studenten, Gewerbetreibende, aber vor allem möglichst riegelsame und vierschrötige Arbeiter, jene Bau- und Holzarbeiter, die im Oktober 1950 eine so große Rolle bei der Abwehr des kommunistischen Putschversuchs gespielt hatten. Da Olah vorwiegend bis ausschließlich auf Männer wirkte, hatte er schon eine mächtige Gruppe in der Partei zum Feind, die instinktiv seine Abneigung oder doch Gleichgültigkeit gegenüber Frauen spürte und daher andere Typen vorzog.

Eine weitere einflussreiche Gruppe, die Olah gegen sich hatte, waren alle Linken, ob jugendbewegt oder auch schon älter wie Christian Broda. Broda war es, der den latenten Unmut dieser Gruppe kanalisierte und es zum Machtkampf „er oder ich" kommen ließ. Olah erkannte die Gefahr, die von Broda für ihn ausging, früh. Als 1960 durch den Abgang des langjährigen Ressortchefs Otto Tschadek, der in die niederösterreichische Landespolitik hinüberwechselte, die Position des Justizministers vakant wurde, trat Olah für den oberösterreichischen Juristen Viktor Kleiner ein, während starke Kräfte in der Partei Broda favorisierten. Damals brachte der eng mit Broda befreundete Peter Strasser Olah eine für die weitere Entwicklung präjudizielle Niederlage bei. Strasser beantragte eine geheime Abstimmung, bei einer offenen hätten es viele nicht gewagt, sich dem damals noch so mächtigen Olah, dessen Schatten sich mehr und mehr auf die Partei und durch sie auf Österreich legte, zu widersetzen. Zu den schon genannten Olah-skeptischen Gruppen gesellten sich noch die beamteten Parteifunktionäre, die um ihre Pfründe bangten. Denn so machtbesessen Olah auch war, er war alles andere als geldgierig, sondern geradezu spartanisch-asketisch, seine unheimliche, fordernde Erscheinung stellte die schlampige Gemütlichkeit, die die Partei längst erfasst hatte und nicht selten in Korruption ausartete, in Frage.

Was aber der in den Augen seiner Gegner wirklich unverzeihliche Fehler Olahs war, war der Umstand, dass er jene Beliebtheit bei den Massen hatte, die ihnen fehlte. Der deutsch-italienische Soziologe Robert Michels, der nach seiner Kritik an der Sozialdemokratie und aus Enttäuschung über sie zum glühenden Anhänger Mussolinis wurde, hat in seinem Klassiker „Zur Soziologie des Parteiwesens" genau das beschrieben, was Olah Jahrzehnte später zum Verhängnis werden sollte: „Jede neue oppositionelle Strömung in der Partei wird als Demagogie zu diskreditieren versucht, der direkte Appell mit der Parteiherrschaft unzufriedener Elemente, und mag er noch so edlen Motiven, wie den Gründen taktischer Überlegung, entspringen, wird, trotzdem er unzweifelhaft als das Grundrecht der Demokratie anzusehen ist, als unschicklich verworfen oder sogar als Einmischung oder boshafter Versuch der Untergrabung der Parteidisziplin und deren Verletzung gebrandmarkt. Wobei zu bemerken ist, dass die Führer, als im Besitz der Machtmittel und folglich an der Macht befindlich, den Vorteil haben, stets im Lichte der Gesetzlichkeit zu erscheinen, während die rebellierenden Massen oder Unterführer in das Licht der Ungesetzlichkeit gerückt werden können." Und so musste es denn im Fall Olah zu dem kommen, was Michels wie folgt ausgeführt hat: „In den Fällen eines Aufeinanderprallens zwischen den Führern und den Massen bleiben deshalb erstere, sobald sie nur einigermaßen untereinander einig sind, stets Sieger."

Der Zusammenhang Michels-Mussolini kommt ebenso wenig von ungefähr wie der zwischen Olah und dem Faschismus hergestellte. Kreisky hat Olah einmal mit Mussolini verglichen, ich selbst habe, im Rahmen eines Seminars über Parteienwesen in Gegenwart Franz Olahs, diesen mit Perón parallelisiert, ohne dass der Anwesende meiner Interpretation widersprochen hätte. Jede Analogie hat Schwächen, im Falle dieses Vergleichs fehlt eine Evita, die wesentlich zum Erfolg Peróns beigetragen hat. Was diesen Vergleich aber dennoch stichhaltig macht, ist der Umstand, dass Perón weder demokratisch noch liberal, sondern autoritär und konservativ war. Und die Arbeiter sind, im Gegensatz zu dem, was die linken Intellektuellen von ihnen glauben, ebenfalls weder demokratisch noch liberal, sondern – nicht zuletzt in ihrer häuslichen Sphäre – durchaus autoritär und repressiv.

Olah und die von ihm geschaffene Partei haben durchaus faschistische Züge gehabt. Aber es waren bei Olah eben nur Züge und Anwandlungen, im Grunde verhielt er sich, als es darauf ankam, durchaus zahm und kreuzbieder. Ein Mussolini oder Perón hätte die demonstrierenden Arbeiter nicht, wie es Olah vor seinem Ausschluss in der Löwelstraße getan hat, beruhigt und nach Hause geschickt, sondern zum Sturm auf die Zentrale ermuntert. Und wenn die Polizei zum Einsatz gekommen wäre, um den Parteivorstand gegen kampfbereite Arbeiter zu schützen, so hätte diese ein solches Ereignis wohl nicht ungespalten überlebt. Olah hätte es aber schon vorher in der Hand gehabt, seinem Ausschluss zuvorzukommen und eine eigene Partei zu gründen. In diesem Stadium hätte er sogar noch einen Teil des Apparates mitreißen können. Doch Olah übte sich in Zurückhaltung, was ihm nicht gedankt, sondern als Zeichen von Schwäche gedeutet wurde, so dass kein Hindernis mehr bestand, an seine völlige Vernichtung zu schreiten.

Wahrscheinlich ist es für die österreichische Demokratie besser gewesen, dass es so gekommen ist, dies tut aber der historischen Größe des Mannes, der so nahe am Sprung in eine ganz andere Wirklichkeit war, keinen Abbruch. Er hat alle seine Gegner überlebt und überstrahlt.

XVI. Kapitel
Postskripta zu Bruno Kreisky

Über Bruno Kreisky sind nicht nur unzählige Artikel, darunter auch aus meiner Feder, sondern auch zahlreiche Bücher erschienen, so dass das von Kreisky gezeichnete Bild bereits überladen ist. Trotzdem möchte ich es wagen, diesem bereits üppigen Gemälde von Makart'scher Pracht einige Farbtupfen aufzusetzen. Erstens, weil man in einer Parteigeschichte, wie ich sie in diesem Buch entwerfe, an einem eigenen Kapitel über Kreisky und seine Ära nicht vorbeikommt. Zweitens habe ich einen Beitrag zum Wechsel von Pittermann zu Kreisky geleistet, der nicht nur nach meiner eigenen Einschätzung eine aus dem Kausalprozess, der zum Sieg Kreiskys führte, nicht wegdenkbare Rolle spielte, indem ich im September 1966 einen Vortrag Ernst Korefs herbeiführte, der die Frage „Pittermann ja oder nein?", die über den Sommer 1966 einzuschlafen drohte, in das Bewusstsein der Parteiöffentlichkeit und der Öffentlichkeit überhaupt rückte. Drittens verband mich mit Kreisky auch nach seinem innerparteilichen und staatspolitischen Machtantritt eine ambivalente, durch mündliche Aussprachen, aber auch durch Briefe aufrechterhaltene Beziehung. Viertens trug ich auch dort, wo ich mich nicht direkt an ihn wandte, durch meine Kommentare während und nach der Ära Kreisky zu der Würdigung, aber auch zur Kritik seines Wirkens bei.

Vorweg: An der Größe Kreiskys als Außenpolitiker und Staatsmann kann kein Zweifel bestehen. Er war eine herausragende Persönlichkeit, wie sie der Politik nur selten beschieden ist. Dennoch sei es mir an dieser Stelle erlaubt, einige vielleicht ketzerische Überlegungen zu seiner Person anzustellen.

164

Kreisky und Androsch

Wer etwas über Bruno Kreisky sagen will, kommt nicht umhin, den zentralen Konflikt zwischen Kreisky und Androsch zu berühren, der diese Ära überschattete. Da ich Gelegenheit hatte, mit beiden Streitparteien relativ ausführlich über die Ursachen und Folgen dieses Konfliktes zu sprechen, kann ich mir zwar nicht anmaßen, mich nachträglich zum Schiedsrichter über die beiden aufzuschwingen, wohl aber halte ich mich für berechtigt, meine in diesen Gesprächen gewonnenen Einsichten und Einschätzungen mitzuteilen.

Was die Anfänge dieses Konfliktes anbelangt, gibt es zwei verschiedene Versionen, die einander nicht ausschließen, aber doch doppeldeutig sind. Kreisky sagte mir und natürlich auch vielen anderen, dass „eine Welt für ihn zusammengebrochen" sei, als Androsch eines Tages mit dem Ansinnen an ihn herantrat, ihn, Androsch, zum Präsidenten der Nationalbank zu machen. Damals soll Kreisky erschüttert ausgerufen haben: „Geht es dir wirklich nur ums Geld?" Kreisky verübelte ihm nach dieser Darstellung zutiefst, dass er sich des in ihn gesetzten Vertrauens, dereinst seine Nachfolge anzutreten, nicht würdig erwiesen habe. Androsch bestreitet diesen an Kreisky bezüglich der Nationalbank herangetragenen Wunsch gar nicht, behauptet aber, dass er schon damals die Aussichtslosigkeit, wirklich Nachfolger Kreiskys zu werden, erkannt und sich daher nach einem Ersatzposten umgesehen und natürlich auch ganz hoch gegriffen habe.

Kann man über den Beginn der Kausalkette, die zum Konflikt und in weiterer Folge zum Bruch zwischen beiden führte, verschiedener Meinung sein, so scheinen mir die in diesem Konflikt zum Ausbruch kommenden Komponenten doch zweifelsfrei rekonstruierbar zu sein. Der Konflikt zwischen beiden war, um mich eines Freud'schen Terminus zu bedienen, „überdeterminiert", das heißt, es waren mehrere Elemente am Ausbruch und Fortgang dieses Konfliktes beteiligt. Jedes dieser Motive hat bei jedem der beiden Beteiligten auch bestimmte Rationalisierungen und Deckerinnerungen produziert, so dass selbst der reine Sachverhalt nicht über jeden Zweifel erhaben nachvollzogen werden kann.

Es waren, wenn ich es recht sehe, hauptsächlich drei Giftquellen, die einen tödlichen Cocktail, ein *trio infernal*, bildeten. Jede einzelne dieser Giftquellen hätte vermutlich nicht ausgereicht, um den Konflikt so weit eskalieren zu lassen, in ihrem Zusammenwirken ergaben sie jedenfalls eine irreparable Situation der Entfremdung und Auseinanderentwicklung. Die erste, nach außen hin verborgene, deswegen aber nicht minder mächtige Quelle des Konfliktes war eine libidinöse. Es besteht kein Zweifel daran, dass Kreisky in Androsch nicht nur einen wertvollen, unentbehrlichen Mitarbeiter und Favoriten für seine Nachfolge sah, sondern eine Art Wahlsohn und Lieblingsbegleiter, wobei der Akzent auf Liebling liegt. Ich erinnere mich an eine Szene, als Kreisky mit Androsch und anderen in einem größeren, aber durchaus noch parteiintim zu nennenden Kreis damals noch als Oppositionsführer auftrat und, als Androsch an uns vorbeiging, augenzwinkernd zu mir sagte: „Ist das nicht ein fescher junger Mann?" Da war mehr als Bewunderung, da war Begeisterung über den bloßen Anblick dieses hoffnungsvollen Feschaks im Spiel. Kreisky erging sich Androsch gegenüber in flüchtigen, aber auch zärtlichen Berührungen, die Androsch nicht erwiderte, aber auch nicht abwehrte. Als Kreisky nach und nach erkannte, dass seine Gefühle nicht erwidert, sondern eher belächelt und im Kreis von Androschs Freunden bespöttelt wurden, trat nicht nur eine Abkühlung, sondern langsam, aber sicher ein Umschlag dieser Gefühle von Liebe zu Hass ein.

Die zweite Komponente war die, auf die Androsch selbst anspielte, als er einmal in der Fernsehsendung „Lebenskünstler" von Helmut Zilk, auf diesen Konflikt angesprochen, die Assoziation „Erbhofbauer" von sich gab. Androsch gab zu früh zu erkennen, dass eigentlich schon seine Zeit gekommen sei, da er ohnehin die ganze Arbeit mache. Da erwachte in Kreisky der irritierte Machtinstinkt, der in Karl Schönherrs Drama „Erde" dargestellt wird: Der nicht zur Übergabe an den Jüngeren bereite Erbhofbauer zerhackt den Sarg, in den man ihn bereits betten wollte. Wenn man diese Spur verfolgt, kommt man zum Schluss, dass es Androschs Ungeduld war, die ihn in den Augen Kreiskys suspekt machte. Natürlich wurde ihm hinterbracht, wie sich Androsch im Kreise seiner Freunde über den „Alten" äußerte, zu dem verletzten Liebesgefühl kam noch der Abwehrwille des überlegenen Älteren dazu. Die Ungeduld war es auch, die Olah vor Androsch zum Verhängnis wurde, beide verrieten ihre Absichten zu früh und zu deutlich. Hans Bögl, mit dem ich in den Tagen des gegen ihn eingesetzten Schiedsgerichtes im November 1964 im Burgenland über Olah sprach, sagte über ihn etwas, was man auch gegen Androsch vorbringen kann. Bögl sagte damals: „Der Olah war wie jemand, der einen Teller heißer Suppe vor sich hat und, statt zu warten, bis die Suppe auskühlt, sie im brühheißen Zustand verschlingt und sich dabei den Magen verbrennt." Als ich Olah persönlich kennen lernte und in seiner Badner Villa natürlich auch immer wieder zum Essen eingeladen war, beobachtete ich ihn und stellte fest, dass er ungewöhnlich schnell aß und das Essen, statt es genießerisch zu kauen, förmlich verschlang. Da ich selbst dieser ungesunden Form des Essens zuneige, erkannte ich mich bei der Beobachtung Olahs in ihm wieder, erinnerte mich aber auch des Vergleiches von Bögl. Als ich Olah auf diese seine Gewohnheit ansprach, erklärte er mir, dass er sich das hastige Essen im KZ angewöhnt habe, wo man in der kurzen zur Verfügung stehenden Zeit möglichst viel zu sich nehmen musste, um bei Kräften zu bleiben. Nun, der Physis muss diese Schlingsucht, wie Olahs biblisches Alter beweist, nicht unbedingt schaden. In der Politik aber kann sie, wie die Fälle Olahs und Androschs beweisen, unter Umständen tödlich sein. Wenn man dieser Spur einen hohen Stellenwert einräumt, kann man zum Schluss kommen, dass Androsch im Sinne der Sicherung der Nachfolge gut daran getan hätte, seine Absichten zu dissimulieren. Dann wäre ihm der Erfolg unter Umständen ohne große Anstrengungen wie eine reife Frucht und wie von selbst in den Schoß gefallen.

Zu allem Überfluss gesellte sich zu den libidinösen und machtpolitischen Ambitionen noch ein nicht zu unterschätzender Faktor hinzu, aus dessen Vorhandensein Kreisky gar keinen Hehl machte. Er beneidete Androsch, weil dieser, wie Kreisky sich mehrfach ausdrückte, „im Geld schwamm", während er, da er einen aufwändigen Lebensstil pflegte, nie mit dem Geld auskam. Außerdem sagte er: „Ich wohne in einer Mietvilla und er in einer unter zweifelhaften Umständen finanzierten eigenen Villa." Kreisky beneidete, wie ich Gesprächen mit ihm entnahm, nicht nur Androsch, sondern auch Persönlichkeiten wie Heinrich Treichl oder den „Staberl". Er vertrat den sicher bedenkenswerten Standpunkt, dass alle diese Herren zu Unrecht mehr verdienten als er, obwohl sie für Österreich unvergleichlich weniger leisteten als er. In dieser Beziehung war Kreisky absolut nicht weise und altersklug, sondern kleinlich und von Missgunst zerfressen. Kreisky zitierte zwar gerne einen Ausspruch des Schweizer Kulturphilosophen Jacob Burckhardt, nach dem man durch Erfahrung „klug werde (für ein andermal), und weise (für immer)". Doch Kreisky fehlte im hohen Alter jene Weisheit, die es ihm erlaubt hätte, besser mit seinem Schicksal zurechtzukommen.

Kreisky und Josef Klaus

Vielleicht wird man der Größe Kreiskys, aber auch den Schwächen, die sein historisches Bild trüben, besser gerecht, wenn man ihn mit seinem Vorgänger Josef Klaus vergleicht. Klaus war im Vergleich zu Kreisky keine epochemachende, sondern eine bloß episodische Erscheinung, obwohl er das historische Glück hatte, als erster Chef einer Alleinregierung seit 1945 in die Geschichte einzugehen. Ihm aber waren in dieser Rolle nur vier Jahre beschieden, Kreisky aber dreizehn. Auch inhaltlich konnte Kreisky die österreichische Gesellschaft weitaus stärker und nachhaltiger prägen als Klaus, dem aber die Gestaltgebung der Rundfunkreform aufgrund eines erfolgreichen Volksbegehrens 1964 als Erfolg anzurechnen ist, der sich aber nicht politisch günstig für ihn auswirkte. Was Klaus gegenüber Kreisky positiv auszeichnet, war die Leichtigkeit und Schnelligkeit, mit der er sich nach der Wahlniederlage 1970 von der Macht verabschiedete. Nicht zum Nutzen seiner Partei, der eine lange Periode der Opposition bevorstand. Was Klaus diesen Machtverlust persönlich so leicht verschmerzen ließ, war der Ortswechsel von Wien nach Teneriffa, ein gutes Familienleben und eine ausgeprägte Religiosität.

Kreisky konnte sich mental nicht von der Macht verabschieden und drehte sich bis zuletzt als bereits Entmachteter mit ihr mit. Kreiskys mangelnde Fähigkeit, der Macht innerlich und äußerlich zu entsagen, begann aber nicht erst nach dem Verlust der absoluten Mehrheit 1983, sondern schon früher. Wäre Kreisky nach der Volksabstimmung über die Inbetriebnahme des Kraftwerkes in Zwentendorf im November 1978, die entgegen seinem Rat mit einer knappen Mehrheit der „Nein"-Stimmen endete, zurückgetreten, so wäre er wie General de Gaulle, der nach einer nicht nach seinem Willen ausgegangenen Volksabstimmung im April 1969 freiwillig zurücktrat, in den Olymp der Geschichte eingegangen. Er aber trat entgegen seiner mehrfachen Ankündigung zurückzutreten noch zweimal, 1979 und 1983, zu den Nationalratswahlen an. Dabei war er bei den Wahlen 1983, bei denen er dann ohnehin die absolute Mehrheit verlor, bereits schwerkrank und Dialysepatient. Die Tatsache, dass ihm namhafte Ärzte physische Gesundheit attestierten, demonstriert, dass es nicht nur in Diktaturen, sondern auch in Demokratien Gefälligkeitsgutachten im Dienste der Macht gibt. Lediglich der Internist Anton Neumayr weigerte sich mitzuspielen und zog sich, wie er später selbst preisgab, aus diesem Konsortium zurück. Kreisky, statt ihm dafür zu danken und aus seinem Befund schon vorher die Konsequenzen zu ziehen, grollte ihm und begab sich in die heikle Situation, die er besser vermieden hätte.

In einer anderen, wesentlichen Beziehung war Kreisky Klaus unterlegen: Im Gegensatz zu Klaus, der Persönlichkeiten wie Alois Mock, Leo Wallner, Heinrich Neisser, Thomas Klestil u. a. m. heranzog, die allesamt ohne Skandal ihre Ämter ausübten und sich auch nachher bewährten, war Kreisky, wie er einmal selbstkritisch zugab, „kein guter Menschenkenner". Weder Hannes Androsch noch Leopold Gratz, weder Karl Blecha noch Fred Sinowatz erfüllten die in sie gesetzten Erwartungen, der unbedeutendere Klaus hat die bessere Hand bei der Auswahl seiner Mitarbeiter bewiesen. Die Größe ist eben, wie unser Nationaldichter Grillparzer sagte, auch „gefährlich" und gefährdend.

Kreisky und der Privilegienabbau

Eine Frage, an deren Lösung nicht nur Kreisky, sondern der Sozialismus aller Spielarten insgesamt scheiterte, war der angekündigte, aber in Ansätzen stecken gebliebene Privilegienabbau. Kreisky und mit ihm alle, die, vorher und nachher, Ähnliches anstrebten, scheiterten an der Widerstandsfähigkeit und Hartnäckigkeit von Interessen, deren Macht immer wieder in einem idealistischen Anlauf unterschätzt wird, so dass die Kapitulation eine mehr oder weniger vorgezeichnete ist. Selbst in Bewegungen, die hart kämpften, wo es ums Leben, ums Überleben und nicht ums Wohlleben ging, siegte, sobald die kämpfende Gruppe an der Macht war, der Hang zum Wohlleben über die asketischen Ideale der eigenen Vergangenheit. Diejenigen, die auf der Reinheit der Ideale beharren und sie in die neu geschaffene Ordnung hinüberretten wollen, werden unbeliebt und, wenn die Möglichkeit hiezu besteht, mehr oder weniger streng belangt. Das beste Beispiel ist neben Leo Trotzki, der die „verratene Revolution" in der russischen Revolution einmahnte, der jugoslawische Dissident Milovan Djilas, der die „neue Klasse" anprangerte und von Tito, dessen ergebener Gefolgsmann er lange Zeit war, für Jahre in den Kerker geworfen wurde. Auch die chinesische Kulturrevolution, die auf ihre Art den ursprünglichen Geist der maoistischen Revolution retten wollte, musste der etablierten bürokratischen Herrschaft der Parteifunktionäre weichen. Dies alles vorausgeschickt und vorausgesetzt, darf es nicht verwundern, wenn auch Kreisky einsehen musste, dass sich – wie er euphemistisch meinte – „niemand etwas wegnehmen lassen will".

Ich selbst habe mich, sozialistischer Theoretiker, der ich war, verpflichtet gefühlt, im Sinne der einst hochgehaltenen und beschworenen Prinzipien zu intervenieren, ich habe aber, wie ich bald erkennen musste, nur wenige Mitstreiter gefunden, deren Namen und Rang Gewicht hatten. Denn die sozialistischen Jugendorganisationen waren und sind zwar gleichsam von ihrem Status her dazu verpflichtet, für die Begrenzung der Gier zu kämpfen, die sich parallel zur Macht und mit ihr aufs Engste verbunden breit macht, aber sie sind stets auf einsamem und verlorenem Posten. Einer der wenigen Kombattanten war der oberösterreichische Landesparteiobmann und Landeshauptmannstellvertreter Rupert Hartl, der nach einem innerparteilichen Korruptionsfall sondergleichen 1974 in einer Kampfabstimmung zum Landesparteivorsitzenden gewählt wurde. Nicht nur die Umstände, unter denen Hartl an die Macht kam, waren außergewöhnlich: Mit ihm trat auch eine außerordentliche Persönlichkeit an die Spitze. Diesmal wurde nicht einer aus dem Funktionärskader berufen, sondern ein Mann, der etwas Unbezahlbares einzubringen hatte, nämlich seine berufliche Unabhängigkeit gegenüber der Partei. Als Senatspräsident eines hohen Gerichtshofes entsprach er ganz und gar nicht dem herkömmlichen Bild des biederen, gefügigen Parteisoldaten. Von diesem Mann war einiges zu erwarten, was für einen Kadermann unvorstellbar war: Er stellte innerparteiliche Gewohnheitsrechte in Frage, wenn er etwa ankündigte und ganz allgemein postulierte, dass Parteisekretäre kein Mandat bekleiden sollten. Dabei waren und sind die Parteisekretariate die beliebtesten Startlöcher für künftige Mandatare, die nach dem Motto „An der Quelle saß der Knabe" dafür sorgen, dass sie die ersehnten Pfründe auch wirklich erhalten. Dieser Umstand trug und trägt zur Bürokratisierung der Partei bei, diese wiederum führt zu Denaturierung der Idee des Mandates, das dem Volk dienen und ihm möglichst nahe sein soll. Freilich sollte Hartl bei seinen Versuchen die unterschätzte Macht des Apparates kennen lernen und er fand auch bei Kreisky keinen Rückhalt, so dass er nach dem Ende seiner politischen Tätigkeit in seinem 1985 erschienenen Buch „Österreich oder Der schwierige Weg zum Sozialismus" zu resignierenden Konsequenzen kam.

Kreisky nahm Auswüchse, wie sie in Linz besonders üppig gediehen, nicht zum Anlass, um strukturelle Konsequenzen zu ziehen, er eilte den Angegriffenen auch noch zu Hilfe. So weiß Hartl zu berichten, dass Kreisky fernmündlich und brieflich beanstandete, dass Hartl in SPÖ-Veranstaltungen gegen den Ämterkumulierer Karl Sekanina, der dann später auch über eine Korruptionsaffäre stolperte, Stellung nahm. Kreisky wollte es sich eben nicht mit den vielen kleinen Unterführern in Partei und Gewerkschaft verderben. Felix Baumgartner, der Obmann der Kontrollkommission, die korrupte Machenschaften zu Tage förderte, der aber, um diesen Kontrollbericht nicht mehr vorlegen zu können, vorsichtshalber aus der Partei ausgeschlossen wurde, schilderte in einem Büchlein „Scheitert der österreichische Sozialismus?" 1975 alle diese Vorgänge und prangerte die „doppelte Moral des Dr. Kreisky" an.

Kreisky ließ sich also nicht nur Zeit, er ließ Gelegenheiten, aus dem konkreten Anlass Konsequenzen zu ziehen, ungenutzt. Erst gegen Ende seines politischen Wirkens wurde ihm mehr und mehr bewusst, dass er mit dem versäumten Privilegienabbau sein ganzes Lebenswerk in Frage stellte. Die Erlassung eines Zehnpunkteprogramms, kurz „Zehn Gebote" genannt, bei einer Konferenz des sozialistischen Pensionistenverbandes am 3. September 1980, war ein solcher letzter Versuch und Vorstoß, für den aber leider das Wort „too little and too late" gilt.

Ich selbst appellierte nach der Erteilung der Generalvollmacht zum Handeln nach allen Richtungen, die ihm der Parteivorstand am 6. November 1978 erteilte, in einem Brief an ihn, von dieser Vollmacht in zwölfter Stunde auch wirklich Gebrauch zu machen. Die Antwort Kreiskys in einem Schreiben vom 16. Dezember 1978 war der persönlichste und warmherzigste Brief, den ich je von ihm erhielt und in dem er sich sogar zu dem vertraulichen „wir beide" hinreißen ließ. Dieser Brief ist es wert, im Zusammenhang mit der Größe, aber auch den Begrenzungen seiner Ära in voller Länge wiedergegeben zu werden. Der Text lautete:

Lieber Freund!

Ich danke Dir für Deinen Brief und brauche Dir erst nicht zu versichern, daß ich seit längerer Zeit mich mit diesen Problemen befasse und daß mir aber eben bewußt ist, wie sehr ich hier bei der Lösung mit einem Widerstand zu rechnen habe, der deshalb so schwierig zu überwinden ist, weil er sich begreiflicherweise auf anderen Gebieten manifestiert.

Ich habe in diesen letzten Wochen in geradezu erschütternder Weise erlebt, wie sehr manchen meiner politischen Freunde der Sinn für richtige Proportionen abhanden gekommen ist und wie wenig sie in der Lage sind, die Dinge so zu sehen, wie wir beide es tun. All das Große und Bedeutende, das wir in diesen Jahren vollbracht haben, wird durch den Umstand des Bestehens von Privilegien, von eigenmächtigen Interpretationen des eigenen Tuns, von fast unverhüllter Gewinnsucht und ähnlichen unerfreulichen Erscheinungen in den Schatten gerückt.

Ich klage nicht über die sogenannte Neidgenossenschaft und was da immer an Scheinargumenten vorgebracht wird. Es ist das unumstößliche Recht der Menschen in der Demokratie, von den in ihr Wirkenden zu verlangen, daß sie sich selbst keinen anderen Maßstäben unterwerfen, als die, die sonst gelten mögen. Erst recht gilt das für Sozialdemokraten, die sich in der Vergangenheit immer besonders willig solchen Geboten unterworfen haben. Mich bringt also keineswegs irgendeine Form des Opportunismus dazu, die Dinge jetzt so weit es geht und so breit als möglich anzupacken, sondern ganz einfach der Umstand, daß ich glaube, Widerstände jetzt leichter überwinden zu können, als es noch vor Monaten der Fall gewesen wäre. Als ich seinerzeit damit begonnen habe und auch einige Anfangserfolge erzielen konnte, glaubten viele, daß es damit sein Bewenden haben müsse.

Vor einigen Monaten, als ich die verbleibenden Probleme einer weiteren Prüfung unterzogen habe, hat man mir entgegengehalten, ob ich denn keine anderen Sorgen hätte und warum ich sozusagen den Bären weckte, der da schläft.

Jedenfalls hat mich Dein Brief gefreut und gäbe es nicht auch noch hunderte andere voll Vertrauen, die von den Menschen draußen gekommen sind, so hätte es einem manchmal gereicht.

Herzlichst
Dein Kreisky

Zusammenfassend lässt sich im Hin- und Rückblick auf Bruno Kreisky sagen, dass er auf drei Ebenen mit abnehmender Bedeutung und Nachhaltigkeit tätig war: Am erfolgreichsten und seiner Zeit voraus war er in der Außenpolitik, besonders der Nahostpolitik, minder erfolgreich, aber noch immer überragend war er in der staats- und innenpolitischen Sphäre Österreichs, am wenigsten erfolgreich als Parteiführer.

Kreisky ist ein Beispiel für die Hochgefühle, die die Macht einem „Sonnenkönig" wie ihm zu verschaffen vermag, aber auch ein trauriges Beispiel für die bitteren Gefühle, mit denen er für eine lange Hoch- und Glanzzeit büßen musste. Wir werden wohl, um mit dem Dichter abzuschließen, „nimmer seinesgleichen sehn".

XVI. Kapitel
Die Ära Sinowatz (1983–1986)

Die Schwäche Kreiskys, die sich in der Partei am meisten auswirkte, kam schon in der Wahl seines Nachfolgers im Staat und in der Partei zum Ausdruck. Kreisky war überzeugt, dass Sinowatz das Zeug in sich habe, ein sozialdemokratischer Raab zu werden. Sinowatz hatte sich seine ersten Sporen im Burgenland verdient und war maßgeblich daran beteiligt, dass es bei den burgenländischen Landtagswahlen 1964 zu einem Machtwechsel von der ÖVP zur SPÖ kam, dem ersten Farbenwechsel bei einer Landtagswahl in der Zweiten Republik. Der erste sozialistische Landeshauptmann war Hans Bögl, er wurde aber schon 1966 von Theodor Kery abgelöst, der dann bis 1988 ein Landesfürst war, auf den diese Bezeichnung besonders zutrifft, zelebrierte er doch seine Macht nicht nur bei festlichen Empfängen im Schloss im Stile Esterházys. Sinowatz hatte wesentlich zum Aufbau Kerys, zu seiner Stilisierung als Landesherrscher beigetragen. Beide zusammen spielten die ÖVP, wo sie konnten, an die Wand und nahmen das Land und seine Menschen eisern in ihren Griff, der vor allem in einer beinharten Personalpolitik zum Durchbruch kam. Der ungarisch-österreichische Schriftsteller György Sebestyén hat die bis in die Schulstuben und Ämter reichenden Konsequenzen dieser Politik in seinem Roman „Die Werke der Einsamkeit" beschrieben.

Sinowatz hätte gut daran getan, sich rechtzeitig als Nachfolger Kerys, der nach einer verlorenen Landtagswahl 1988 zurücktrat, zu etablieren. Aber er versäumte diese Überfuhr und wurde von Kreisky als sein Nachfolger ausersehen. Sinowatz wehrte sich in richtiger Selbsteinschätzung zunächst gegen diesen Plan, er erkannte, dass das Amt des Bundeskanzlers um einige Schuhnummern zu groß für ihn war. Aber er beugte sich letzten Endes doch der Parteiräson, die für ihn als Parteisoldaten über alles ging. Hatte er doch bei einer Funktionärekonferenz im Burgenland den immer wieder zitierten Ausspruch getan: „Wir alle, wie wir hier sitzen, verdanken alles der Partei." Mein burgenländischer Gewährsmann und langjähriger Sekretär Kerys, der Jurist Günther Engelbrecht, hat mir nicht nur von dieser Äußerung erzählt, er ist auch an Ort und Stelle gegen diese Zuschreibung aufgetreten und hat für sich selbst in Anspruch genommen, seine Position primär seiner Leistung zu verdanken. Diese Aufmüpfigkeit ist ihm nicht gut bekommen und er hat statt einer Parteikarriere, für die er ursprünglich vorgesehen war, nur die eines Bezirkshauptmanns gemacht.

Es sollte sich herausstellen, dass ein guter burgenländischer Landespolitiker noch lange kein guter Staatsmann sein muss. Innerparteilich war die Ära Sinowatz gegenüber der Kreiskys ein Rückfall und Rückschritt, die Übertragung landespolitischer Vorgangsweisen auf die Bundespolitik tat dieser und Sinowatz selbst nicht gut.

Einen markanten Punkt dieses innerparteilichen Rückschritts gegenüber der Ära Kreisky war der im April 1985 erfolgte Ausschluss Günther Nennings aus der SPÖ und sicherheitshalber auch gleich aus dem ÖGB, in dem Nenning die Rolle des Vorsitzenden der Journalistengewerkschaft eingenommen hatte. Der Ausschluss Nennings war ein bedenkliches Symptom einer innerparteilichen Verfinsterung und Verhärtung. Dieser Ausschluss war aber auch rein statutarisch fragwürdig, denn in diesem Falle wurde überwiegend aufgrund von Befürchtungen und dem Verdacht, es könnte zu parteischädigenden Weiterungen kommen, die schwerste innerparteiliche Sanktion verhängt. Nach dem Motto „Schafft den Narren fort" wurde die an Persönlichkeiten und bunten Vögeln ohnehin arme Partei eines Glanzlichtes beraubt, das sicherlich auch Züge eines Irrlichtes hatte, insgesamt aber zur Verlebendigung der Partei beitrug. Aber Sinowatz war die Auseinandersetzung mit schwierigen Persönlichkeiten zu anstrengend und so förderte er es aktiv, dass Nenning aus der Partei entfernt wurde, ohne zu merken, dass ein Hof durch die Vertreibung eines Narren verarmt und die Politik ohne dessen Präsenz tierisch ernst und todtraurig wird. Wie sinnvoll die Funktion eines Hofnarren sein kann, wird besser als durch Worte durch ein Relief erklärt, das am Goldenen Dachl in Innsbruck heute noch zu sehen ist. Auf diesem Relief erscheint Kaiser Maximilian im Jagdkostüm, außer ihm sind noch der Kanzler und der entsprechend kostümierte Hofnarr sichtbar. Doch während der Kanzler in dieselbe Richtung blickt wie der Kaiser und somit an seinem Zuspruch hängt, schaut der Narr in eine ganz andere und eigene Richtung. Doch einem Parteibürokraten ist diese Weisheit eines christlichen Herrschers fremd, er betrachtet den Narren lediglich als unliebsame Störung des Betriebs. In diesem Zusammenhang erinnere ich mich an eine bezeichnende Szene, die die Situation schlaglichtartig erhellte: In den Tagen, als sich das Unheil gegen Nenning bereits zusammenbraute, saßen er und ich im Café Landtmann. Plötzlich ging Sinowatz an uns vorbei. Statt uns zu begrüßen, schlug er buchstäblich die Hände über dem Kopf zusammen und sagte mit einem Schuss grimmigen Humors: „Da sitzen die zwei Richtigen zusammen."

Kreisky nahm im Rahmen einer wenige Tage nach dem Ausschluss Nennings abgehaltenen Pressekonferenz im Presseclub Concordia zu diesem Ausschluss Stellung und verurteilte ihn, obwohl er in der Vergangenheit auch Konflikte mit Nenning hatte, die er aber nicht in dramatischen, sondern komischen Kategorien austrug, indem er Nenning zum „Wurstel" ernannte. Er sagte damals, dass die Sozialdemokratie nur dann die führende geistige und politische Kraft bleiben werde, wenn sie sich nicht „durch Kleinkariertheit herunternummeriere". Er wandte sich dann mit einer Kopfbewegung zu mir und meinte, dass es ihm auch nie eingefallen wäre, Norbert Leser auszuschließen, obwohl er mit diesem häufig nicht einer Meinung gewesen sei. Damit war mir klar, dass ich der nächste auf der Abschussliste sein könnte, doch ich lieferte nicht die formalen Vorwände, die Nenning durch seinen Flirt mit den aufblühenden Grünen geliefert hatte, ich war und blieb ein Einzelkämpfer.

Es war, als ob sich Sinowatz durch den Ausschluss Nennings nachträglich ein gutes Gewissen oder Gegengewicht gegenüber seinem eigenen Zurückweichen vor der in der Hainburger Au erstarkenden grünen Bewegung verschaffen wollte. Denn Sinowatz war im Dezember 1984 vor dem zivilen Widerstand der Kraftwerksgegner in der Hainburger Au zurückgewichen. So problematisch dieses Zurückweichen auch war, da es ein Präjudiz für ein weiteres Nachgeben gegenüber militanten Minderheiten auch in anderen Fragen schuf, so verständlich war es andrerseits, einer unter Umständen blutig werdenden Eskalation vorzubeugen. Doch gelang es Sinowatz 1984 nicht annähernd so gut wie Kreisky nach der verlorenen Volksabstimmung über Zwentendorf, diese Niederlage zu verschleiern. Sowohl die Miene von Sinowatz nach dem symbolischen Mittagessen mit dem Motor der Abwehrbewegung, Konrad Lorenz, als auch die nach einer

Verhandlung mit dem Betriebskaiser der VÖEST, Franz Ruhaltinger, der sich erfolgreich gegen beabsichtigte Kürzungen von Sozialleistungen bei der VÖEST durchgesetzt hatte, war eine gequälte und verlegene, die die ganze Ära besser als Worte charakterisierte.

Die eigentliche Niederlage, die dann auch das faktische Ende der kurzen Übergangsära Sinowatz zwischen Kreisky und Vranitzky war, war der Kampf gegen Kurt Waldheim während der Bundespräsidentenwahl 1986.

Es besteht kein Zweifel, dass Sinowatz und enge Mitarbeiter von ihm die Kampagne gegen Kurt Waldheim entfesselten. Sinowatz selbst lieferte für jeden, der bis dahin noch Zweifel an der Urheberschaft dieser Kampagne hatte, durch seinen Rücktritt nach der erfolgten Wahl Waldheims den Beweis. Denn es hätte, wenn diese Schuld nicht vorhanden gewesen wäre und Sinowatz sie durch seinen Rücktritt auf sich genommen hätte, keinerlei Veranlassung gegeben, nach der Wahl eines ganz anderen Staatsorgans zurückzutreten. Sinowatz hat durch seinen Rücktritt seine eigene Rolle in dieser Affäre besiegelt und seiner Partei zu einem Wiederaufstieg verholfen, der ohne seinen Rücktritt wohl nicht möglich gewesen wäre.

Aber auch sein Rücktritt war durch jene Vermischung staatspolitischer und parteipolitischer Sphären und Interessen gekennzeichnet, die auch die Waldheim-Kampagne dominiert hatte. Sinowatz behandelte Waldheim wie einen Staatsfeind, obwohl er höchstens ein Parteifeind war, und auch dies nur, weil es beide Großparteien unterlassen hatten, Waldheim gemeinsam als Kandidaten aufzustellen, eine Lösung, der Kreisky selbst lange Zeit nicht ablehnend gegenüberstand. Aber Sinowatz ging nach dem Strickmuster eines burgenländischen Landesparteisekretärs vor, der einen in Ungnade gefallenen Bürgermeister nach einem konzertierten Kesseltreiben zu Fall bringen will, wie es gerade in der Heimatgemeinde von Sinowatz, Neufeld an der Leitha, wo Sinowatz heute noch in einer Sackgasse wohnt, mit einem Bürgermeister namens Willi Lajos, der mir davon erzählte, Jahre vorher geschah. Sinowatz unterschätzte die internationalen Dimensionen, die dieser Fall durch die unheilige Allianz mit amerikanischen Kreisen und Kräften annehmen sollte, und den Schaden, der Österreich aus dieser Allianz erwuchs. Ging es Sinowatz und der SPÖ lediglich darum, den Sieg Waldheims bei der anstehenden Bundespräsidentenwahl zu verhindern, so ging es für die beteiligten amerikanischen Kräfte um einen Rachefeldzug wegen der Nahostpolitik, die

Waldheim als Generalsekretär der Vereinten Nationen betrieben hatte. Doch um uns nach diesem Hinweis auf die internationalen Verflechtungen wieder auf Österreich zu konzentrieren: Man weiß nicht und wusste als aufmerksamer Beobachter schon damals nicht, worüber man sich mehr wundern sollte: über die Unverfrorenheit, mit der diese Kampagne inszeniert wurde, oder über die Fehleinschätzung der Reaktion der Bevölkerung auf die dürftigen Enthüllungen über die Kriegsvergangenheit Waldheims.

Die ganze Kampagne verfehlte nicht nur ihren Zweck, der darin bestand, die Wahl Waldheims zu verhindern, sie richtete auch für Österreich in der Welt immensen Schaden an. Das Negative dieser Kampagne wird auch dadurch nicht geringer, dass man auf die positiven Auswirkungen hinweist, die die Debatte über die Kriegsvergangenheit einer ganzen Generation gehabt hat. Denn die nach dieser Debatte eingetretene Bewusstseinserweiterung war höchstens eine unbeabsichtigte Neben- und Nachwirkung, und nicht die beabsichtigte Hauptwirkung dieser Aktion, für die also nichts gewonnen ist, wenn man den problematischen Grundsatz, dass der Zweck die Mittel heiligt, überhaupt vertritt.

Mit ebenso viel, ja mit mehr Grund hätte man eine Kampagne anlässlich der Wahl Kirchschlägers durchführen können, der im Zweiten Weltkrieg bis zuletzt junge Menschen im Kriegseinsatz befehligte. Kirchschläger hat übrigens etwas diplomatischer als Waldheim mit seiner Aussage „Ich habe nur meine Pflicht erfüllt" formuliert, wenn er sagte: „Ich habe den damaligen Gesetzen gehorcht." Als Historiker der Zwischenkriegszeit hat mich die ganze Kampagne an die sozialdemokratische Hetze gegen Ignaz Seipel erinnert, die denn auch zu einem Attentat führte, dem Seipel als Spätfolge auch erlag.

Die Kampagne gegen Waldheim war eine regelrechte Menschenhatz, bei der sich die damals noch existierende „Arbeiter-Zeitung" wie seinerzeit gegen Seipel unrühmlich hervortat. Was wäre gewesen, wenn Waldheim nicht eine so robuste Natur und eine so starke Frau an seiner Seite gehabt hätte und er während oder an den Folgen der Kampagne gestorben wäre? Hätten dann seine Feinde in ein Triumphgeheul eingestimmt oder hätten sie Krokodilstränen vergossen? Auch die Tatsache, dass Waldheim als in die Enge Getriebener in seiner Verteidigung Ungeschicklichkeiten beging, stellt keine nachträgliche Rechtfertigung dieser Aktion dar, die ich als entbehrliches und beschämendes Kapitel der österreichischen Nachkriegsgeschichte betrachte und nicht als einen Erfolg, auf den man nach dem Motto Peter Huemers „Wir sind dabei gewesen" noch stolz sein kann. Selbst wenn die durch den Fall ausgelöste Debatte zu Erkenntnisfortschritten geführt hat, ändert dies nichts an der moralischen Anfechtbarkeit des Vorgehens.

Es ist beschämend, dass nach dem Tode Waldheims keiner der Hauptakteure der damaligen Kampagne die Größe und den Mut zu einer Abbitte gezeigt hat, sondern Sinowatz und andere in ihren Trotzreaktionen verharrt sind. Einzig Heinz Fischer, der 1986 auch geschwiegen hat und die Kampagne ungehindert gewähren ließ, hat sich wenigstens nachträglich wie schon bei der Verabschiedung Waldheims im Parlament 1992 zu dem Eingeständnis aufgerafft, Waldheim sei „Unrecht geschehen".

Für mich persönlich stellte die Waldheim-Kampagne, gegen die ich mich schon damals aussprach, eine weitere Etappe im Prozess der Entfremdung von der Partei dar, von der ich herkomme und der ich nach wie vor angehöre, weil ich der Meinung bin, dass nicht ich mich von den Grundsätzen und Idealen der Partei entfernt habe, sondern diese selbst ihre Prinzipien verraten hat und in längst überwunden geglaubte Untugenden zurückgefallen ist. In der Rücksichtslosigkeit, mit der man über Persönlichkeitsrechte hinweggegangen ist und sie mit Füßen getreten hat, sah ich nicht nur eine Parallele zu Seipel, sondern auch eine zu Julius Deutsch und Franz Olah. Man muss in der Politik Niederlagen einstecken lernen und den Erfolg nicht um jeden Preis anstreben. Es bleibt zu hoffen, dass sich ein solcher Fall nicht mehr wiederholt, sondern alle Beteiligten aus dieser Geschichte lernen.

XVII. *Kapitel*
„Die Dreieinheit der Arbeiterbewegung"
(Karl Renner)

Um der Gefahr entgegenzuwirken, die Probleme der Partei lediglich an Personen mit oder ohne Persönlichkeit festzumachen, sollen im Folgenden Strukturprobleme der Arbeiterbewegung, so sie noch diesen Namen verdient, aufgezeigt werden, und zwar im Anschluss an Karl Renner, der 1928 von der „Dreieinheit" dieser Bewegung gesprochen bzw. geschrieben hat. Schon der Anklang an die christliche Lehre von der Trinität, der Dreifaltigkeit des lebendigen Gottes, deutet an, dass es sich für Renner als den wohl besten Kopf dieser Bewegung nicht nur um eine organisatorische Gliederung, sondern um etwas Immerwährendes, den Alltag Überragendes und Erhabenes handelte, das man nicht aufgeben kann, ohne der Bewegung, die sich in drei Zweigen und Ästen manifestiert, ihr Wesen zu rauben. Die Zweite Republik hat nun aber leider den Beweis geliefert, dass einer dieser Äste gänzlich verfaulen und abfallen kann, nämlich die Genossenschaftsbewegung, der andere (die Gewerkschaft) zwar noch fortexistiert, aber seine Vitalität und Anziehungskraft eingebüßt hat. Es ist selbstverständlich, dass es von diesen Degenerationserscheinungen Rückwirkungen auf den verbleibenden stärksten Ast, die Partei selbst, geben muss. Was unter Renner noch klein, aber blühend und von historisch geadelter Frische war, ist in der Zweiten Republik von Großmannssucht aufgebläht und krank geworden.

Diese Abwärtsentwicklung ist nicht mit naturgesetzlicher Notwendigkeit erfolgt, sondern war das Ergebnis einer mutwillig herbeigeführten Misswirtschaft, die bei guter und korrekter Führung vermeidbar gewesen wäre.

Wenden wir uns zunächst dem „Konsum" als der Dachorganisation der Genossenschaften zu, die, in der noch zu behandelnden Ära Vranitzky ebenso wie die „Arbeiter-Zeitung" finanziell und ideell ausgeblutet, von der Bühne der Geschichte verschwunden ist. Der Verfall des „Konsum" war vorhersehbar und abwendbar, wie die 1983 veröffentlichte Habilitationsschrift des „Konsum"-Direktors Anton E. Rauter „Konzentration im Handel. Am Beispiel der genossenschaftlichen Absatzwirtschaft" demonstriert.

Rauter sprach sich in dieser wahrlich nicht rein akademischen, sondern höchst praktischen Schrift für den Ausbau sachgerechter Rechtsregelungsvorschriften aus, die bisher nur rudimentär existierten. Deshalb führte Rauter weiter aus: „Daher kann nicht vorausgesetzt werden, daß stets die Grundsätze kaufmännischer Buchführung ergänzend eingreifen."

Dann listete er als eine Art Mängelrüge weiter auf: „Die größten Mängel bestanden in der kaufmännischen Beherrschung des Warenstromes zur Erzielung eines größtmöglichen Gesamterfolges für die Konsumgenossenschaftsbewegung. Der Ausgangspunkt für die Zersplitterung der genossenschaftlichen Einkaufsmacht lag meist im tatsächlichen oder vermeintlichen Sondervorteil der einzelnen Konsumgenossenschaften, wodurch aber die Gesamtbewegung meist deutliche Einbußen erlitt." Schon 1979 konnte nach den Ausführungen Rauters die Bilanz des Konsum Österreich nur durch die außerordentlichen Erträge (u. a. Verkauf von Anteilen der Konsumbank) und nur mir einem geringen Überschuss abgeschlossen werden, 1980 ergab sich dann schon ein Abgang von rund 110 Millionen Schilling, 1981 von 79 Millionen Schilling. Eine weitere Komponente des späteren Ruins, der sich aber schon damals abzeichnete, war nach Rauter, dass „in zunehmendem Ausmaß Fremdkapital in Anspruch genommen wurde und dafür Zinsen bezahlt werden mußten". Die „wesentliche Verschlechterung des Verhältnisses Eigenkapital : Fremdkapital" war eine der alarmierenden Feststellungen, die Rauter damals traf. Doch was das Maß voll machte und den Konsum wirklich in den Abgrund stürzte, waren – laut Rauter – die überhöhten Gehälter der Funktionäre, allen voran des Generaldirektors Dr. Hermann Gerharter, dessen Spuren ja in die BAWAG führen und im dortigen Prozess eine Rolle spielen sollten.

Die auszugsweisen Zitate aus dem Werk Anton Rauters zeigen, dass es sehr wohl möglich gewesen wäre, das Debakel zu vermeiden. Man zog aber aus den alarmierenden Feststellungen Rauters keine Konsequenzen, sondern zog stattdessen das Buch Rauters aus dem Verkehr. Auch der Säulenheilige der Sozialpartnerschaft, Anton Benya, der jahrzehntelang Aufsichtsratsvorsitzender des Konsum war, verschloss vor den Entwicklungen die Augen.

Damit ist aber auch schon der Zusammenhang zwischen dem Debakel des Konsum und dem Verfall der Gewerkschaft hergestellt, der ebenfalls eine lange Vorgeschichte hat.

Vom Parteigründer Victor Adler stammt der Ausspruch, der zum geflügelten Wort wurde, dass Partei und Gewerkschaft „siamesische Zwillinge" seien. Nun können siamesische Zwillinge einander stützen, so dass einer dem anderen unentbehrlich bleibt. Es kann aber auch sein, dass einer der beiden Zwillinge den anderen erdrückt und an der Wahrnehmung seiner Funktionen hindert. Das Verhältnis zwischen Partei und Gewerkschaften, das über weite historische Strecken ein gutes und harmonisches war, hat sich in den letzten Jahrzehnten eher in die Richtung der Behinderung der Partei durch die Gewerkschaft entwickelt. Die Gewerkschaft hat sowohl in Sach- als auch in Personalfragen einen der Gesamtbewegung nicht dienlichen Druck ausgeübt. Als ein Beispiel für eine solche negative Auswirkung ist die Tatsache zu erwähnen, dass Vranitzky unter dem Einfluss der Gewerkschaft einen so hervorragenden Finanzminister wie Ferdinand Lacina ziehen ließ. In Personalfragen hat die Gewerkschaft Ansprüche geltend gemacht und das Sozialministerium für sich reklamiert, ohne dass diese Besetzung immer eine optimale war. Auch Mandate sind quasi automatisch an die Gewerkschaft, an Vertreter der Kammern und anderer Interessenorganisationen gegangen, ein Umstand, der im Zusammenwirken mit anderen Faktoren zu einer Denaturierung der Idee der parlamentarischen Mandate geführt hat. Ich habe schon 1973 in der Festschrift für Eduard März unter dem Titel „Gesellschaftsreform ohne Parteireform?" auf die Gefahren aufmerksam gemacht, die durch Ämterkumulierungen und Mehrfachfunktionen entstehen. Von den damals aufgestellten sieben Punkten bzw. Postulaten scheint mir im Rückblick und im Zusammenhang mit der Gewerkschaft der fünfte der wichtigste zu sein, der da lautete: „Verschärfung von Unvereinbarkeitsbestimmungen zur Vermeidung von Ämterkumulation und entsprechend kumulierten Einkommen". Rupert Hartl hat in seinem schon erwähnten Buch „Der schwierige Weg zum Sozialismus" die Monstrositäten, die ein solches System zeitigt, auf Heller und Pfennig dokumentiert, ohne dass dies zu einer Änderung der kritisierten Privilegien geführt hätte. Nun ist keine Organisation dagegen gefeit, im Laufe der Jahre zu entarten und Fehlbildungen mannigfacher Art zu produzieren. Auch in der katholischen Kirche hat es den Missbrauch des Ämterkaufes, der als Simonie in die Geschichte eingegangen ist, gegeben, es hat aber auch immer spirituelle Gegenbewegungen gegeben, die den Geist des Evangeliums als Anknüpfungspunkt benützten. Eine solche Gegenbewegung hat in der Gewerkschaftsbewegung weitgehend gefehlt, so dass sich die skizzierten Übel ungehindert ausbreiten konnten. Es war aber nicht bloß die schleichende Korruption, die in Partei und Gewerkschaft Einzug hielt, es wurden auch Entwicklungen, die zu einem Umdenken hätten führen müssen, geflissentlich übersehen und nicht zur Kenntnis genommen. So z. B. der Umstand, dass sich die Gewerkschaft zwar als Interessenvertretung der Beschäftigten und Pragmatisierten, nicht aber der Arbeitslosen und der nur prekär Beschäftigten verstand.

Ein weiterer Faktor, der zur Erstarrung der Gewerkschaften als Interessenvertretungen beitrug, ist die Tatsache, dass sich einzelne Gewerkschaftsverbände zwar der Interessen ihrer Schutzbefohlenen annahmen, es aber versäumten, übergeordnete Gesichtspunkte ins Kalkül zu ziehen und wahrzunehmen. Als Beispiele seien die Lehrergewerkschaft und die der Polizeibediensteten herangezogen.

Die Forderungen der Lehrergewerkschaft wirkten sich vielfach als Blockade einer Reformpolitik aus. Diese Konstellation hatte mitunter auch ins Auge springende personelle Konsequenzen: So wurde der Wiener Stadtschulratspräsident Kurt Scholz, einer der besten Köpfe der Partei, nicht zuletzt wegen der Konflikte mit der zuständigen Gewerkschaft geopfert. Die Polizeigewerkschaft fällt immer wieder dadurch unangenehm auf, dass sie so genannte schwarze Schafe, wie Prügelpolizisten, selbst in offenkundigen Fällen des Missbrauchs der Amtsgewalt deckt, statt sich von solchen Tätern zu trennen und den eigenen Schild rein zu halten. Kenner der Pflegesphäre wissen zu berichten, dass die in Lainz notorisch gewordene Misere durch die übertriebenen Forderungen und den übertriebenen Schutz, den die Gewerkschaft den ihnen Angehörigen angedeihen lässt, bedingt war.

Aus diesen und anderen Fehlentwicklungen konnte sich jenes bürokratisch verfilzte System entwickeln, das in der BAWAG-Affäre virulent geworden ist. Aus einer Arbeiterbank und einer „Bank für Arbeit und Wirtschaft" wurde im Laufe der Zeit ein Selbstbedienungsladen für Funktionäre, die jedes Maß und jeden „Genierer" verloren haben. Und als das ganze Ausmaß der Verfehlungen an die Öffentlichkeit drang, schoben die des Fehlverhaltens überführten Funktionäre einander die Schuld zu. Im alten Österreich hatte man als Ehrenmann nur die Wahl zwischen Kugel und Strick. Und wenn uns diese Form der Bereinigung einer fallanten Situation heute auch zu martialisch und letzten Endes auch unchristlich, weil das Leben opfernd, anmutet, so war es doch ein Zeichen dafür, dass sich die Betroffenen für das ihnen Anvertraute verantwortlich fühlten und ein Ehrgefühl besaßen.

In diesem Zusammenhang möchte ich eine Episode erwähnen, die auch von zeitgeschichtlichem Interesse ist, weil sie mit einem markanten Datum der österreichischen Geschichte verbunden ist. Nach der Sitzung vom 4. März 1933, als das Parlament durch den Rücktritt seiner drei Präsidenten handlungsunfähig wurde, betrat der damalige Parlamentsdirektor Dr. Rudolf Czyhlarz, der Sohn eines bekannten Professors für Römisches Recht an der Universität Wien, nur noch einmal das Parlamentsgebäude, um schriftlich seinen Abschied zu erklären. Er begründete diesen Schritt damit, dass es seine Aufgabe gewesen wäre, die Präsidenten auf die Rechtslage und die sich daraus ergebenden Konsequenzen aufmerksam zu machen, obwohl diese drei doch selbst Juristen waren, die die Geschäftsordnung kennen mussten. Bei den BAWAG-Funktionären vermisste man dieses empfindliche Gewissen, ja der langjährige Gewerkschaftsbundpräsident Fritz Verzetnitsch rühmte sich noch, „Retter der BAWAG" zu sein. Statt sich in ein Mauseloch zu verkriechen, thront er nach wie vor über den Dächern der ihm Ausgelieferten und machte als ein Shylock unserer Tage noch Ansprüche geltend. Doch während der Shylock Shakespeares in das Fleisch seines Schuldners schneiden wollte, schnitt der Shylock unserer Tage seelenruhig ins eigene Fleisch und demonstrierte damit, dass die viel beschworene Solidarität in Wirklichkeit keinen Stellenwert mehr in der Gewerkschaftsbewegung hat.

Sein noch von ihm per Handschlag eingesetzter Nachfolger Rudolf Hundstorfer musste wie ein geprügelter Hund Schläge für Untaten einstecken, die andere begangen hatten. Die Gewerkschaft ist, um auch eine einschlägige Metapher heranzuziehen, auf den Hund gekommen: In den mittelalterlichen Burgen, z. B. auf der Burg Kreuzenstein, gab es Truhen, in denen Geld aufbewahrt wurde. Wenn sich die Gelddecke dem Ende zuneigte, wurde der am Boden der Truhe abgebildete Hund sichtbar. Es ist Rudolf Hundstorfer nicht zu verdenken, ja es ist ihm zu danken, dass er sich der undankbaren Aufgabe, das Fehlverhalten anderer ausbaden zu müssen, unterzieht. Dies ändert aber nichts daran, dass nach einer solchen Vertrauenskrise ein ganz anderer Mann bzw. eine ganz andere Frau, die von der Vorgeschichte unbelastet ist, an die Spitze zu treten hätte. Die Tatsache, dass sich niemand gefunden hat, der, ohne Zuruf, ja gegen einen möglichen Widerstand der Etablierten, den Kampf um die Spitze und einen Neustart aufgenommen hat, ist für mich ein untrügliches Zeichen dafür, dass es keine Kräfte der Erneuerung gibt, die einen Neuanfang wagen. Die Gewerkschaft mag sich früher oder später finanziell sanieren und erholen, sie kann ohne formellen Bruch mit der Vergangenheit aber nie mehr die alte Stärke und Glaubwürdigkeit zurückgewinnen.

In diesem Zusammenhang möchte ich wieder, selbst wenn es vielen, die die „gute alte Zeit" für schlecht halten, nur weil sie monarchisch konstituiert war, nicht gefällt, auf den Unterschied zwischen dem Adel und den Parvenüs von heute zu sprechen kommen. Dem Adel warf man vor, in Luxus zu leben und sich auf Kosten des Volkes zu bereichern. Doch der Adel hatte, auch wenn er dem Hang zum Wohlleben nachgab, einen Stil und eine Noblesse, die den aus kleinen Verhältnissen gekommenen und aufs hohe Ross gestiegenen proletarischen Parvenüs fehlt. Für sie gilt das alte Wiener Sprichwort: „Wenn der Bettler aufs Ross kommt, ist er nicht zu derreiten." Und noch ein Unterschied ist bemerkenswert: Dem Adel wurde als Philosophie eingeimpft, dass die Privilegien, die man genießen konnte, eine Gnade von oben, ein Geschenk sind, dessen man sich würdig zu erweisen habe. Und wenn sich viele auch nicht an diese Philosophie gehalten haben, so war sie doch das offizielle Selbstverständnis, zu dem übrigens auch die Sorgepflicht für die einem Anvertrauten gehörte.

Jedenfalls hat sich die Gewerkschaftsbewegung durch das Verhalten von Funktionären, die weder die fachliche noch die menschliche Qualifikation hatten, um diese Funktionen zu bekleiden, selbst disqualifiziert. Was in England erst nach Jahren des Kampfes der „eisernen Lady" Margaret Thatcher möglich war, nämlich die Entmachtung, hat die österreichische Gewerkschaft in eigener Regie besorgt. Es war von erschütternder Symbolik, dass die finanzielle und ideelle Bankrotterklärung am Abend jenes 1. Mai erfolgte, der seit 1890 ein Tag des Stolzes und der Leistungsschau war.

XVIII. Kapitel
Zur Ära und Person Franz Vranitzkys

Da ich nicht nur Zeithistoriker und Politologe, sondern auch Philosoph bin, der selbst vor Ausflügen in die noch höhere Welt der Theologie nicht zurückschreckt, habe ich in den letzten beiden Jahren in die von Kardinal Christoph Schönborn angefachte Debatte über Evolution und Schöpfung eingegriffen, und zwar als *advocatus Dei,* der davon überzeugt ist, dass Evolution und Schöpfung nicht nur keine Gegensätze sind, sondern einander ergänzen und argumentativ bedingen. Schon aus diesem Grunde reizt und juckt es mich, in eine Debatte, die eigentlich gar nicht geführt, sondern höflichkeitshalber weitgehend unterlassen wurde, als *advocatus diaboli* einzutreten. Zum 70. Geburtstag von Franz Vranitzky ist so viel falsches Lob gespendet worden, und zwar zum Großteil wider besseres Wissen, dass ich mich veranlasst fühle, in diese Gegenrolle zu schlüpfen. In jedem Seligsprechungsprozess gibt es nach dem kanonischen Recht einen solchen *advocatus diaboli,* der alles zusammenzutragen hat, was gegen die Erhöhung des jeweiligen Kandidaten spricht. Auch in jedem Strafprozess gibt es einen Staatsanwalt, der als öffentlicher Ankläger den Strafanspruch der Gesellschaft zu vertreten hat. Die besagten Rollen erfordern, um die Argumente auch wirkungsvoll zur Geltung bringen zu können, eine gewisse Einseitigkeit und Übertreibung, die das korrigieren, was die echten und falschen Lobredner und Zeitzeugen, deren Wahrnehmung angesichts der Macht eine meist selektive ist, des Guten zu viel getan haben. Doch ist der *advocatus diaboli* nach kanonischem Recht und der Staatsanwalt nach profan-staatlichem auch verpflichtet, die Gründe, die für den Kandidaten der Seligkeit bzw. der Strafbarkeit sprechen, gelten und Revue passieren zu lassen.

In diesem Sinne möchte ich auch mit Franz Vranitzky und Heinz Fischer verfahren, ohne meine eigentliche Aufgabe aus den Augen zu verlieren, die im Rahmen der Huldigungen zu kurz gekommenen negativen Aspekte ihres Wirkens aufzuzeigen.

Um mit dem zu beginnen, was man Vranitzky ganz allgemein mit Recht zugute hält: Er machte als Bundeskanzler eine gute Figur und war eine blendende Erscheinung, die sich einer glasklaren und doch gewählten Sprache allgemeiner Verständlichkeit befleißigte. Doch das schmückende Adjektiv „blendend" hat in seinem Falle auch eine mitschwingende negative Bedeutung. Seine erstklassige Erscheinung mit einem eleganten und topfiten Outfit hatte gleichzeitig auch die Tendenz, die eigenen Schwächen zu überspielen und daher blendend im Sinne von verblendend auf andere zu wirken. Sie barg und birgt aber auch die Gefahr in sich, sich selbst zu blenden und einer notwendigen Selbstkritik und Bescheidenheit zu entziehen.

Das gute und sichere Auftreten hatte nach der Wahl Waldheims zum Bundespräsidenten gerade im Ausland eine besondere Bedeutung, Vranitzky musste das negative Image Österreichs, das durch die Kampagne entstanden war, positiv kompensieren und dort einspringen, wo Waldheim gehandicapt und behindert war. Vranitzky hat aber nicht nur die Repräsentationsfunktion gut erfüllt, er ist auch inhaltlich über das hinausgegangen, was bis dahin vom offiziellen Österreich zur Vergangenheit des eigenen Landes gesagt worden war. Als Angehöriger einer unbelasteten Generation hatte er es leichter, Dinge auszusprechen, die Vertretern einer älteren Generation auszusprechen schwer fiel. Er hat damit dem Ansehen Österreichs gedient und besonders das Verhältnis zu Israel, in dem so viele emigrierte Österreicher leben, entkrampft und normalisiert.

Zu den unbestreitbaren Verdiensten seiner Ära gehört sicher auch, dass er Österreich an Europa herangeführt und das Land 1994/95 in die Europäische Union integriert hat. Er hatte dabei parteiinterne Widerstände zu überwinden, was ihm freilich deshalb auch leichter fiel, weil die ÖVP, besonders der Außenminister Alois Mock, die Fortsetzung der Koalition vom Gelingen dieses Anpassungsprozesses abhängig machte. Zu den positiven Punkten seiner Ära gehört sicher auch die Durchsetzung der Privatisierung der ehemals verstaatlichten Industrie, ein Vorhaben, das ihm in der Partei nicht nur Freunde machte.

Eine andere Weichenstellung, die zum Großteil auf sein Konto geht und schon problematischer ist, war die Aufkündigung der Koalition mit der

FPÖ nach der Wahl Jörg Haiders zum Parteiobmann am Innsbrucker Parteitag 1986. Es war keineswegs klar und keine ausgemachte Sache, die rot-blaue Koalition nach dem Personenwechsel an der Spitze der FPÖ nicht fortzusetzen. Es gab nicht wenige, die einer solchen Fortsetzung nicht abgeneigt gewesen wären. Landeshauptmann Leopold Wagner bestätigte mir, dass ein Großteil des Parteivorstandes der Meinung war, „den Haider schon derreiten zu können". Vranitzky stellte die Partei mit seiner Entscheidung vor vollendete Tatsachen und spekulierte in Kenntnis der Mentalität der Partei richtig darauf, dass man ihn schon nicht desavouieren werde.

Die damals gefällte Entscheidung wurde unmittelbar darauf und auch im historischen Rückblick verschieden beurteilt. Der leider viel zu früh verstorbene Hubertus Czernin hat in seinem Buch „Der Haidermacher" die These vertreten, dass erst diese Ausgrenzung Haider so stark werden ließ. Auch ich neige dazu, anzunehmen, dass sich Haider als Vizekanzler und/oder Sozialminister akklimatisiert und nicht die spätere radikale Entwicklung genommen hätte. Die FPÖ hätte sich in einer Koalition mit der SPÖ meines Erachtens höchstens verdoppelt, aber sicher nicht verfünffacht. Trotzdem muss man Vranitzky zubilligen, dass er in diesem Falle aus echter Überzeugung handelte und nicht nur kalkulierte.

Problematischer muss das historische Urteil schon ausfallen, wenn man sich den sachlichen Leistungen seiner Ära zuwendet. Man muss nicht so weit gehen wie Trautl Brandstaller, die die Dekade der Regierung Vranitzky für „zehn verlorene Jahre" hält und erklärt. Was man aber wohl sagen muss, ist, dass Vranitzky die Lösung wichtiger anstehender Probleme vor sich hergeschoben und seinen Nachfolgern überlassen hat. Sein berühmter Brief an die Pensionisten 1995 vor der Zwischenwahl, die Schüssel im Vertrauen darauf, dass die Zeit für eine politische Wende schon reif sei, herbeigeführt hat, ermöglichte ihm zwar die Verlängerung seiner Ära, brachte aber die Probleme keiner Lösung näher.

Vollends negativ ist die Wirkung zu beurteilen, die Vranitzky auf die Partei gehabt hat. In seine Ära kam es zum Wegfall des „Konsum" und zum Verschwinden der „Arbeiter-Zeitung"; aber nicht allein diese Debakel, die möglicherweise nicht aufzuhalten gewesen wären, fallen so negativ ins Gewicht wie die Art, in der die Partei kaltschnäuzig administriert wurde. In der Periode Vranitzky starben nicht nur die bis dahin lebensfähigen Organe ab, es ging der Partei auch ein restliches Stück ihrer Seele verloren.

Vranitzky führte die Partei im Stile eines Bankdirektors, der unrentabel gewordene Filialen schließt und überflüssig gewordene Mitarbeiter bei der erstbesten sich bietenden Gelegenheit entlässt. So fielen der selbständig denkende Zentralsekretär Heinrich Keller, aber auch Günther Sallaberger und andere dem Rotstift zum Opfer. An die Stelle einer Nachwuchspflege trat eine Rekrutierung stromlinienförmiger Handlanger. So konnte es denn auch nicht wundernehmen, dass am Ende seiner Ära das personelle Angebot so dürftig war, dass man auf Viktor Klima, dessen Periode wohl nur als kurz und unrühmlich bezeichnet werden kann, verfallen musste. Diese löste die Kaltschnäuzigkeit des Technokraten Vranitzky zwar durch eine „zähnefletschende Herzlichkeit" (Rudolf Burger) ab, trug aber nichts zur Verbesserung der innerparteilichen Situation bei.

Die Tatsache, dass die SPÖ Franz Vranitzky nicht nur als Bundeskanzler, sondern auch als Parteiobmann akzeptierte, kann in ihrer Wirkung nur in biblischen Dimensionen beschrieben werden, als der vom wahren Glauben abgefallene Verrat des Volkes Israel, als Tanz um das goldene Kalb. Damit wird ein Kapitel berührt, das nicht ausgeklammert werden kann, weil es sich dabei bei einem Parteiführer nicht um eine bloße Privatangelegenheit handelt. Mit der Person und dem Typus Vranitzky hat sich die SPÖ erstmals stillschweigend von einer weiteren Säule ihrer Tradition und Doktrin verabschiedet: vom Gedanken der Gleichheit nämlich, den noch Christian Broda als den „harten Kern des Sozialismus" bezeichnet hat. In einem seiner von mir edierten Aufsätze führte Broda auch aus, dass die Entartung des leninistischen Systems zum stalinistischen hin mit dem „Kampf gegen die Gleichmacherei" einherging. Marx und Lenin waren noch von der Maxime der Pariser Kommune angetan, dass niemand ein höheres Einkommen beziehen darf als ein qualifizierter Facharbeiter. Später hat man diese harte Maxime durch die der möglichsten Verringerung der Einkommensspannen gemildert und ersetzt. Doch noch im Vorentwurf Benedikt Kautskys zum Wiener Programm von 1958 hieß es: „Freiheit ist ohne Gleichheit ebenso undenkbar wie Gleichheit ohne Freiheit."

Vranitzky steht mit seinem Spitzeneinkommen als Pensionist nicht allein da, sondern er befindet sich in guter bzw. schlechter Gesellschaft anderer Exponenten der politischen Klasse. So hat sich Gerhard Schröder durch sein segensreiches Wirken bei der russischen Gasprom in noch viel großzügigerer Weise bedient als Vranitzky bei der westdeutschen Landesbank, neuerdings im Unternehmen von Frank Stronach. Er hat alle Möglichkeiten, die sich ihm im Zuge seiner Laufbahn eröffnet haben, um ein möglichst hohes Einkommen zu erzielen, ausgenützt. Auch Helmut Kohl hat sich solche zusätzliche Einkommen zu verschaffen gewusst, wie um zu beweisen, dass die Gier nach möglichst viel Geld ein parteienübergreifendes Charakteristikum der politischen Klasse ist, der ein bequemes Auskommen, wie es ja schon die als Politiker anfallenden Pensionen garantieren, nicht genügt, sondern die sich Luxus und Wohlleben ohne Grenze nach oben leisten können wollen. Von einem philosophischen Standpunkt aus ist eine solche Gier nach möglichst viel Geld nicht mit Neid, sondern mit Mitleid zu quittieren. Denn es ist ein Armutszeugnis, wenn jemand, er sei auch, wer er mag, so viel Geld braucht, um ein erfülltes Leben führen zu können. Wenn aber jemand im Monat mehr verdient als ein Normalsterblicher jährlich, ist „der Sinn für Proportionen abhanden gekommen", wie Kreisky in dem zitierten Brief an mich schrieb. Für eine sozialdemokratische Partei dürfte jedenfalls das Einkommen ihrer Funktionäre und gerade der Spitzenfunktionäre keine bloße Privatsache sein, wenn ihr die verbliebene Glaubwürdigkeit ihrer Programmatik noch etwas wert ist. Wer sich in solchen Höhen finanzieller Art bewegt, kann sich dann auch nicht mehr vorstellen, wie lange ein Normalverbraucher arbeiten muss, um sich eine Million Schilling zu verdienen, die Vranitzky angeblich durch ein paar Telefongespräche als Honorar erhalten hat. Ein Blick in die zeitgenössische Literatur zeigt, wie sehr diese schreienden Diskrepanzen zwischen Arm und Reich, zu deren Überwindung der Sozialismus dereinst ausgezogen ist, die Gemüter erregen und das Bild der Partei verdunkeln. So haben Rupert Henning und Florian Scheuba in ihrem Theaterstück „Freundschaft", das lange Zeit erfolgreich im Theater im Rabenhof lief, den Generationenkonflikt zwischen korrupt gewordenen Funktionären und jungen Idealisten in Szene gesetzt. Der Romancier Josef Haslinger hat in seinem Werk „Vaterspiel" das gleiche Thema behandelt.

Doch in die heile und satte Welt von Spitzenfunktionären, für die das Schlaraffenland schon Wirklichkeit ist, dringen all diese Mahnungen und Warnungen anscheinend nicht vor. Die SPÖ geht in dieser Gesellschaft nicht mit gutem Beispiel voran, sondern passt sich der bestehenden Gesellschaft auch dort an, wo eine Differenzierung nach wie vor am Platze wäre. Durch ein Schweigen zu allen diesen Entwicklungen verwirkt sie jedenfalls das Recht, von vornherein als die bessere Partei dazustehen, als die sie sich lange gefühlt hat. So begrüßenswert die Normalisierung im Rahmen einer pluralistischen Demokratie auch ist, sie sollte nicht so weit gehen, auch alle Missbräuche dieser Gesellschaft mitzumachen und sich der Werte der eigenen Tradition zu begeben.

Ich darf mir zugute halten, dass ich schon vor zwanzig Jahren, im „Salz der Gesellschaft", den Übergang von Sinowatz zu Vranitzy zwar als einen Fortschritt gegenüber einer Person und Ära, die an ihren eigenen Fehlern und Fehleinschätzungen zugrunde gegangen ist, begrüßt, gleichzeitig aber auf die Gefahren hingewiesen habe, die von einem rein „technokratischen Management" drohen. Ich schrieb damals: „Trotzdem besteht die Gefahr, daß ein Mann, der seit Jahrzehnten ein Spitzenverdiener ist und sich vor seinem Eintritt in die Politik vorwiegend in Kreisen von Menschen bewegt hat, unter denen sich nicht nur Aufsteiger befinden, die sich ihren Weg nach oben durch harte Arbeit erkämpft und sich trotzdem ein soziales Engagement bewahrt haben, sondern auch Emporkömmlinge und Parvenüs, die Geldverdienen für das höchste Ziel halten und ihre Reichtümer auch noch protzig zur Schau stellen, dazu neigt, die in dieser zahlenmäßig kleinen, einflußmäßig aber großen Welt geltenden Maßstäbe zu akzeptieren und zur Anwendung zu bringen. In diese Richtung weisen Personalentscheidungen Vranitzkys, die in einer Zeit, die kleinen Menschen große Opfer auferlegt, Großzügigkeit gegenüber im Dunstkreis der Macht Angesiedelten und von ihr Erkorenen verraten. Die weitere Begünstigung solcher Tendenzen wäre aber nicht nur ein Schritt zurück in der Frage des Privilegienabbaues, sondern auch ein Unrecht an den vielen Machtlosen und Machtfernen, denen die Sozialdemokratie in erster Linie verpflichtet bleiben muß."

„Wie der Herr, so das Gscherr"

Leider haben sich diese Befürchtungen voll bestätigt, so dass die Ära Vranitzky als diejenige in die Parteigeschichte eingegangen ist, in der sich die Tendenz, nach oben zu blicken und von dort Maß zu nehmen und nicht hinunterzuschauen und sich dementsprechend in Bescheidenheit zu üben, von der Spitze her durchgesetzt und die guten Sitten verdorben hat.

Wäre dies nur mein persönlicher Eindruck, würde ich diesen für mich behalten. Da aber das Gefühl, „von denen da oben" im Stich gelassen und niedergehalten zu werden, ein sehr weit verbreitetes ist, kann ich nicht umhin, diesem Gefühl im Namen jener, die keinen klingenden Namen haben und über keine klingende Münze verfügen, Ausdruck zu verleihen. An Beispielen, wie sich dieses Gefühl, nur als Steigbügelhalter der Mächtigen zu dienen und von diesen kalt abgefertigt zu werden, manifestiert, fehlt es ja in der Ära Vranitzky, die in dieser Beziehung ein Dammbruch war, nicht. So haben VÖEST-Arbeiter Vranitzky bei einem Besuch in Linz geknickte rote Nelken überreicht. In einem Radiointerview sagte ein VÖEST-Betriebsrat, man habe es Vranitzky direkt angemerkt, welche Überwindung es ihn koste, den einfachen Betriebsangehörigen die Hand zu geben, man hatte den Eindruck, dass sich Vranitzky viel lieber im Kreise der Direktoren und Generaldirektoren bewege. Vranitzky hat wie schon andere vor ihm und neben ihm den Beweis geliefert, dass die Herkunft aus kleinen Verhältnissen noch lange keine Garantie für ein besonderes Verständnis für die kleinen Leute ist, ganz im Gegenteil. Aus gehobeneren Verhältnissen stammende Politiker zeigen vielfach ein größeres Verständnis. So hat sich Hannes Androsch, dem Typus nach selbst ein „Nadelstreifsozialist", eine Tuchfühlung mit den einfachen Menschen und eine Bodenhaftung bewahrt, er ist nicht nur bei den Genossen seines Heimatbezirkes Floridsdorf nach wie vor beliebt. Androsch wäre sicher ein besserer Parteivorsitzender gewesen als Vranitzky und wäre ihm auch als Bundeskanzler nicht nachgestanden. Wenn er auch selbst dazu beigetragen hat, dass es nicht dazu gekommen ist, muss man es im Interesse von Partei und Staat rückblickend doch bedauern, dass Vranitzky und nicht Androsch nach dem Zwischenspiel Sinowatz das Rennen gemacht hat.

Sinowatz rühmt sich, ein Erfinder und Entdecker Vranitzkys zu sein, den er zuerst als Finanzminister in die Regierung geholt hat. Diese Wahl war sicher nicht eine von Kreisky goutierte, dieser hat in einem mir erinnerlichen, in der öffentlichen Debatte aber untergegangenen Interview Alfred Dallinger als seinen Wunschkandidaten präsentiert und bezeichnete ihn bei dieser Gelegenheit als „Gewerkschafter, aber auch als Mann von Welt". Dieses Beispiel zeigt, dass man sich, ob im Staat oder in der Kirche, aber auch in der Wirtschaft, nicht darauf verlassen darf, dass der Nachfolger, der einem seine eigene Position verdankt, seinen Nachfolger seinerseits nach den Wünschen des Vorgängers designiert. Kreisky hat, als selbst aus dem wohlhabenden Bürgertum Stammender, neureiche Emporkömmlinge verabscheut.

Dass die politische Klasse, wenn es sein muss, auch über Leichen geht, wenn es gilt, einem der Ihren eine standesgemäße Versorgung zu verschaffen, hat der Fall des Bankvorstandsdirektors Gerhard Praschak gezeigt, der Selbstmord beging, weil er seinen Posten für einen aus der Regierung ausgeschiedenen Günstling räumen musste. Der erschütternde Abschiedsbrief sollte die Öffentlichkeit aufrütteln, wurde aber von den Verantwortlichen mit Achselzucken quittiert. Der Antrag der Oppositionsparteien auf Einsetzung eines Untersuchungsausschusses zur Klärung der Hintergründe dieser Affäre wurde von den Regierungsparteien in trauter Eintracht abgeschmettert, weil beide Parteien Leichen in ihrem Keller haben und weil die Einsetzung eines Untersuchungsausschusses noch immer kein Minderheitsrecht, sondern ein Mehrheitsrecht ist.

Karl Renner hat 1946 im Institut für Wissenschaft und Kunst einen Vortrag zum Thema „Demokratie und Bureaukratie" gehalten, der auch als kleine Schrift erschienen ist. Wenn man die rigorosen Standards, die Renner damals der Politik verordnete, mit der heutigen Praxis der politischen Klasse vergleicht, kann man das Ausmaß der Entartung des politischen Systems, das durch Bürokratisierung, Privilegierung und Ämterkumulation gekennzeichnet ist, ermessen. Denn Renner war kein weltfremder Träumer und Theoretiker, sondern seit 1907 ein Kenner und Gestalter der parlamentarischen Praxis. Nicht die geänderten Verhältnisse haben zu einer Änderung der politischen Praxis geführt, sondern ein langsames, aber sicheres Aufgeben von Grundsätzen, die für Renner, aber auch für Adolf Schärf noch selbstverständlich waren. Der früh im KZ verstorbene Dichter Jura Soyfer hat den Zusammenbruch der Sozialdemokratie in einem Roman, „So starb eine Partei", dargestellt. Es bedürfte der Sprachgewalt eines solchen Mannes, um den moralischen Niedergang der Sozialdemokratie für die Wirklichkeit von heute adäquat zu verarbeiten.

Wenn es im Parteiprogramm der SPÖ heißt, die Sozialisten wollen „die Selbstsucht der kapitalistischen Profitwirtschaft durch die neue Gesinnung der freien Arbeit ersetzen", und sie von ihren Anhängern verlangen, dass sie „an der Stelle des rücksichtslosen Kampfes um die eigenen persönlichen Vorteile die Aufgabe der menschlichen Gemeinschaft darin sehen, die Gleichberechtigung und den Frieden in Freiheit erreichen zu helfen", so steht ein Parteiobmann, der die Wahrung seiner eigenen wirtschaftlichen Vorteile zur Perfektion erhoben hat, im eklatanten Widerspruch zu diesen Postulaten! Und diese Einstellung pflanzt sich dann von unten nach oben fort und lässt eine Technokratie und Wirtschaftsbürokratie entstehen, die weder mit dem Ideal der Gleichheit noch mit dem der „freien Arbeit" in Einklang zu bringen ist. Der Begriff „bürokratischer" oder „technokratischer" Sozialismus stellt dann keine Perversion mehr dar, sondern beschreibt nur einen Pleonasmus. Die Mahnung des Evangeliums „Denn wo euer Schatz ist, da ist auch euer Herz" (Mt. 6, 21) wird dann zur Beschreibung und Verurteilung eines Zustandes, in dem Herz und Seele langsam, aber sicher verloren gehen und einem ausgeprägten Streben nach immer mehr materiellen Gütern und immer weniger nach ideellen Platz machen.

Doch welches Verständnis für solche Vorgänge soll man sich von einem Mann wie Vranitzky erwarten, der in einem Interview für die Zeitschrift „News" gesagt hat: „An den Tod denke ich nur einmal im Jahr, wenn ich den ‚Jedermann' am Domplatz in Salzburg sehe." Ein so oberflächlich denkender und empfindender Mensch merkt auch nicht, wenn ihm eine Partei unter seinen kalten Händen und Blicken wegstirbt. Einer solchen Persönlichkeit steht dann wohl auch der Mammon, der im „Jedermann" vorkommt, näher, obwohl in diesem Stück gezeigt wird, wie wenig er einem in der auf uns alle zukommenden letzten Stunde hilft. Vranitzky ist in seinem Privatleben durchaus edler und altruistischer Gefühle fähig, wie die Spendung einer Niere an seine Frau gezeigt hat. Der übrigen Umwelt aber ist Vranitzky eher als wandelnder Eiskasten begegnet, in den er sich eingepanzert und isoliert hat. Dies ist nicht nur mein persönlicher Eindruck, der ich wenig Gelegenheit hatte und suchte, mich in seinem Dunstkreis zu bewegen, sondern auch der von Persönlichkeiten wie Helmut Zilk, der von „Eiseskälte" sprach, und von Michael Häupl, der die „fehlende Herzlichkeit" bedauerte. Wenn Vranitzky heute gerne in der Rolle des *elder statesman* auftritt, sollte er die negativen Folgen seines Wirkens nicht ganz außer Acht lassen.

Das Signal, das durch das Reichwerden vordem Armer an die Zeitgenossen und Mitkämpfer ausdrücklich oder stillschweigend ausgegeben wird, hat ein historisches Vorbild, nämlich die französische Julirevolution von 1830 bis 1848, in deren Rahmen der Staatsphilosoph und Politiker François

Guizot die Devise „enrichissez vous", zu Deutsch „bereichert euch", ausgab. Doch dieses Beispiel ist beileibe nicht das einzige, es scheint geradezu ein soziologisches Grundgesetz zu sein, dass erfolgreiche Revolutionäre, die durch die Kraft des Volkes an die Macht gekommen sind, danach streben, die gewonnene Macht auch mit Reichtum zu verbinden, und sich nicht mehr um die Armen kümmern, die arm bleiben. Auch in Deutschland und Österreich hat sich im Rahmen der sozialdemokratischen Parteien eine ähnliche Tendenz breit gemacht, in der SPD sprach und spricht man von einer „Toskana-Fraktion", deren Angehörige nicht nur gerne edle Weine in der Toskana oder anderen Traumregionen verkosten, sondern sich auch dort niederlassen und dann natürlich auch eine möglichst standesgemäße und schnelle Form der Beförderung dorthin benötigen. Die sozialdemokratischen Parteien, die Einzelnen eine solche raffinierte Lebensgestaltung ermöglichen, dürfen sich nicht wundern, wenn sich die Armgebliebenen durch eine Partei mit solchen Aushängeschildern nicht mehr vertreten fühlen, sondern linke Alternativen entwickeln und bevorzugen.

Dass eine solche Neigung, es den Spitzen der Wirtschaftswelt gleichzutun, in der Politik nicht unbedingt notwendig ist, sondern nur eine Versuchung darstellt, der man nachgeben kann oder nicht, beweist das Beispiel des früheren kommunistischen Grazer Stadtrates Ernest Kaltenegger, der einen Großteil seines Einkommens einem Sozialfonds zur Verfügung stellte und damit den Kommunisten zu einer starken Position verhalf. Leider hat er wenige Nachahmer gefunden, weil Menschen im Allgemeinen und Politiker im Besonderen in der Regel eher egoistisch als altruistisch sind. Aber wenn man schon nicht auf einen Teil seines privilegierten Einkommens verzichtet, müsste man nicht auf der anderen Seite ins Extrem gehen und sich aller Möglichkeiten, die sich einem im Laufe einer langen Karriere, speziell im Bankwesen, eröffnen, bedienen, wenn man sich nicht der negativen Reaktionen, die ein solches Verhalten bei den eigenen Genossen erzeugt, schuldig machen will. Denn wenn Genossen im Kampf um eine bessere Welt ihre Tage als Genießer beenden, erlischt auch die historische Mission, Anwalt der Erniedrigten und Beleidigten zu sein. Wandte sich Max Adler in der Ersten Republik gegen die „Verspießerung" und „Verkleinbürgerlichung des Proletariats", so muss man sich heute gegen die durch Vranitzky & Co. repräsentierte Vergroßbürgerlichung der Partei wenden, die diese ihrer Glaubwürdigkeit und historischen Stoßrichtung beraubt.

In der Ära Vranitzky hat sich ein Prozess verfestigt, der in Ansätzen schon früher vorhanden war: der der Umwandlung einer Bewegung, die sich als Werte- und Gesinnungsgemeinschaft verstand, in einen Zweckverband, in dem der *sacro egoismo* von der Spitze her zum herrschenden Prinzip erhoben wurde. Der in der Wolle rot gefärbte Paul Blau, der einige Jahre auch Chefredakteur der „Arbeiter-Zeitung" war, hat im Titel eines Büchleins zum Ausdruck gebracht, was die Ära Vranitzky historisch besiegelt hat: „Das Erbe verschleudert, die Zukunft verspielt".

Vranitzky hielt sich in seiner selbst von einem so wohlwollenden Betrachter wie Paul Lendvai als „glanzlos" bezeichneten Ära nicht nur nicht mit Sentimentalitäten auf, er war auch theoretischen Diskussionen und ideologischen Erörterungen gegenüber abgeneigt. An die Stelle des Ringens um die bestmögliche Gestaltung von Wirtschaft und Gesellschaft trat das dem status quo verpflichtete technokratische Management. Das Parteiprogramm 1978 verschwand in der Ära Vranitzky schneller und gründlicher aus dem Parteialltag als das Wiener Programm 1958 vordem. Insbesondere fehlte es an Konzepten zu einer größeren Verteilungsgerechtigkeit und Umverteilung zugunsten der Minderbemittelten, deren besondere Betreuung Vranitzky als Vertreter der „neuen Klasse" kein Herzensanliegen war. Vranitzky gesteht sich und noch mehr anderen die von seiner Person und seinem Führungsstil ausgehende negative Wirkung auf die Partei und deren Niedergang nicht ein. Selbstkritische Anwandlungen sind ihm ebenso fremd wie materielle Selbstbeschränkungen. Er stolziert forsch durch die Gegenden und wird von der Gesellschaft, zu deren Überwindung die Sozialdemokratie angetreten ist, auch noch hofiert.

In der Ära Vranitzky und durch ihn höchstpersönlich ist zu der bereits vor ihm weit fortgeschrittenen Bürokratisierung der Partei auch die Kommerzialisierung getreten, die Vranitzky nicht nur gefördert, sondern in seiner Person und seiner Entourage, wie Rudolf Scholten, geradezu verkörpert hat.

Vranitzky und Gerhard Schröder sind Parallelfiguren in den brüderlichen Nachbarparteien SPÖ und SPD. Gerhard Schröder hat durch seine unsoziale Belastungspolitik, dem Hartz-Programm bei gleichzeitiger großzügiger Vorsorge für die eigene Tasche, wesentlich zum Niedergang der SPD beigetragen. Dass es in Österreich nicht oder noch nicht zu der analogen Bildung einer Linkspartei gekommen ist, hängt mit dem stärkeren

Einheitsdenken der SPÖ, aber auch mit dem Umstand zusammen, dass es in Österreich keine Galionsfigur à la Oskar Lafontaine gibt. Das heißt aber nicht, dass es in Zukunft nicht zu einer solchen Abspaltung oder Neugründung kommen kann, wenn es den Grünen nicht gelingt, als linke Opposition schlagkräftiger zu werden.

Oskar Lafontaine wird von der SPD, deren Vorsitzender er ja war, als „Verräter" empfunden und auch so behandelt. Doch da erhebt sich die Frage: Wer ist der Verräter – derjenige, der die alten Ideale verraten hat oder der, der den Verrat an diesen Idealen rächt, auch wenn er selbst Schwächen hat und Angriffsflächen bietet? Und wenn Rache auch eine unschöne Reaktion sein mag, so verliert sie dadurch nicht ihre Legitimität. Außerdem kann man die Reaktion Lafontaines nicht auf die Ausübung von Rache reduzieren, er macht sich in der Ausübung dieser Reaktion auch zum Fürsprecher der sich betrogen fühlenden kleinen Leute, denen die Partei wohl in erster Linie zu dienen hätte.

XIX. *Kapitel*
Heinz Fischer und die ausgebliebene Demokratiereform

Es ist unmöglich, eine Geschichte Österreichs und im Besonderen der Sozialdemokratie der Zweiten Republik zu schreiben, ohne auf das Wirken Heinz Fischers einzugehen, das sich viele Jahre auf der höchsten Ebene des Parlaments und des stellvertretenden Parteivorsitzenden der SPÖ, seit seiner Wahl zum Bundespräsidenten in der Sphäre der Hofburg bewegt hat und bewegt. Die große Tugend, die Fischer nachgerühmt wird und die ihm auch tatsächlich nicht abgesprochen werden kann, ist die der Korrektheit und des Bemühens um den Ausgleich von Gegensätzen. Der Vorwurf, der ihm andererseits aber nicht erspart werden kann, ist der, dass er die kritische Sonde, die ihn als Politikwissenschaftler auszeichnen sollte, gegenüber dem politischen System, in dem er groß wurde, nicht zum Einsatz brachte. Seine Korrektheit hat eine Kehrseite: Sie besteht in der Unwilligkeit, das herrschende System kritisch zu hinterfragen oder gar Reformen dieses Systems in Angriff zu nehmen.

Heinz Fischer ist, obwohl vom Volk gewählt, nicht nur dessen Beauftragter, sondern steht als jahrzehntelanger Exponent der Partei auch an der Spitze des politischen Establishments und trägt damit auch Verantwortung für den Zustand der Gesellschaft. Zustände, wie sie z. B. im BAWAG-Prozess allzu deutlich wurden, werden für etwas Unvermeidliches gehalten, über das man mit einem Achselzucken zur Tagesordnung übergehen kann. Vieles von dem, was gang und gäbe ist, wird nicht mehr als Korruption empfunden, weil man es sich eben abgewöhnt hat, strengere Maßstäbe an das Verhalten in der Gesellschaft anzulegen. Einfallstore dieser Korruption sind das Quartett von Parteibuchwirtschaft, die im Zeichen der großen Koalition wieder fröhliche Urständ feiert, Protektion, Privilegien und Pfründen, das unsere gesellschaftliche Wirklichkeit nach wie vor durchdringt.

Der Mann in der Hofburg könnte an diesen Zuständen etwas ändern, die Verfassung gäbe ihm die Möglichkeit dazu, doch eine solche Änderung würde wesentliche Strukturreformen bedingen. Sie sind nicht in Sicht.

Heinz Fischer ist unstreitig ein profunder Kenner der vorhandenen politischen Werkzeuge, doch diese Werkzeuge sind stumpf und nicht mehr auf der Höhe der Zeit. Darunter leidet die österreichische Demokratie. Dass es Fischer nicht als Widerspruch zum Bewusstsein kommt, es aber trotzdem und sehr wohl einer ist, ist der zwischen der Herkunft von und der Verankerung in einer Partei, die für sich in Anspruch nimmt, den gesellschaftlichen Fortschritt zu repräsentieren, und der konservativen Haltung in allen demokratiepolitischen Fragen. Wäre die SPÖ gesellschaftspolitisch so konservativ gewesen und geblieben wie Fischer demokratiepolitisch, so wäre es niemals zur Transformation „vom liberalen zum sozialen Staat" (Karl Renner) gekommen. Die hohen positiven Beliebtheits- und Umfragewerte, deren sich Fischer nach wie vor erfreut, beruhen meines Erachtens nicht auf einem besonderen Sensorium weiter Kreise für die tatsächlichen Zustände, sondern entspringen dem Harmoniebedürfnis, der Vorstellung und dem Wunsch, in einer heilen politischen Welt zu leben.

Leben wir aber tatsächlich in einer auch nur annähernd perfekten Demokratie, so dass diese keiner kritischen Erörterung und keines Umbaues bedarf? Folgt aus der Tatsache, dass es nirgends eine perfekte Demokratie gibt, dass Österreich auf die seine stolz sein kann? Keineswegs. Die Defizite unserer Demokratie kommen freilich nicht zum Vorschein, wenn man sich so an sie gewöhnt hat, dass sie als die bestmögliche erscheint. Ein kritisches Urteil über unsere unter bestimmten historischen Bedingungen entstandene und daher auch dem historischen Wandel unterworfene Demokratie wird auch nicht dadurch gewonnen, dass man das Österreich der Zweiten mit dem der Ersten Republik vergleicht. Unter diesem Aspekt ist es keine besondere Kunst, sich gut zu fühlen und auf die aus der Geschichte gezogenen Lehren stolz zu sein. Um zu einem einigermaßen ausgewogenen Urteil in dieser Frage gelangen zu können, muss man Vergleiche mit anderen europäischen Demokratien anstellen, etwa der britischen Demokratie, deren Parlament die historische Mutter aller kontinentaleuropäischen Demokratien ist, oder der französischen, die sich unter dem Eindruck historischer Erfahrungen gewandelt hat, und zwar zu ihrem Vorteil.

Wagt man sich an einen solchen Vergleich heran, muss man zunächst den prinzipiellen Stellenwert der das politische Leben bedingenden und tragenden Institutionen erkennen und an die Spitze aller Betrachtungen stellen. Auch in diesem Zusammenhang dürfen wir an den großen Staatsmann und Staatsdenker Karl Renner anknüpfen, der schon im Rahmen des alten Österreich ausführte, was auch später gültig geblieben ist: „Im Leben der Staaten ist die Weisheit oder Torheit der Institutionen der entscheidende Faktor."

Zu diesen Institutionen gehört in erster Linie das die Demokratie prägende Wahlrecht, so dass es nicht übertrieben erscheint, zu sagen, dass die Wahl des richtigen Wahlrechtes wichtiger ist als der Ausgang einer konkreten Wahl. Auf Österreich umgelegt erhebt sich die Frage, ob wir ein unseren Verhältnissen angemessenes Wahlrecht haben. Die Antwort, die es dann natürlich auch zu begründen gilt, lautet: Nein!

Ein Argument, das immer wieder zugunsten des Verhältniswahlrechts vorgebracht wird, ist gleich zu Beginn meiner Erörterung auszuräumen bzw. zu relativieren. Das stereotype Argument lautet: Da das Verhältniswahlrecht die proportionale Vertretung der Wähler in den gesetzgebenden Körperschaften sichert, ist es das gerechteste, und wer dürfte es wagen, einer gerechten Lösung zu widersprechen? Doch es ist in diesem Zusammenhang daran zu erinnern, dass der große deutsche Rechtsphilosoph und Justizminister der Weimarer Republik, Gustav Radbruch, drei gleichwertige Prinzipien des Rechtes unterschieden hat, von denen keines einen absoluten Vorrang für sich beanspruchen kann, alle drei müssen vielmehr immer wieder gegeneinander abgewogen werden, um im Einzelfall zu einer vernünftigen Lösung zu kommen. Die beiden anderen, der Gerechtigkeit gegenüber gleichrangigen Prinzipien sind die der Sicherheit und der Zweckmäßigkeit. Die einseitige Verfolgung nur eines auf Kosten der beiden anderen Prinzipien führt zu absurden Konsequenzen. Das Wahlrecht bietet sich auf Österreich bezogen geradezu als Paradebeispiel für die Überstrapazierung des Gerechtigkeitsarguments an. Denn angesichts zweier ungefähr gleich starker Parteien ist das Verhältniswahlrecht im höchsten Maße unzweckmäßig, da es zu Koalitionen zwingt und dem Wähler das Recht nimmt, mit seiner Stimme über die künftige Regierung zu entscheiden. Die einseitige Betonung der Gerechtigkeit führt zur absurden Konsequenz des „Fiat iustitia, pereat mundus", wonach Gerechtigkeit zu walten hat, auch wenn die Welt darüber zugrunde geht.

Das Mehrheitswahlrecht hat aber nicht nur den Vorteil einer leichteren Regierungsbildung und des unmittelbaren Einflusses der Wähler auf die Regierung und deren Zustandekommen, sondern auch den, dass der Wähler nicht bloß eine Partei, sondern auch eine Persönlichkeit wählt, die als Abgeordneter den Wahlkreis vertritt und zu der ein Vertrauensverhältnis besteht oder aufgebaut werden kann. Ein gewählter Abgeordneter, der in der Regel einer Partei angehört, aber nicht angehören muss, hat gegenüber der Partei, die er vertritt, ein größeres Maß an Unabhängigkeit. Die Einführung des Mehrheitswahlrechtes wäre also ein Systemsprung und Befreiungsschlag zugleich.

Gerade an diesem Qualitätssprung sind die Besitzstandwahrer jedoch nicht interessiert, es ist ihnen ganz recht, dass so wie bisher die Parteisekretariate und Verbände darüber entscheiden, wer auf eine Liste kommt, und zwar an den Wählern vorbei und über deren Köpfe hinweg. Heinz Fischer betont immer wieder, dass er ein leidenschaftlicher Parlamentarier sei. Doch dann müsste er alle Initiativen begrüßen, um den gegenwärtigen Zustand zu ändern. Denn es bedarf keiner besonders scharfsinnigen Analysen, um zu erkennen, dass unser Parlament keineswegs dem entspricht, was man in demokratisch fortgeschrittenen Ländern unter Parlament versteht. Am Befund, dass unser Parlament hinter den Möglichkeiten in anderen Ländern zurückbleibt, besteht wohl kein Zweifel. Es seien nur zwei Stimmen zitiert, um die Stimmigkeit dieses Befundes zu erhärten: die eines Politologen und die eines ehemaligen Politikers.

So hat der die jüngere Politologengeneration repräsentierende Peter Filzmaier unser Parlament in seinem Buch „Wie wir politisch ticken" als „Pseudo-Parlament" charakterisiert. Der frühere liberale Parlamentarier Herbert Peter sprach von der „parlamentarischen Fassade" eines ständisch-bürokratischen Systems. Und Heinz Fischer, der dieses unser Parlament wohl besser kennt als alle zitierbaren Autoritäten zusammen, sollte dieser Umstand entgangen sein? Das kann ich beim besten Willen nicht als möglich ansehen.

Doch man muss gar keine Autoritäten aus Wissenschaft und Politik bemühen, um zu einem negativen Befund über unseren Parlamentarismus zu gelangen, es genügt, das konkrete Abstimmungsverhalten unserer Parlamentarier mit dem anderer Länder und Parlamente zu vergleichen, um die Rückständigkeit unserer Praxis zu erkennen. So sind Abstimmungen über Materien, die geradezu klassische Gewissensfragen sind, in Österreich als Prestigesache der Klubgewaltigen behandelt worden, so dass eine Vergatterung stattfand, der sich (fast) alle beugten. So wurde die Frage der Altersgrenze bei der Strafbarkeit gleichgeschlechtlicher Beziehungen als Parteisache behandelt, nur ein Abgeordneter der ÖVP, Franz Morak, hatte damals den Mut, aus der verordneten Parteilinie auszuscheren. Ganz anders verläuft eine solche Debatte in echten Parlamenten: Während meines Studienjahres in England besuchte ich mehrere Parlamentssitzungen und sprach mit vielen Abgeordneten. Eine dieser Debatten war eben der Frage gewidmet, die in Österreich nach Parteiräson behandelt wurde. Und zwar handelte die parallele Debatte über den Wolfenden-Report, der die Straflosigkeit homosexueller Beziehungen empfahl, damals, 1959, aber noch scheiterte. Aber wie anders verlief die damalige Debatte: Das flammendste Plädoyer für die Abschaffung dieser Strafbestimmung kam von einem konservativen Apotheker, der für das „benefice of doubt", im Zweifel für die Freiheit, plädierte, während die wildeste Hetzrede von einem ehemaligen Labour-Kriegsminister kam, der offenbar seine Kriegsvergangenheit nicht vergessen konnte.

Ein noch krasseres Beispiel für die Parteilichkeit unseres Abstimmungsverhaltens in einer Frage, die wahrlich keine Parteifrage ist, sondern künstlich zu einer solchen gemacht wurde, waren Abstimmungen über die Promillegrenze im Straßenverkehr. Es bedurfte auch in dieser Frage besonders tragischer Unfälle und eines enormen Druckes der öffentlichen Meinung, bis es am 9. Juli 1997 zu einer einvernehmlichen Lösung kam.

Das Mehrheitswahlrecht wäre schon viel früher ein probates Mittel gewesen, um die österreichische Demokratie zu konsolidieren. Angesichts zweier annähernd gleich starker Parteien wäre es naheliegend gewesen, sich einvernehmlich und zeitgerecht von der großen Koalition als einer Nachkriegsnotwendigkeit, die mit der vollen Souveränität Österreichs 1955 weggefallen ist, zu verabschieden und zu einem normalen System von Regierung und Opposition überzugehen. Inzwischen aber hatten sich die Großparteien so sehr an das Miteinander und Nebeneinander im Regieren gewöhnt, dass sie es vorzogen, bei dieser Praxis zu bleiben. Lieber die halbe Macht gleichzeitig als die ganze abwechselnd und nacheinander. Bei dieser Logik bzw. Unlogik musste die Demokratie europäischen Zuschnitts auf der Strecke bleiben. Dabei wäre es am Platze gewesen, rechtzeitig die

Weichen in diese Richtung zu stellen und der Demokratie einen Qualitäts-schub zu verabreichen.

Zu einer Alleinregierung kam es erst mehr als zehn Jahre nach 1955. Es war von Vorteil für die österreichische Demokratie, dass es nach den Wahlen des März 1966 zu einer solchen Alleinregierung kam. Sie kam aber nicht aufgrund des Weitblicks der Politiker zustande, sondern durch ein Wahlergebnis, das keine andere Möglichkeit offen ließ und erst der viel län-ger dauernden Alleinregierung der SPÖ unter der Führung Kreiskys den Weg bahnte. Kreisky erkaufte sich die Unterstützung der ersten Minder-heitsregierung durch eine Wahlrechtsreform, die die FPÖ aufwertete. Es ist die Frage, ob es nicht klüger gewesen wäre, mit der ÖVP eine Änderung in Richtung Mehrheitswahlrecht herbeizuführen. Solange die überragende Persönlichkeit Kreiskys vorhanden war, hätte es auch unter diesen Vorzei-chen eine lange und stabile Herrschaft der SPÖ gegeben, ohne dass die langfristigeren, späteren Wirkungen eingetreten wären, die gar nicht im Sinne der SPÖ waren. Denn Kreisky hat, indem er die FPÖ vom Makel der NS-Vergangenheit befreite, die Weichen für die erst 2000 zum Tragen ge-kommene, aber damals grundgelegte bürgerliche Koalition gestellt. Kreisky hätte wissen müssen, dass es, wenn man das dritte Lager aufwertet, früher oder später zu einem Bürgerblock kommen muss. Kreisky hat durch seine Wahlrechtsreform 1970/71 auch die Pläne durchkreuzt, die zwei erfahrene sozialistische Parlamentarier Ende 1969 in einer kleinen Schrift unter dem Titel „Für ein besseres Parlament – für eine funktionierende Demokratie" der Öffentlichkeit vorgelegt hatten. Die beiden Politiker Christian Broda und Leopold Gratz stellten das herrschende Verhältniswahlrecht nicht in Frage, sprachen sich aber im Rahmen desselben für die Schaffung von Einerwahlkreisen aus, in denen dann auch Personen und nicht bloß Par-teien gewählt werden würden.

Aber auch heute, ja gerade heute, ist es nicht zu spät, das in der Vergan-genheit Versäumte nachzuholen und ein modifiziertes Mehrheitswahlrecht einzuführen. Aber selbst nach dem weniger weit gehenden Broda-Gratz-Vorschlag träte jene Personalisierung der Wahl ein, ohne die die Demokra-tie zu einer Funktionärsherrschaft verkommt.

Dass schon kleine Schritte in Richtung auf Personalisierung des Wahl-systems große, und zwar positive Auswirkungen haben können, zeigt unser Nachbarland Deutschland. Dort hat der Wähler durch eine Zweitstimme die Möglichkeit, die Stellung des einzelnen Abgeordneten zu stärken und die Mobilität des politischen Systems zu erhöhen. Der Wähler hat in der Bundesrepublik die Möglichkeit, eine Partei, aber auch eine Persönlichkeit, die gar nicht dieser Partei angehören muss, zu wählen. Welche praktische Auswirkung eine solche Möglichkeit bietet, wurde 2005 offenbar, als Bundeskanzler Gerhard Schröder Neuwahlen herbeiführen wollte, weil er sich der Unterstützung durch die Mehrheit der sozialdemokratischen Abgeordneten nicht mehr sicher war. Er nahm, um Neuwahlen herbeiführen zu können, den Umweg über das konstruktive Misstrauensvotum, nicht nur, weil das Bonner Grundgesetz aufgrund der Erfahrungen der Weimarer Republik die Selbstauflösung des Bundestages verbietet, sondern weil er sich, wie er zu erkennen gab, der Mehrheit seiner Fraktion nicht mehr sicher war. In Österreich hätte und hat ein Parteiführer, der gleichzeitig Regierungschef ist, nicht befürchten müssen, dass ihm die eigene Fraktion die Gefolgschaft versagt. Bei uns sind die Mandatare durch die Art ihrer Berufung ohne Zutun der Wähler so eng an die Kandare der Partei gebunden, dass man von ihnen kein selbständiges Handeln erwarten kann bzw. befürchten muss.

Deshalb sind auch in Deutschland die negativen Auswirkungen einer großen Koalition nicht so gravierend wie bei uns. Im Übrigen wage ich die Prophezeiung, dass eine der beiden Großparteien den Absprung in eine Koalition mit einer kleineren Partei so bald wie möglich wagen wird. In Deutschland ist das Bewusstsein, dass es sich bei einer großen Koalition nur um eine Ausnahmeerscheinung handelt, nach jahrzehntelangen Erfahrungen mit kleinen Koalitionen bei den Politikern, aber auch bei den Wählern verbreiteter als bei uns. Doch in Österreich ist dem Wähler auch die bescheidene Möglichkeit, mittels einer Zweitstimme aus dem starren Parteigefüge auszubrechen, verwehrt. Das einzige Korrektiv, das der Wähler in Österreich gegenüber der Macht der Parteiapparate besitzt, ist die Möglichkeit der Abgabe einer Vorzugsstimme. Doch auch diese Möglichkeit ist so kompliziert geregelt, dass es nur ganz selten zur erfolgreichen Anwendung dieses Rechtes kommt. Ich persönlich hielte das in Frankreich geltende Wahlrecht, das auch im alten Österreich gegolten hat, für das beste. In Frankreich ist es auch nicht zu dem Verschwinden kleinerer Parteien gekommen. Diese haben bei Stichwahlen, die dann notwendig werden, wenn kein Kandidat im Wahlkreis die absolute Mehrheit erringt, die

Möglichkeit, als Zünglein an der Waage zu fungieren und die Mobilität des Systems zu gewährleisten. In einem solchen Falle käme es zu keinem Zweiparteiensystem wie in England, wohl aber zu einer Rechts-Links-Blockbildung, die demokratiepolitisch sehr wünschenswert ist. In Frankreich sollte sogar ein Minister die Regierung verlassen, der in seinem Wahlkreis keine Mehrheit erobern konnte.

Im Übrigen ist es ein Aberglaube, dass sich der Pluralismus eines politischen Systems an einer Vielzahl von Parteien ablesen lässt, die USA und England lehren, dass sich der Pluralismus auch in zwei großen Lagern manifestieren kann, die dann zu beweglichen und veränderlichen Interessen- und Strömungsallianzen werden und aufhören, starre ideologische Blöcke zu sein.

Der Hauptvorteil eines mehrheitsfördernden Wahlrechtes liegt aber ohne Zweifel in der Eindeutigkeit des Regierungsauftrages durch die Wähler. Ich erinnere mich, dass Karl Popper vor vielen Jahren bei einem Symposion im Alten Rathaus gesprochen hat, bei dem auch Heinz Fischer anwesend war und begeistert applaudiert hat. Aber es ist offenbar das eine, einem großen Mann an Ort und Stelle Rosen zu streuen, aber das andere, das leider nicht daraus und darauf folgt, seine Lehren zu beherzigen. Was sagt nun der Sozialphilosoph Karl Popper zum Funktionieren einer Regierung? Das erste Postulat besteht darin, dass eine Regierung in der Lage sein soll, ihr Programm möglichst schnell und ungehindert in die Tat umzusetzen. Die zweite Maxime Poppers besteht darin, dass über der Regierung während ihrer Tätigkeit das Damoklesschwert der Abwahl bei der nächsten Wahl zu hängen hat.

Beide Postulate werden in einer großen Koalition annähernd gleich starker Parteien nicht wirksam, ja in deren Gegenteil verkehrt: Der koalitionäre Mechanismus führt entgegen der Ankündigung, große Probleme gemeinsam zu lösen, zu einer gegenseitigen Blockade und Pattsituation. Und von der Abwahl ist, wenn nicht eine der beiden Parteien nach erfolgter Wahl den rettenden Absprung mit einer kleineren Partei wagt, weit und breit nichts zu spüren. Die Wähler können nur marginale Verschiebungen innerhalb eines starren Gefüges herbeiführen. Die Demokratie wird unter diesen Vorzeichen zu einem Zerrbild ihrer Idee und beschwört die Gefahr eines Anwachsens antidemokratischer Tendenzen herauf.

Heinz Fischer, der erlebt hat, wohin eine zu lange währende Koalition führen kann, hat trotzdem auch in der Pattsituation nach der Nationalratswahl 2006 wieder eine großen Koalition herbeigeführt. Er hätte es in der Hand gehabt, die SPÖ dazu zu motivieren, das Risiko einer Minderheitsregierung einzugehen und damit das erstarrte politische Gefüge aufzubrechen. Er hat die Chance nicht genutzt.

Sollte es, was ich zuversichtlich hoffe, eines Tages doch einmal zu einer Demokratie, die diesen Namen verdient, kommen, wird nicht er, sondern werden andere als deren Vorläufer und Vorkämpfer in die Geschichte eingehen.

XX. Kapitel
Alfred Gusenbauer: Tantalus in der Falle, Adler im Käfig

Die Ablösung eines Regierungschefs nach einer erfolgten Wahl kommt häufig durch Designierung des Nachfolgers durch den Vorgänger schon vor der Wahl zustande, auch wenn der Amtsinhaber die Aufgabe des Amtes noch offen lässt und vom Wahlergebnis abhängig macht. So war Sinowatz der Wunschkandidat Kreiskys nach dem Wegfall der beiden ursprünglichen Favoriten Gratz und Androsch. Sinowatz war, wie er selbst sagte, der Entdecker und Erfinder Vranitzkys. Vranitzky hatte nach seinem Rücktritt 1997 infolge der Ausdünnung der Personaldecke der SPÖ einen geringen Spielraum, so dass es nicht überraschend war, dass seine Wahl auf den bisherigen Finanzminister Viktor Klima fiel, dessen Ära aber eine nur geringe Dauer hatte, da nach den Wahlen 1999 wider Erwarten keine Koalitionsregierung ÖVP/SPÖ mehr zustande kam, sondern eine schwarz-blaue Regierung. Schüssel gelang die taktische Meisterleistung, als Vertreter der drittstärksten Partei den Bundeskanzler zu stellen und rund sechs Jahre in dieser Position zu verbringen.

Die SPÖ musste aber nach ihrem unfreiwilligen Gang in die Opposition 2000 einen Nachfolger für Viktor Klima finden, der sich in geografisch ferne und finanziell lukrativere Gefilde absetzte. Nach dieser überraschenden Entwicklung gab es keinen designierten Nachfolger, die Partei musste sich also auf die Suche nach einem solchen begeben. Als Ausweg hätte sich in einer wirklich demokratischen Partei ergeben können, den Parteitag zwischen mehreren Kandidaten entscheiden zu lassen. Doch die SPÖ war und ist längst keine demokratische Partei mehr. Es kam bei dieser Gelegenheit das zum Vorschein und Durchbruch, was Robert Michels das „eherne Gesetz der Oligarchie" nennt. Nach diesem Gesetz, das sich in diesem Falle wieder einmal bestätigte, entscheidet nicht die Masse und die numerische Mehrheit, sondern ein kleiner Kreis von Spitzenfunktionären, die eine Vorentscheidung treffen und den offiziell zuständigen Gremien zur Genehmigung vorlegen. Obwohl die Personalreserve der SPÖ bereits sehr eng war, hätte es durchaus Persönlichkeiten gegeben, die für die Funktion des Parteiobmanns in Frage kamen. Die am häufigsten Genannten waren der am linken Flügel der Partei angesiedelte Caspar Einem und der weit rechts stehende Innenminister Karl Schlögl. Doch die sechs bis sieben Parteigewaltigen, die sich im Rathauskeller zusammenfanden, wollten weder den einen noch den anderen Ex-Minister und sie wollten es auch nicht auf eine Kampfabstimmung zwischen beiden am kommenden Parteitag ankommen lassen, um den Schein der Einheit und Geschlossenheit der Partei, der stets über alles ging, zu wahren. Es ist für die oligarchische Struktur der Parteiführung sowohl die Tatsache bezeichnend, dass man zu dieser Lösung griff, als auch die Tatsache, dass sich alle dieser Regie unterwarfen und sich dem Machtspruch beugten. In einer lebendigen demokratischen Partei hätte es angesichts der Tatsache, dass es keinen sich für alle aufdrängenden Nachfolger gab, eine Debatte vor dem Parteitag oder am Parteitag gegeben, aber der Druck, alles programmgemäß über die Bühne zu bringen, war so groß, dass er Ansätze einer Diskussion im Keim erstickte.

Stattdessen zauberte man eine Person aus dem Hut, die aus dem verlässlichen Kader der jugendlichen Parteifunktionäre stammte, zu dem auch Josef Cap gehört. Kreisky hat einmal brummend-missbilligend von den „berufslosen Jugendfunktionären" gesprochen, deren Stunde aber jetzt gekommen war. Man brauchte einen Mann – da sich auch keine Frau von entsprechendem Format aufdrängte –, der der Partei gegenüber unbedingt loyal war, jemanden, gegen den nichts vorlag, der aber auch noch keine besonderen Leistungen und Verdienste, die natürlich sofort pro und kontra polarisiert hätten, aufzuweisen hatte, der also guten Gewissens allen empfohlen werden konnte, ohne besondere Emotionen positiver oder negativer Natur zu erwecken. Wie wenig bekannt Gusenbauer damals noch war, geht daraus hervor, dass Hannes Androsch, wie er mir sagte, Gusenbauer vor seiner Nominierung gar nicht gekannt habe, also auch für eine Persönlichkeit, die die Partei wahrlich gut kennt, ein unbeschriebenes Blatt war.

Dafür, dass diese Wahl unter solchen Zwängen und einengenden Bedingungen erfolgte, ist sie auf eine Persönlichkeit mit beachtlichen Qualitäten gefallen. Gusenbauer war und ist kein reiner Apparatschik und verfügt über für einen österreichischen Politiker ungewöhnliche Fähigkeiten, zu denen in erster Linie die Beherrschung mehrerer Fremdsprachen gehört. Was manche Menschen, darunter auch mich, für ihn als Person einnimmt, ist seine Gutmütigkeit und seine Verbundenheit auch mit dem katholischen Milieu durch seine frühere Tätigkeit als Ministrant. Gusenbauer sagte einmal, dass die SPÖ, die katholische Kirche und die Gewerkschaft die drei Fixpunkte seines Lebens sind. Gusenbauer blieb denn auch trotz vieler Vorbehalte gegen ihn und die Art seiner Nominierung unangefochten. Es war nach dem Ausscheiden der ursprünglich möglich gewesenen beiden Ex-Minister niemand da, der Gusenbauer entgegenzutreten wagte. Allerdings bedeutet dies nicht, dass alle von seiner Persönlichkeit und von seiner Fähigkeit, den Kanzler für die Partei zurückzuerobern, überzeugt waren, ganz im Gegenteil: Mögliche Aspiranten auf seine Position wurden durch die Wahrscheinlichkeit, ein Himmelfahrtskommando antreten zu müssen, in ihren möglichen Ambitionen gebremst.

Am 1. Oktober 2006 ist aber die SPÖ zu ihrer eigenen Überraschung und auch zur Ernüchterung ihrer siegessicheren Gegner zur stärksten Partei geworden. Das hieß nicht, dass es die Persönlichkeit Gusenbauers war, die diesen Umschwung herbeiführte, es war vielmehr die Selbstherrlichkeit Schüssels und der ÖVP, die Gusenbauer zum Erfolg verhalf, seine Persönlichkeit war zwar nicht der entscheidende Anziehungspunkt für die Wechselwähler gewesen, hatte aber auch kein unüberwindliches Hindernis dargestellt.

Nach dieser Wahl stellte sich die Frage, ob man den rechnerisch einfachsten Weg in die große Koalition beschreiten oder, beflügelt durch diesen unerwarteten Erfolg, einen neuen Weg beschreiten wollte.

Dieser andere Weg wurde nicht genügend durchdacht und zu wenig ernstlich gewollt, um zu einer realen Handlungsalternative zu werden. So ist es denn zu dem Rückfall in die große Koalition gekommen, nicht zum Vorteil der österreichischen Demokratie. Denn es war ein Rückfall in ein System, von dem man sich 2000 freigespielt hatte. Wenn man Jörg Haider und seiner FPÖ historisch etwas zugute halten kann, so den Umstand, dass sie das politische System aus der Umklammerung durch die große Koalition befreiten. Dass Haider diesen Erfolg später selbst zerstörte, ändert nichts daran, dass dieses Loskommen von der großen Koalition ein Fortschritt und Verdienst war.

Hätten SPÖ und Grüne bei den Wahlen 2006 eine Mehrheit gehabt, so wäre es wahrscheinlich zu einer rot-grünen Allianz gekommen. Da diese Mehrheit nicht gesichert war, fiel man in das Faulbett der rot-schwarzen Koalition zurück und verbaute sich damit bis auf weiteres einen der österreichischen Demokratie förderlichen Ausweg. Dieser Ausweg hätte in einer rot-grünen Minderheitsregierung bestanden. Eine Persönlichkeit vom Format eines Seipel, aber auch eines Kreisky, hätte es gewagt. Aber in dem Bestreben, sich nur ja keine überflüssigen Schwierigkeiten einzuhandeln, waren sich die handelnden Personen Heinz Fischer und Alfred Gusenbauer einig.

Dabei wäre es durchaus kein Abenteuer, sondern hätte eine spannende und für die österreichische Demokratie produktive Situation ergeben. Nach einer schwarz-blauen wäre eine rot-grüne Konstellation ein Kontrastprogramm gewesen. Die FPÖ hätte sich gehütet, eine solche Minderheitsregierung so schnell zu stürzen, sie hätte die Rolle, die Funktion des Züngleins an der Waage spielen zu können, lange Zeit ausgekostet. Insgesamt wäre in einem solchen Fall das Vierparteiensystem, das wir uns nun einmal durch das Fehlen eines mehrheitsfördernden Wahlrechts eingewirtschaftet haben, zu einer positiven Herausforderung für die österreichische Demokratie geworden. Es gab einen Zeitpunkt, an dem eine Persönlichkeit von Format das Gesetz des Handelns an sich gerissen hätte: als Schüssel die Nerven verlor oder in richtiger Einschätzung seines Gegenüber den Verhandlungstisch verließ. Da wäre es am Platz gewesen, die Rückkehr des Beleidigten an den Verhandlungstisch nicht abzuwarten, ihn nicht zurückzubitten und sich auch selbst nicht mehr hinzubegeben und den Ausbruch in eine freiere Zukunft zu wagen. Gusenbauer mag diese Möglichkeit erwogen haben, er muss aber, wenn dies der Fall war, Tantalusqualen erlitten haben wie jener Tantalus der griechischen Sage, der die zum Greifen nahe Frucht entschwinden sieht, und daher die billigere Variante wählt und sich dabei zu billig verkauft, was bekanntlich immer teuer zu stehen kommt. In dieser Situation gingen Gusenbauer und die SPÖ in eine Falle Schüssels, der als Taktiker und Stratege durchaus mit dem Seipel der Ersten Republik verglichen werden kann. In der SPÖ hingegen ging es von Otto Bauer zu Alfred Gusenbauer: Bei aller Unterschiedlichkeit des Formats und der historischen Situation ist Gusenbauer mit seinem großen Vorgänger durch die Tolpatschigkeit seiner politischen Taktik, die auch noch durch seinen

Körperbau unterstrichen wird, verbunden. Eine historische Gelegenheit, die allerdings Mut und Phantasie erfordert hätte, wurde mangels entsprechender Eigenschaften verspielt: Ob sie sich je wieder ergeben wird?

Die SPÖ kann es als Erfolg verbuchen, dass sie den Bundeskanzler stellt und im Rahmen des wieder üppig aufblühenden Proporzes wieder Posten vergeben kann, eine Kurskorrektur aber kann sie, an die ÖVP gekettet und von ihr wie ein aus möglichen Höhenflügen auf Erden gelandeter Adler, im Käfig der großen Koalition gehalten, nicht herbeiführen. Der Entschluss zu einem solchen Höhenflug wäre nicht verwegener und riskanter gewesen als der, den Schüssel 2000 herbeigeführt und mit dem er auch den Widerstand des Bundespräsidenten gebrochen hat.

Die SPÖ war allzu lange von ihrer Unbesiegbarkeit und historischen Größe durchdrungen und musste durch einen schmerzlichen Lernprozess erfahren, dass sie auch nur eine Partei unter anderen und nicht der Nabel der Welt ist. Aber ist sie mit ihrem Verhalten nach den Wahlen 2006 nicht in das andere Extrem des Kleinmuts und der Kurzsichtigkeit gefallen?

So sind wir denn bis auf weiteres dazu verurteilt, unter dem System einer großen Koalition zu leben, die nicht nur nicht imstande ist, das Versprechen, alle großen Probleme gemeinsam zu lösen, einzulösen, sondern auch eine demokratiepolitische Gefährdung darstellt, mehr als die Koalition einer großen mit einer kleinen Partei, die über keine Zweidrittelmehrheit verfügt. Trotz der Warnungen, die von anerkannten Rechtsgelehrten wie Heinz Mayer ausgesprochen werden bzw. vom Präsidenten des Verfassungsgerichtshofes kommen, werkt die große Koalition vor sich hin und scheut sich nicht, den Rechtsstaat durch übereilte Maßnahmen auszuhöhlen. Und der Bundespräsident schweigt eisern weiter, so wie er es seit Jahr und Tag in Partei und Staat meist getan hat.

Man soll die Situation, in der sich die österreichische Demokratie neunzig Jahre nach der Gründung der Ersten Republik befindet, nicht dramatisieren, denn noch immer überwiegen deren Wohltaten, man soll die eingetretenen Fehlentwicklungen und nach wie vor existierenden Fehlerquellen aber noch weniger bagatellisieren und den Verantwortlichen zurufen: „Videant consules, ne quid res publica detrimenti capiat", zu Deutsch: „Die Verantwortlichen sollen darauf achten, dass das Gemeinwesen nicht Schaden leide!"

P.S. Der Text des vorliegenden Buches wurde in mehrmonatiger Arbeit vor dem Jahresende 2007 vollendet und Mitte Jänner 2008 im Verlag abgeliefert. Inzwischen haben sich Turbulenzen sondergleichen in Staat und Partei ereignet. Es ist gutes Zeichen für die Treffsicherheit meiner Aussagen und meines Urteilsvermögens, hoffentlich auch ein gutes Omen für die Rezeption meines Buches, dass ich an dem bereits Geschriebenen inhaltlich nichts zu ändern und zu widerrufen brauche, sondern in der angenehmen Lage bin, an den bisherigen Text anknüpfen zu können, ihn aber lediglich zu ergänzen und auszubauen brauche, um der Situation vor der endgültigen Drucklegung des Buches gerecht werden zu können. Im Übrigen findet sich meine Gedankenentwicklung in den zahlreichen Kommentaren dokumentiert, die ich in der Tageszeitung „Die Presse" veröffentlicht habe. Meine im vergangenen Jahr erstellten Ausführungen sind meines Erachtens ihrer Gültigkeit und Aktualität nicht beraubt, sondern bestätigt.

*　*　*

Vor Drucklegung meines Buches bin ich am Wochenende vom 21. zum 22. Juni 2008 in der Lage, die notwendigen Ergänzungen und Anpassungen meines Textes unter Berücksichtigung der letzten bisherigen Veränderungen vorzunehmen, ohne etwas Wesentliches vom schon bisher Geschriebenen zurücknehmen zu müssen. Ich fühle mich durch den Gang der Ereignisse bestätigt und trage nur das nach, was durch den Verlauf der Dinge noch offenkundiger geworden ist.

Dass meine Einschätzung des Wertes bzw. Unwertes einer großen Koalition richtig war, wird heute wohl ganz allgemein erkannt und zugegeben. Entgegen den hochfliegenden Erwartungen, die gar manche in diese Koalition setzten, hat sich diese als jene Missgeburt entpuppt, als die ich sie von allem Anfang an gesehen habe. Es war, als ob der Name des ÖVP-Generalsekretärs Hannes Missethon dieser Koalition voller Misstöne den Takt vorgegeben hätte.

Inzwischen ist mir ein Bild eingefallen, das die Situation dieser Koalition treffend charakterisiert. Und zwar gehe ich wieder einmal von einem Lebensweisheit beinhaltenden Sprichwort aus, das lautet: „Viele Köche verderben den Brei." Diese Aussage lässt sich zunächst nur auf die von manchen als Lösung empfohlene Konzentrations- oder Mehrparteienregierung anwenden, sie lässt sich aber auch im Hinblick auf zwei an einer Regierung beteiligte Parteien abwandeln. Zwei Köche können, wenn sie einander zuarbeiten, eine bekömmliche Speise zustande bringen. Eine solche fruchtbare Arbeitsteilung ist in einer Koalition einer großen mit einer kleinen Partei möglich, die kleinere hat in einer solchen Konstellation die Möglichkeit, die Bekömmlichkeit der Speise durch Zutaten und helfende Zugriffe zu erhöhen. Nicht so bei zwei Partnern, die, wie die der großen Koalition, nicht nur über deren Herstellung, sondern auch über deren Natur uneinig sind. Die Gemeinsamkeit einer solchen Regierung erschöpft sich in der Pflicht, überhaupt ein Gericht oder ein Menü zusammenzustellen. Unter diesen Umständen kommt entweder überhaupt keine Speise oder eine ungenießbare zustande.

Wenn unser Bundespräsident die Herbeizwingung einer großen Koalition mit der Begründung rechtfertigte, nur eine solche sei imstande, die großen anstehenden Probleme gemeinsam zu lösen, so klingt diese Erwartung und Vorgabe angesichts der tatsächlichen Performance, die diese Regierung bietet, wie ein Hohn. Fischer hätte schon aus seinen Erfahrungen mit missglückten Versuchen, 2000 und 2003 eine große Koalition anstelle der schwarz-blauen zu etablieren, erkennen müssen, dass gar kein Ehewille zwischen diesen Partnern besteht. Trotzdem hat er wie ein Sultan eine Zwangsehe gestiftet und die Gelegenheit, diese von allem Anfang an mit Willensmängeln behaftete Verbindung zeitgerecht zu annullieren, nicht wahrgenommen. Erstens deshalb, weil er durch eine Entlassung der offenbar regierungsunfähigen Regierung zugegeben hätte, dass deren Betrauung ein Irrtum war, und zweitens, weil er immer und so auch in diesem Falle vermieden hat, etwas zu tun, was bei irgendjemand Anstoß erregt hätte oder seine Wiederwahl gefährden könnte.

Einiges ist auch über zwei Persönlichkeiten zu sagen, deren Stellenwert durch den Zeitablauf und im Rückblick noch klarer beurteilt werden kann als vordem.

Die eine Persönlichkeit ist die des Kurzzeitbundeskanzlers Alfred Gusenbauer. Er hat in seinem im Februar 2008 in Buchform veröffentlichten Interview, das im Czernin-Verlag unter dem Titel „Die Wege entstehen im Gehen" selbst dazu beigetragen, die Hintergründe seiner Designierung zum Parteiobmann nach der verlorenen Wahl 1999 zu erhellen. Die Vorentscheidung, ihn zum Parteiobmann zu machen, fiel in einem kleinen Kreis im Rathauskeller, deren Verlauf Gusenbauer offenherzig schildert. Er war sich bei der Wiedergabe dieses Geburtsaktes offenbar nicht bewusst, welches Sittenbild der SPÖ er damit zeichnete. Das Bild, das sich nicht nur mir als Norbert Leser, sondern jedem aufmerksamen und kritischen Leser bietet, ist das einer durch politische Inzucht und Kameraderie zu einer Clique zusammengeschmolzenen Partei, die sich selbst rekrutiert und keinen Außenstehenden hineinlässt. Der ganze Vorgang, der zur Designierung Gusenbauers führte, stellte einen Verstoß gegen Grundsätze dar, die früher, wenigstens theoretisch, in der Arbeiterbewegung hochgehalten wurden. Der eine in diesem Zusammenhang relevante Grundsatz ist der von Ferdinand Lassalle formulierte: „Aussprechen, was ist." Nach einer Wahlniederlage hätte es schon vor dem Parteitag und erst recht auf ihm zu einer freimütigen Erörterung der Ursachen der Niederlage kommen müssen. Statt der Lassalle'schen Maxime wurde die entgegengesetzte – „möglichst alles vertuschen" – zwar nicht offiziell ausgegeben, aber durch das tatsächliche Verhalten vorgegeben. Der zweite Grundsatz, gegen den man verstieß, war der von Willy Brandt in den besten Zeiten der SPD ausgegebene: „Mehr Demokratie wagen." Stattdessen wurde nach der stillschweigenden Maxime „Möglichst wenig Demokratie zulassen" gehandelt. Man wollte es im kleinsten Kreis nur ja nicht zu einer Kampfabstimmung am Parteitag kommen lassen, es sollte und musste alles möglichst einstimmig über die Bühne gehen. Man machte die Rechnung gar nicht ohne den Wirt, da kein Personal mehr vorhanden war, das sich in den Dienst der guten Sache gestellt hätte. Die systematische Unterbindung einer Nachwuchspflege führte mit eherner Logik zu einer Ausdünnung und Austrocknung der Partei. So wie politische und verwandtschaftliche Inzucht und Verschwägerung schon in Herrscherhäusern zu Degenerationserscheinungen geführt hatten, so war auch die Arbeiterbewegung von den Folgen mangelnder Mobilität und Offenheit betroffen. Die Oligarchen im Rathauskeller sollten mit ihrer Einschätzung der realen Situation der Partei recht behalten: Es fand sich tatsächlich niemand, der gegen die vorgegebene Einigung auf den Bundesgeschäftsführer Gusenbauer und gegen ihn aufgetreten wäre. Diese Tatsache spricht nicht nur dafür, dass die SPÖ über kein Reservoir an einsatzfreudigen und risikobereiten Persönlichkeiten mehr verfügt, sondern dass auch der Glaube an die Zukunft der Partei, für die es sich einzusetzen lohnt, geschwunden ist.

In einer durch und durch bürokratisierten und seit der Ära Vranitzky auch kommerzialisierten Partei ist niemand mehr bereit, ein Risiko auf sich zu nehmen, jeder will auf Nummer sicher gehen. Ohne die Bereitschaft zum Risiko ist aber weder im Leben und schon gar nicht in der Politik etwas Besonderes zu erreichen. Deshalb war die Designierung Gusenbauers eine Fehlentscheidung, die am allerwenigsten ihm persönlich zur Last zu legen ist, denn wem schmeichelt es nicht, für den Geeignetsten gehalten zu werden, wenn man keinen Beweis, auch tatsächlich der Geeignetste zu sein, erbringen muss? Schuld sind die, die Gusenbauer in diese Lage gebracht haben und ihn vorgeschoben haben, um nicht selbst die Verantwortung übernehmen zu müssen. In der kleinen Runde, in der man sich Posten zuschiebt, schiebt man auch Verantwortung ab, dieser altmodische Begriff löst sich unter diesen Umständen ebenfalls in Nichts auf. Wird ein Fehlgriff getan, fühlt sich niemand schuldig und wird niemand zur Verantwortung gezogen. Wenn Gusenbauer versagt hat, so trägt nicht er, oder er am allerwenigsten, die Schuld, sondern es tragen sie jene, die die Verantwortung auf ihn abgeschoben und sich selbst vor der Verantwortung gedrückt haben.

Als Nachtrag zu dem im Kapitel über Franz Vranitzky Ausgeführten ist zu sagen, dass er der Hauptschuldige am Niedergang der Partei, an der Verwandlung einer Gesinnungsgemeinschaft in einen Zweckverband ist. Er ist somit eine Parallelfigur zu Gerhard Schröder, der die SPD in eine Krise geführt und sie heruntergewirtschaftet hat. Gleichzeitig aber ist wie zugunsten Gusenbauers zu betonen, dass er nicht nur Ursache, sondern auch bereits die Folge und ein Symptom des Niedergangs der Partei war. Mindestens im gleichen Umfang sind die Parteifunktionäre schuldig, die sich mit seinem Führungsstil identifiziert und sich in ihm wiedererkannt haben, statt ihn als wesensfremd abzustoßen. Man kann und muss Vranitzky zugute halten, dass er die Partei nach der Wahl Kurt Waldheims vor einer weiteren Niederlage auch bei den Nationalratswahlen bewahrt hat. Es erhebt sich rückblickend freilich auch die Frage, ob es nicht besser gewesen wäre, eine Niederlage zu erleiden und sich danach zu regenerieren. Denn der Preis, den die Partei für die Vermeidung dieser Niederlage zu zahlen hatte, war hoch: Es kam in der Ära Vranitzky eine Eiszeit, von der sich die Partei bis heute nicht erholt hat.

Es hat keinen Sinn, mit Franz Vranitzky zu rechten, er ist und bleibt so, wie er ist, und er wird alle gegen ihn erhobenen Vorwürfe als böswillige

Unterstellungen zurückweisen. Es war zweifellos nicht seine Absicht, der Partei zu schaden, er glaubte, ohnehin alles perfekt gemanagt zu haben. Was er freilich vergessen hat, ist der Umstand, dass eine Partei aus Menschen besteht, die nicht in erster Linie Anspruch auf ein gutes Management haben, sondern das Bedürfnis nach persönlicher Zuwendung, die in seiner Ära zweifellos zu kurz gekommen ist. Sich mit ihm darüber zu unterhalten ist ähnlich sinnlos, wie sich mit einem Farbenblinden über die Schönheit und Buntheit einer Welt jenseits von Schwarz-Weiß zu unterhalten. Und wenn Vranitzky die großzügige Versorgung, die er sich selbst und seiner Familie unter Ausnützung aller sich ihm bietenden Möglichkeiten zuteil werden ließ, damit rechtfertigt, dass er ja niemandem etwas weggenommen, sondern durchaus legal gehandelt habe, so ist dem entgegenzuhalten, dass ein Parteiführer nicht alles tun darf, was legal möglich ist, sondern auch die negative Vorbildwirkung, die von einer solchen Haltung und Handlung ausgeht, bedenken muss, wie es die Vertreter der alten Partei in den von mir schon erwähnten Persönlichkeiten von Adolf Schärf, Oskar Helmer und Alfred Migsch getan haben, die sehr wohl Rücksicht auf die Wirkung ihres Tuns auf die einfachen Genossen nahmen und Dinge unterließen, die sie legal hätten tun dürfen.

Franz Vranitzky versucht auch nach dem Ablauf seiner Ära, sein Verständnis von Politik weiterzutragen und zur Nachahmung zu empfehlen. Durch die Empfehlung des Medienzars und Großverdieners Gerhard Zeiler, der als Sekretär von Fred Sinowatz auch einer der Drahtzieher der Anti-Waldheim-Kampagne war, als Nachfolger Gusenbauers hat er der SPÖ einen Schlangenrat gegeben, den sie zum Glück nicht befolgt hat. Denn besagter Gerhard Zeiler würde der Partei den Rest von Seele, den sie sich noch erhalten hat, rauben, er würde als Medienmensch ebenso wie Vranitzky als Banker die Menschen mediatisieren und in den Strudel der Kommerzialität, die in seinem Denken vorherrscht, hinabziehen.

Mit der Wahl Werner Faymanns ist ein neues Kapitel Parteigeschichte aufgeschlagen, von dem man nur hoffen kann, dass es der SPÖ einen Teil jener Eigenschaften zurückbringt, die ihr abhanden gekommen sind. Wunderwaffe freilich kann der neue Obmann auch im besten Falle nicht sein, ohne Strukturreformen und Behebung der eingerissenen Strukturfehler kann die SPÖ die Zukunft nicht gewinnen, auch wenn sie Wahlen gewinnt, was ihr trotz allem zu wünschen wäre.

Jedenfalls kann man im Interesse der österreichischen Demokratie nur wünschen, dass diese Wahlen möglichst bald kommen und der großen Koalition ein Ende bereiten. Es bleibt auch zu hoffen, dass nach diesen Wahlen niemand mehr auf die Idee kommt, den Leichnam große Koalition wiederzubeleben. Es wäre dann zu demonstrieren, dass es sehr wohl eine Alternative zu ihr, und sei es auch nur in Form einer Minderheitsregierung, gibt. Wenn die Lobredner der großen Koalition, die zugleich auch Realitätsverweigerer waren und sind, immer wieder gebetsmühlenartig betont haben, dass es keine Alternative zu ihr gäbe, so war schon diese Aussage allein ein Zeichen dafür, wie demokratiepolitisch bedenklich diese Koalition ist. Denn es blieb bisher Diktaturen und Diktatoren nach dem Motto „Ich oder das Chaos", vorbehalten, Alternativen auszuschließen und zu diskreditieren. In einer Demokratie aber muss es immer Alternativen geben, wenn sie sich nicht selbst untreu werden will.

Namenregister

ZEITGESCHICHTE

MEMOIREN EINES GROSSEN EUROPÄERS

Paul Lendvai

AUF SCHWARZEN LISTEN

Erlebnisse eines
Mitteleuropäers

320 Seiten
mit 16 Bildseiten
Format: 16 x 24 cm
gebunden mit Schutzumschlag

ISBN: 978-3-218-00725-2
Im Verlag Kremayr &
Scheriau, 2004

Die sehr persönlich erzählte Autobiografie eines großen europäischen Journalisten – zugleich eine fundierte Geschichte Nachkriegs-Europas: **Auf schwarzen Listen** – völlig überarbeitete und erweiterte Neuauflage.

Lendvai ist einer „der besten Kenner des kommunistischen Ost- und Südosteuropa in der gesamten westlichen Welt".
Die Presse

„In Österreich ist er eine Institution. Des Autors Markenzeichen: untrügliches Urteil." *Focus*